亦可管理

孩子还可以这样教

郝颖辉 孟锴 著

企业管理出版社
ENTERPRISE MANAGEMENT PUBLISHING HOUSE

图书在版编目（CIP）数据

亦可管理：孩子还可以这样教 / 郝颖辉，孟锴著
. —北京：企业管理出版社，2024.5
ISBN 978-7-5164-3015-6

Ⅰ.①亦… Ⅱ.①郝… ②孟… Ⅲ.①心理健康—家庭教育 Ⅳ.①G444②G78

中国国家版本馆CIP数据核字(2024)第016024号

书　　　名：	亦可管理：孩子还可以这样教
书　　　号：	ISBN 978-7-5164-3015-6
作　　　者：	郝颖辉　孟　锴
选题策划：	周灵均
责任编辑：	张　羿　周灵均
出版发行：	企业管理出版社
经　　　销：	新华书店
地　　　址：	北京市海淀区紫竹院南路17号　　邮　　编：100048
网　　　址：	http://www.emph.cn　　电子信箱：2508978735@qq.com
电　　　话：	编辑部（010）68456991　　发行部（010）68701816
印　　　刷：	河北宝昌佳彩印刷有限公司
版　　　次：	2024年5月第1版
印　　　次：	2024年5月第1次印刷
开　　　本：	710mm×1000mm　　1/16
印　　　张：	22
字　　　数：	270千字
定　　　价：	78.00元

版权所有　翻印必究·印装有误　负责调换

推荐序

我与两位作者的熟识算得上拜"地缘"所赐，我们住在同一单元，同坐一部电梯。不同的是，他们楼层低，我楼层高，电梯偶有故障，他们算健身，我算"拼命"；相同的是，我们都乐于跟邻居打个招呼，笑脸擦肩。一来二去，邻里间相约小聚就成了生活中的趣味。

让我仰慕不已的，除了二位作者脸上时刻挂着的"阳光"，不时显露的才学，随时随地的"撒糖"，更是他们家器宇轩昂的儿子。

出于保护未成年人，咱不提姓名，暂且称他"小邻居"吧！

初识小邻居时他八九岁，是个很懂礼貌的运动小健将。他获得了爸爸妈妈的长期许可，随时可以自己上楼敲响我家的房门。他有时会说："叔叔，我能跟麦子玩一会吗？"（麦子是我家的黑色成年拉布拉多犬）有时会说："叔叔，我能玩一会儿乐高吗？"他得到的答复多数是"好的，非常欢迎！"有时也会是"很抱歉！叔叔有些事情在忙，欢迎你下次来玩！"即便得到这样的答复，他也是不失礼貌地说："好的，谢谢叔叔！"然后摆摆手离开。情绪之稳定，心态之健康，令人艳羡。

在楼下遇到小邻居，他也会热情地问我："叔叔你是又出差了吗？""叔叔，麦子最近好吗？"有时会骄傲地告诉我："叔叔，我进校队了……"谈吐之自信，社交之得体，让人舒服。

因为工作关系，我主要跟全国各地各种年龄段的孩子打交道，从业二十多年了，算得上"见多识广"，而像小邻居这样礼貌、热情、活泼、自由、稳重的小男生还真是不多见，或者说很少很少见。我称之为"六边形少年"。

是什么力量帮助他成为这样的少年呢？

读了《亦可管理：孩子还可以这样教》的书稿，我找到答案了。

这本书以心理学理论为基础，结合二人多年开办公益讲堂、关注儿童健康心理的教育实践，对当前社会环境下孩子成长期的各类问题进行梳理总结，提炼出简单实用的方法，也就是文中提到的"苹果树法则"，组成精彩的操作指南。小邻居就是一棵棒棒的"苹果树"，他的爸爸妈妈是别具匠心的"园艺师"，为他营造了一个充满信任、包容和无条件的爱的家庭环境，让他可以自信、自爱、自尊、优质地成长，长成他自己喜欢也被大家喜欢的样子。

关于儿童教育的著作很多，至于效果，简单说可用四个字来概括："知易行难"。哪一本也不能照搬，哪一条也不能全抄，看似都有道理，事到临头还是"麻爪"，没有办法。孩子呱呱坠地的时候，并没有附带说明书。

这本书很接地气，生动而朴实。尤其值得称赞的是，这本书里有很多精彩的小故事，有案例，有寓言，还有童话。看过之后，让人心领神会，又回味无穷。

我觉得，这本书真的能帮到大家。

司晓峰

资深少儿节目制作人

2024年1月

前 言

可能有很多家长会觉得小孩子太不懂事，简直没法儿管，这也恰恰是本书书名的由来——只要用对了方法，小孩子亦是可以管理的。

既然是管理，那就不能只停留在"要耐心""要爱孩子"这些泛泛的老生常谈上，而是要有一整套科学的方法论。这套方法不能只是经验之谈，而必须要有坚实的科学依据；不能只是高高在上的理念宣传，而要"落地"解决实际问题。若过于散乱则不美，应该结构清晰，对应实际生活中的各类问题；如果只是"知易行难"则无用，应将常见障碍逐一扫清，帮助人们践行"知行合一"才最佳。这套方法，我们叫它"苹果树法则"。

为什么以"苹果树"来命名？这源于我们身边的一个故事。有一位爸爸，他想让孩子学点乐器，于是选择了低音提琴。一开始，孩子觉得好玩，练得很起劲，这位爸爸很高兴。可是没过多久，最初的新鲜劲儿一过，孩子就不怎么爱练琴了。那么这位爸爸是怎么办的呢？他就打骂孩子，逼着他继续练琴。有人问这位爸爸："你为什么要这样对待孩子呢？"他理直气壮地回答："我得让孩子养成持之以恒的精神啊，而且学点儿乐器可以培养孩子的艺术气质，这多好！"

这个故事展现了这样一幅画面：一个男人，站在一棵苹果树下，这棵树上有两个特别大、特别红的苹果，上面都有字，一个写着"持之以恒"，另一个写着"艺术气质"。他站在树下，看着这两个苹果，特别想要，但是树有点儿高，他够不着，怎么办？这位爸爸低头看了看，手里唯一的工具是一把斧子，于是他抡起斧子，把这棵苹果树的树干砍断。

亦可管理
——孩子还可以这样教

树倒了,他从地上捡起这两个苹果,然后高兴地说:"太好了!我终于得到这两个大苹果了!"

看到这里,您一定能明白,这棵"苹果树"就代表了那个孩子,小孩子就像一棵苹果树一样,一点点地茁壮成长。那么,"树干"又代表了什么呢?这位爸爸也深感疑惑,他当然会为自己辩解:"'砍断树干'?我怎么会'砍断树干'呢?那是我的亲儿子,我又没把他打伤,我怎么就'砍断树干'了呢?"

是的,这位爸爸确实没有打伤孩子的身体,孩子的内心却是重重地受伤了,家长与孩子之间的亲子关系也因此受到了严重的伤害。这个"树干",代表的就是亲子关系。

良好的亲子关系才是孩子健康成长的根本。只有拥有好的亲子关系,"小树"才能慢慢地长大,最终长成一棵"参天大树",并且结出很多又大又红的"苹果",这些"苹果"里面,有"持之以恒",有"艺术气质",但是又远远不止这些,其中还有善良、勇敢、真诚、活泼、乐观、上进、创造力等,这些恐怕是天下所有父母都期待自己的孩子可以拥有的品质。相反,如果"树干"受到损伤,那么毫无疑问,"小树"就长不好,也就不可能结出那些有着良好品质的"大苹果"。

心理学中大量的研究表明:与主要养育者之间拥有良好依恋关系的儿童,在各种场合表现得更合群,有更少的攻击性和破坏性,更有同情心,情绪上更稳定;到了青少年阶段,他们的社会交往能力更强,拥有更强的自尊心,更有可能成为领导者,学业成绩更好。相反,与主要养育者之间依恋关系不佳的孩子,容易表现出偏离正常的行为模式,如远离同龄人,有古怪的行为,被动或多动,攻击性强,过早做出高危行为,等等[1]。

这位逼孩子练琴的爸爸显然做错了,为了让孩子练琴竟然打骂孩子,破坏了亲子关系,这就是本末倒置了。可是,我们能说他是个坏爸爸

---

[1] 丹尼斯·博伊德,海伦·比.儿童发展心理学[M].夏卫萍,译.北京:电子工业出版社,2016.

前 言

吗？当然不是！

一位心理学专家说得非常好："天下没有不好的父母，只有不知道正确方法的父母。"在这位爸爸眼里，"持之以恒"和"艺术气质"都是他认为的良好品质，他希望自己的孩子能拥有这样的良好品质，何错之有？为了换取这些良好品质，不惜以破坏亲子关系为代价，那就太惨痛了。怎么办？他手里只有一把"斧子"，为了得到那两个"大红苹果"，只能用"斧子"砍断"树干"，因为他没有其他工具了，就只有冲孩子发脾气这一种方法，他从小没有学过别的方法，而他自己的父母也是这样对待他的。

那么，到底有没有好方法呢？当然有！这个方法正是本文开头所说的"苹果树法则"。图1就是这套方法的核心理念图。我们强调的理念是：保护亲子关系是核心，当面对孩子的行为、沟通、情绪、性格等各种问题时，都可以找到在"保护亲子关系"的前提下解决问题的好办法。

图1 "苹果树法则"核心理念图

从图1中可以看出，父母在应对孩子的日常行为问题时，要注意行为引导；与孩子沟通时，要做"安全的耳朵"；面对孩子的负面情绪，

亦可管理
——孩子还可以这样教

可以科学地疏导；对于孩子的天性，要学会接纳。您看，从孩子的行为、沟通到情绪、性格，几乎涵盖了家长可能会面对的所有问题类型，而这些都是以保护亲子关系为前提的。

那么问题来了，就算懂得了要保护亲子关系，可是现实生活中要面对孩子层出不穷的问题，如何各个击破呢？可不是只要不打骂孩子就万事大吉了呀。就像家长说的："孩子到处乱跑，我总得管吧，不然跑丢了可怎么办？我倒是想不破坏亲子关系，可是不批评他根本叫不回来呀。"还有让家长更为发愁的孩子的情绪问题："孩子总是哭闹，还当着那么多人的面儿，我越说别哭了她越是哭得厉害，我只好吼她了。"这些都是非常现实的问题。

可见，我们还需要将核心理念进一步落实到具体方法中，这就是我们的苹果树理论体系，它有着清晰的层次结构，由浅入深，其中每一个方法都是以科学的心理学理论为依据，并经过充分的实践验证，可以解决实际问题，尤其适合3~10岁的孩子的家长学习。苹果树理论体系结构，如图2所示。

保 护 亲 子 关 系

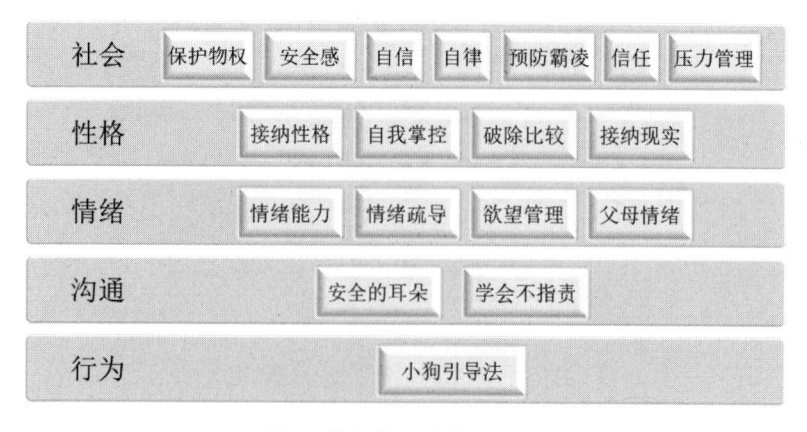

社会	保护物权	安全感	自信	自律	预防霸凌	信任	压力管理
性格	接纳性格	自我掌控	破除比较	接纳现实
情绪	情绪能力	情绪疏导	欲望管理	父母情绪
沟通	安全的耳朵	学会不指责
行为	小狗引导法

图2　苹果树理论体系结构

从图2中可以看到，我们从父母经常面对的孩子行为方面的课题展

前 言

开，讲述引导孩子正确行为的好方法。这是基础，也比较容易掌握，同时对孩子其他方面的问题的改善都有良好的促进作用。接下来，常见的问题要数沟通问题了，这里我们强调父母要做"安全的耳朵"，并学会不指责，这在保护亲子关系的前提下，将会大大改善父母与孩子的沟通效果，反过来会促进亲子关系，使之变得更融洽。情绪是核心，正对应现代心理学强调的对孩子情绪能力的培养。众多研究认为，情绪能力的培养对孩子适应幼儿园与学校生活，乃至将来一生的成就都有着重大的影响，从这一层开始方法也更多了。接纳是难点，需要突破，面对孩子性格方面的固有特点，我们不该秉持传统观念去"矫正"，而是应该学会接纳，进而欣赏孩子的天性，毕竟各种性格都只是特点而不是缺点。与孩子之间的关系处理好了，我们还要帮助孩子面对社会，这里有一系列培养孩子社会化能力的方法，从学会表达意愿以避免霸凌，到摆正自信、自律与成绩之间的关系，以及保护物权、信任孩子等更多话题的探讨，形成了最上面一个层次，也是对下面各层所学方法的综合应用。

前面提到的那位爸爸，如果知道其实还有很多更好的方法来引导孩子练琴，他一定不会选择打骂孩子。这就像，如果给了他更多可以选择的工具，比如梯子、绳子、剪刀、铲子，还有水壶，他还会再用斧子吗？

我们夫妻二人共同开办了一个公益沙龙，至今已经为很多家长讲解了这套方法，且反响非常好。本书就是结合家长的实践反馈以及实践中的常见问题，有的放矢地讲解该如何应用苹果树法则。根据苹果树理论体系的结构，将本书分为"行为篇""沟通篇""情绪篇""性格篇""社会篇"，其中的每一章都对应体系中的一个方法。"行为篇"作为入门篇，只有一章，之后随着层级逐渐升高，方法和章节也越来越多，由浅入深，循序渐进。在每一章中都讲解了该方法背后的心理学理论依据，然后是实用方法，重点讲解如何在生活中应用这些方法。为了避免曲高和寡，关于理论只点到为止，要么是一个有趣的实验，要么是一幅经典的概念图示，目的是使读者掌握理论精髓。从理论到方法，再到实践，呈一个"倒三角"的模式，理论精练，方法实用，而重点在实践。这也符合学员家长的反馈——很落地，能解决实际问题。

另外，为便于读者理解和记忆，每一章后都附带一个小故事，起到点睛之用。故事中讲述了一家人是如何体验和实践这套苹果树法则的。这些小故事充满着生活情趣，既有鸡飞狗跳，也有温馨感动。故事中的妈妈不是什么心理学专家，而是和大多数读者一样的普通知识女性，在与孩子的倾心互动中，她领悟了一个又一个实用有效的新方法。

故事中的小主人公，名字就叫"亦可"，是一个活泼可爱的小男孩。这两个字源于我们学习心理学时导师常常挂在嘴边的一句禅语："此亦可，彼亦可，亦可……亦可……"其中蕴含着"有选择，不焦虑，善接纳"的人生大智慧。我们夫妻二人都很喜欢这个名字，多年来它也伴随着我们不断体验越来越幸福的人生。现在，我们就邀请您一起来看看这对父母是怎样在一点一滴中对亦可小朋友进行管理的，这恰恰也是我们书名的另一个由来。

郝颖辉

2024年1月于北京

目 录

第一篇　行为篇

第 1 章　行为管理与引导

您遇到了这里的哪个问题 / 004

带来启发的有趣实验 / 005

为什么批评、惩罚不管用 / 007

"小"方法大有可为 / 008

常见难点逐个击破 / 011

对关键障碍的突破 / 015

实用技巧易学好用 / 017

亦可故事：夸奖的魔力 / 021

故事解读 / 023

第二篇　沟通篇

第 2 章　倾听决定沟通质量

孩子特别执拗，怎么沟通 / 028

揭示规律的沟通层次理论 / 029

对理论的深入理解 / 031

良好沟通要有"安全的耳朵" / 034

实践方法是鼓励孩子表达 / 036

做不到？诀窍是倾听而不要预判 / 038

亦可故事：巧克力是我的 / 041

故事解读 / 042

第 3 章　表达带来良好沟通

我没说什么他怎么就不高兴了 / 046

实用的沟通类型理论 / 047

改善沟通要学会不指责 / 050

重要的表达技巧是共情 / 052

警惕非言语沟通"出卖"你 / 053

通过讨论来解决事情 / 054

"听"与"说"汇总解决沟通问题 / 055

亦可故事：加加减减的小星星 / 057

故事解读 / 059

第三篇　情绪篇

第 4 章　情绪管理

歇斯底里的"坏小孩" / 064

心理学对情绪能力的重视 / 065

情绪能力受用一生 / 067

正确认识情绪 / 069

情绪教育的最佳时机 / 072

培养孩子的情绪管理能力 / 074

目 录

亦可故事：水花 / 079

故事解读 / 081

第 5 章　情绪疏导

哭闹起来没完没了 / 084

著名的心理学实验 / 085

让情绪像流水一样自然流淌 / 087

诀窍：把情绪和事件分开 / 089

把"哭闹"讲透 / 092

亦可故事：眼泪的秘密 / 097

故事解读 / 099

第 6 章　欲望管理

规矩严格vs溺爱孩子 / 102

成年人也无法抗拒的曲奇饼干实验 / 103

适当满足孩子的欲望 / 104

满足欲望的实用方法 / 106

目的是体验到满足感 / 110

亦可故事："咔哧咔哧咔哧" / 111

故事解读 / 114

第 7 章　父母情绪调节

总是忍不住发脾气，我不是个好妈妈 / 116

了解一下交感神经 / 117

优先调整好家长自身的状态 / 118

控制情绪的实用方法 / 120

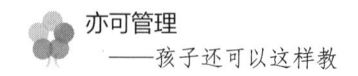

"对不起"是奇妙的三个字 / 125

亦可故事：一壶好茶 / 128

故事解读 / 130

第四篇 性格篇

第8章 性格多样性

怎么就"扳"不过来他这个"臭毛病" / 136

简单实用的性格类型 / 137

承认他，接纳他，欣赏他 / 139

不被接纳会带来深层次的痛苦 / 141

关键的突破在于欣赏 / 143

深层次的课题在于接纳自我 / 144

亦可故事：独特的花朵 / 145

故事解读 / 148

第9章 自我掌控

孩子怎么闷闷不乐，毫无活力 / 150

小老鼠和养老院实验 / 151

掌控力是生命活力的源泉 / 153

不要剥夺孩子的掌控力 / 155

帮助孩子重获掌控力 / 156

我们自己呢 / 157

亦可故事：孩子，放学了你可以尽兴地玩（亦可爸爸篇） / 161

故事解读 / 163

第10章　破除比较

"比较"时代的人人自危 / 166

获得幸福的关键在于发挥优势 / 167

真实的幸福体验 / 169

探索优势，接纳短板 / 170

破除比较的关键 / 173

优势理念在生活中的实践 / 174

你的孩子不是"你的"孩子 / 179

亦可故事：黑白之间（亦可爸爸篇）/ 180

故事解读 / 183

第11章　拥抱变化

都是这件坏事害苦了我 / 186

开启人生崭新大门的ABC法则 / 187

接纳现实的不完美 / 189

现实并非眼见为实 / 191

拥抱颤抖 / 192

对ABC法则的活学活用 / 194

亦可故事：生日惊喜 / 196

故事解读 / 198

第五篇　社会篇

第12章　保护物权

我让孩子与小朋友分享玩具他偏不干 / 202

儿童的认知水平随着年龄增长而变化 / 202

尊重孩子的物权 / 204

孩子之间的社交就交给孩子吧 / 206

做不到该怎么办 / 207

儿童认知发展理论的更多应用 / 208

亦可故事：一片树叶 / 211

故事解读 / 213

第 13 章　保护安全感

吓唬管用吗 / 216

极有价值的陌生情境实验 / 217

随时注意保护安全感 / 218

合理应对恐惧 / 221

告诉孩子"这不是你的错" / 224

亦可故事：没有大灰狼的世界 / 226

故事解读 / 228

第 14 章　激发学习动力

学习难题令人发愁 / 232

分析"鸡娃"的危害 / 232

对背后原因的深入分析 / 236

解决学习难题的核心理念 / 239

消除家长的焦虑心理 / 242

应对"鸡娃"的紧急措施 / 244

培养自信的正确方法 / 247

亦可故事：学习风波 / 251

目 录

  故事解读 / 253

第 15 章　培养学习习惯

  "佛系"就对吗 / 256

  对孩子好有什么不对 / 256

  自律的作用是智商的两倍 / 257

  培养自律能力的具体方法 / 259

  提高成绩的正确方法 / 263

  眼光放长远，把选择权交还给孩子 / 266

  亦可故事：一个都不能少 / 268

  故事解读 / 271

第 16 章　预防校园霸凌

  丑恶的校园霸凌现象 / 274

  深入分析校园霸凌的特点 / 275

  鼓励孩子表达意愿以预防校园霸凌 / 279

  预防校园霸凌的具体实践 / 281

  当校园霸凌发生时该如何应对 / 287

  亦可故事：最好的礼物 / 291

  故事解读 / 293

第 17 章　当孩子犯错时

  被告状令家长难堪 / 296

  高自尊与低自尊的人生差别 / 297

  绝不当众羞辱孩子 / 298

  避免二次伤害 / 300

保护孩子的信任感 / 301

了解真相的巧妙方法 / 303

加强孩子同理心的培养 / 304

亦可故事：三个"戏精" / 305

故事解读 / 308

第18章 压力管理

压力的危害 / 312

减压方法分析 / 312

做好孩子的压力管理 / 315

减压方法的生活实践 / 317

亦可故事：谁都会紧张啊 / 323

故事解读 / 325

后记

孩子还可以这样教

第一篇

行为篇

第1章

行为管理与引导

亦可管理
——孩子还可以这样教

✦ 您遇到了这里的哪个问题

在孩子的成长过程中会出现各种各样的问题，行为、沟通、情绪、性格等，都在考验着家长的能力，该如何应对。其中，首要的就是行为问题了，孩子层出不穷的错误行为令家长叫苦不迭：不好好吃饭；不好好刷牙；出去玩时到处乱跑，到时间了却怎么也叫不回家……诸如此类的行为问题不胜枚举，令家长应接不暇。

"一出门就到处乱跑，我都追不上，跑丢了可怎么办？我都那么严厉地批评他了，怎么就是不听呢？"

"一到幼儿园门口就哭着不肯进去，抱着我不撒手，我都说了她多少遍了，怎么都改不了！"

"都上学了，还不知道自己整理书包，天天丢三落四的。各种招儿都用了，惩罚得也够狠了，我都不忍心了，可他还是那样，唉……"

上述行为问题，您一定不陌生吧？为了纠正这些错误行为，家长可谓是使出了浑身解数，有的反复提醒，有的批评惩罚，有的"威逼利诱"。这些方法是五花八门，其实都有一个共同的问题——不管用，效果不佳。也许一开始确实有点效果，冲孩子吼几句，孩子一时害怕了，被迫做到了，过后还是一切如旧，令家长苦不堪言。更让人担心的是，不论是批评、惩罚，还是吓唬、发怒，无疑都是在破坏亲子关系的，不仅收效甚微，还使得孩子与我们的关系越来越疏远。这可怎么办呢？孩子的行为问题没有得到改善，状态也越来越差，家庭氛围当然好不到哪儿去。

家长不禁要问了：为什么批评、惩罚就不管用呢？有没有什么好方法可以改善孩子的行为问题呢？如果这样的方法还能以保护亲子关系为前提，那该有多好啊！

✦ 带来启发的有趣实验

既然要分析行为方面的规律，那么一个与行为引导相关的实验就非常值得借鉴，会对我们找出办法有所启发。这个有趣的实验是用小狗来完成的，如图1-1所示。

图1-1　小狗行为引导实验

科学家制作了一个特殊的箱子，让一只小狗在里面自由玩耍。箱子里有一个按钮，小狗并不知道那有什么用，但是当它一不小心碰到了这个按钮时，"啪嗒"，就会从箱子顶端掉下一块肉，小狗很高兴地将肉吃了，这时，它还是不知道肉和按钮之间有什么联系。小狗继续玩耍，偶然间又碰到按钮，接着又掉下来一块肉。就这样，经过多次反复，小狗知道了只要压按钮（行为）就会有肉吃（奖励），于是，小狗开始主动去实施压按钮这个行为。

由此，科学家证明了，通过对某一特定行为进行奖励，可以有效地引导其学会这一行为。接着，心理学家证明了人类同样遵循这一规律，尤其对孩子非常适用。上述实验就是心理学界著名的操作性条件反射[①]实验。后来，这一发现成为整个学习理论的基础理论。

您不需要记住"操作性条件反射"这样拗口的名词，也不需要搞清楚它与巴甫洛夫的"经典条件反射"有什么区别，您只需要明白一点，这个实验是针对各种行为学习的一个简化模型，它提示我们，如果想让孩子（小狗）学会一个行为（压按钮），只要在孩子（小狗）出现这个行为时给予奖励（给肉吃），就可以有效地对正确行为进行强化，帮助孩子（小狗）逐渐学会这一正确行为。

现实生活当然不像实验室环境那么简单，但是由于它揭示了"强化目标行为引发学习"这一普遍规律，使得这个实验对我们引导孩子的各种行为有着广泛的适用性。不论是吃饭、刷牙、不乱跑，还是其他种种具体行为，都是"目标行为"的一个实例，自然都符合这一规律。这也意味着，令家长头疼的孩子的各种行为问题，实际上有一个万变不离其宗的统一解决方案，只不过对孩子的奖励有别于对小狗的"给肉吃"的奖励，更多的时候是夸奖。

---

① 丹尼斯·博伊德，海伦·比.儿童发展心理学[M].夏卫萍，译.北京:电子工业出版社，2016.

那么问题来了。和实验中着重于强化正确行为所做的努力不同，家长似乎更倾向于采用批评、惩罚的方式。为什么会有这样的反差呢？如果说"强化目标行为引发学习"的话，那么批评、惩罚所带来的实际作用又是什么呢？

✦ 为什么批评、惩罚不管用

我们在讨论上述实验时经常会说到一个重要的词——"强化"。孩子的正确行为往往不是一蹴而就形成的，需要我们不断地强化。对于小狗来说，给块肉吃就是在强化，那么对于小孩子呢？可能很多人都不清楚，心理学研究认为，对孩子来说，关注就是强化。

孩子从婴儿时期开始，就天然地追求获取养育者的关注。婴儿微笑时希望看到家长也微笑，咿呀发声时希望家长也能说说话，哭闹时希望家长把自己抱起来。研究表明，家长能够给予孩子及时的关注和回应，是建立良好亲子关系的关键因素[1]。

有一种非常特殊的现象，将孩子对家长关注的渴望揭示得再清楚不过：如果家长漠视孩子，有时候孩子会故意犯错，甚至有意惹怒父母，换来一顿责罚，但孩子内心深处对关注的渴望其实得到了满足，即使是责骂这种负面的关注，也比完全没有关注强。这并不是孩子有意为之，而是人性如此，孩子被内心的力量驱使，不由自主地做出了这样的选择。从另一个角度来说，孩子成功了，他确实获得了关注，所以您预判到长期效果了吗？没错！因为犯错而被关注的孩子下次还会这么做，即使父母的责罚更严厉了，孩子还是按捺不住反复为之，形成一种恶性循环。因为不犯错，他什么也得不到，而完全得不到关注所带来的痛苦，比一顿责罚更让孩子难以接受。

---

[1] 丹尼斯·博伊德，海伦·比.儿童发展心理学[M].夏卫萍，译.北京：电子工业出版社，2016.

有了"关注就是强化"这个认识，是不是就容易理解批评、惩罚对孩子错误行为所起的作用了？我们可以看到，奖励、表扬是关注，是好的关注；而批评、惩罚其实也是关注，是不好的关注。那么，既然关注就是强化，推导可知，对孩子错误行为的批评、惩罚就是对错误行为的关注，那不正是在强化错误行为吗？

这就很好地解释了为什么批评、惩罚会不管用。家长一直像警察抓小偷一样紧盯着孩子有没有错误行为，一旦犯错马上批评。从本质上看，这不正是在努力地关注孩子的错误行为吗？对错误行为的批评、惩罚，恰恰满足了孩子得到关注的深层渴望，甚至对一些年龄较小的孩子来说，这个"游戏"还挺好玩的呢："我一这样做，妈妈就会那样，真好玩。"可想而知，孩子自然会乐此不疲，即使当时被喝止甚至被骂哭，过不了多久又开始故态复萌。这不是孩子想出的策略，而是他渴望关注的天性使然，更是被反复地批评、惩罚所强化、助长形成的。这不是与我们的初衷南辕北辙了吗？

说到这里，应对孩子各种行为问题的正确方法呼之欲出了，它应该包括两个方面的内容：一方面是对正确行为的强化，另一方面是对错误行为的弱化。为了便于读者记忆，我们给这个方法起了一个既可爱又形象的名字——小狗引导法。

✦ "小"方法大有可为

什么是"小狗引导法"？很简单，只有两条。

（1）当孩子的行为正确时——表扬。

（2）当孩子的行为错误时——忽视。

值得注意的是，相对于传统方法，在孩子做错时批评、惩罚，以及在孩子做对时没有反应，小狗引导法是恰好相反的。这不是简单的"反其道而行之",也不是停留在理念上的一句"好孩子是夸出来的",它是有严谨的科学依据的,前面已经分析得非常清楚了。我们用图1-2来对比一下这两种方法。

传统方法	孩子行为	做得好	做错了
	家长行为	无行为	批评——破坏亲子关系
	对孩子的效果	被弱化	被强化

小狗引导法	孩子行为	做得好	做错了
	家长行为	表扬——优化亲子关系	忽视
	对孩子的效果	被强化	被弱化

图1-2 传统方法与小狗引导法对比

图1-2中,上半部分是对传统方法的总结,我们看到,当孩子做得好的时候父母认为"本该如此",从而没有任何反应;当孩子做错时却会对其进行批评、惩罚。其结果就是,孩子的错误行为被强化,正确的行为却因为父母的无视被弱化了。

下半部分是对小狗引导法的总结,和传统方法相反,在孩子做得好时给予表扬,不仅强化了这一正确行为,还优化了亲子关系;而在孩子做错时选择忽视,既不会破坏亲子关系,孩子的错误行为还被弱化了。

小狗引导法的使用步骤可以简化为以下三条。

(1)提出简洁清晰的指令。

(2)发现孩子的进步。

(3)不遗余力地夸奖孩子。

首先,父母需要给孩子提出一个明确的目标,告诉孩子爸爸妈妈期望他做到的是什么。这个目标不宜太过笼统,要尽量清晰具体,便于孩子理解，也有助于孩子做到。

其次，父母要能够发现孩子的进步，这是重点，也是难点，后面会再做具体分析。需要特别注意的是，不是要等到孩子完成最终目标才去表扬，而是只要孩子有一点点进步就要给予鼓励，这需要父母发挥聪明才智，注意观察，独具慧眼。

再次，就是当孩子有进步时，抓住机会夸奖孩子。小狗引导法的要旨就是当孩子发生目标行为的时候给予奖励，去强化这个正确行为。可见"奖励"在这个方法中起着至关重要的作用。其中，最常用的奖励就是口头表扬，您也可以创新令孩子受用的其他奖励方法。

最后，又回到第二步，继续发现新的进步，再夸奖，如此循环，整个系统就运转起来了，直至孩子的正确行为养成习惯。通过努力，孩子会在各个方面越来越符合我们的期望。

小狗引导法在整个苹果树理论体系中是第一个，也是基础的方法。之所以将它放在首位，一是因为行为引导恐怕是家长在日常生活中最常遇到的问题，也是最让人头痛的问题；二是学好这个方法，对后续各个层面问题的解决都有很好的促进作用。

图1-3就明示了小狗引导法在苹果树理论体系结构中的具体位置。可以看出，行为类是基础的层级，有且只有这一种方法。这样的安排便于您由浅入深地了解苹果树法则，同时也预示了小狗引导法几乎可以应对孩子所有常见的行为问题。

保护亲子关系

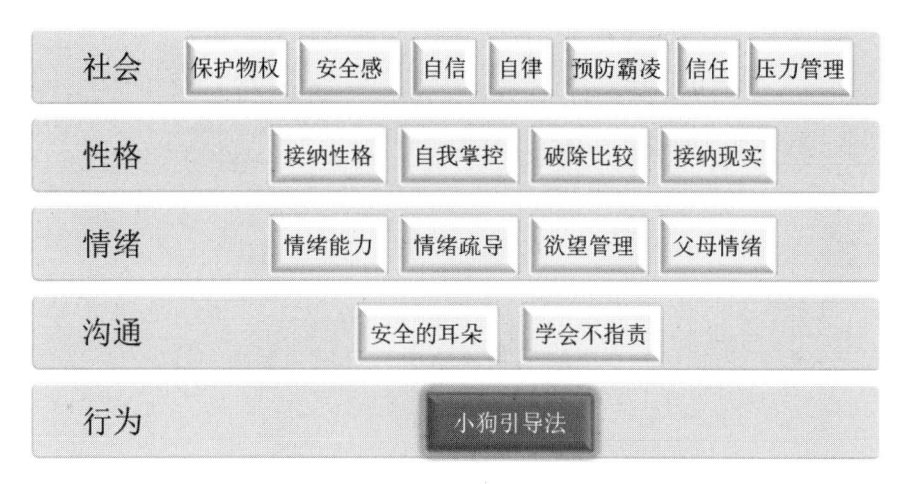

社会	保护物权	安全感	自信	自律	预防霸凌	信任	压力管理
性格	接纳性格	自我掌控	破除比较	接纳现实			
情绪	情绪能力	情绪疏导	欲望管理	父母情绪			
沟通	安全的耳朵	学会不指责					
行为	小狗引导法						

图1-3 "小狗引导法"在苹果树理论体系中的位置

别看"小狗引导法"这个名字听起来很可爱，像在过家家，如前所述，其实它是经过严格的科学实验证明的有效方法。孩子是我们最好的老师，只要用对了科学方法，他就会用立竿见影的变化带给我们巨大的惊喜。

✦ 常见难点逐个击破

学会方法并不难，但在实际生活中应用起来并不容易。有一些重点需要特别注意，还有一些难点容易"翻车"，下面我们就根据家长经常遇到的实际问题，抽丝剥茧，仔仔细细地讲清楚。

1.目标出了问题

一些家长反映："孩子都不理我这茬儿啊，这个方法根本用不起来。"这恐怕是最初的目标出了问题。

整个小狗引导法的启动在于一个简洁清晰的目标。别小看这么简单的一句话，日常生活中家长没做到这一点的例子比比皆是，比较常见的错误目标包括以下几个。

（1）目标太大或太模糊。

比如，"保护好牙齿啊"，或者"你要乖乖的啊"。目标太大，太模糊了，孩子什么时候才算是完成目标了呀？

对于这个问题，可以把大目标分解成多个小目标，把模糊的目标清晰化，一个阶段只专注于一个目标，一步一步逐渐接近大目标。

比如保护牙齿，可以分解成多个小目标："身子往前探着点啊"（以免牙膏沫滴到身上），"牙刷上下移动啊"，"要刷够两分钟噢"，等等。一个阶段只完成一个小目标即可，这样便于孩子做到，有利于孩子不断地进步，孩子也比较有成就感。

（2）表达太复杂。

父母有时候习惯了唠叨孩子，不信？您试试用较快的语速读这一段文字："哎哟，我的宝儿啊，你要是这么乱跑还不跑丢了呀！你看这儿这么多车，那车要是刹不住闸可怎么办呢？你玩归玩，也得时不时回来找妈妈不是？要不然妈妈看不见你，我喊你你又听不见，妈妈多着急呀！哎，你怎么又坐地下了？多脏啊，快起来，我还没跟你说完呢……"

您听起来是什么感觉？大人都快抓不住重点了，小孩子早就听晕了，也不知道妈妈到底要求自己做什么。因此，您一定要注意指令简洁，比如就简化成一句："玩的时候要能看得见妈妈啊！"这样，孩子在清楚目标的前提下，会努力地去满足妈妈的要求。

（3）不要生气地说。

我们提出要求，是为了引导孩子养成正确的行为习惯，是教育，而不是指责。要注意我们说话的语气、表情、肢体语言等。您来比较一下，一种是瞪着眼用严厉的语气说："跑远了可不行啊！"另一种是用温柔又平静的语气说："看不见妈妈了要跑回来找妈妈哟。"孩子更愿意接受哪种教育呢？

2.等不来的终点

很多父母抱怨:"孩子一直达不到要求,我根本没有夸奖他的机会呀,怎么办?"这很可能是在"发现孩子的进步"环节出了问题。需要强调的是,不能等到孩子达成最终目标才给予夸奖,而是要对孩子的每一个微小的进步进行强化,引导孩子向目标靠近。

对于这个问题,就需要父母注意观察,努力去发现那些哪怕是微小的进步。微小的进步有时候不容易发现,还有可能只是发生在一瞬间。所以,父母在提出目标之后,要特别留意观察孩子的举动,用心去寻找孩子值得肯定的方面,有一点变化就抓住机会强化,争取把我们心里已经准备好的赞美之词早日送给孩子。

这一点非常重要,我们再多举一些例子来说明。

- 妈妈提醒在游乐场玩耍的孩子,到时间了,该准备回家了。孩子虽然还没有结束游戏,但是有一个捡起玩具的动作,妈妈可以抓住这个机会说:"噢,不错呀,已经在准备收拾玩具啦,能遵守时间非常棒呀!"孩子听到夸奖,就更有可能收住玩心,做好回家的心理建设。

- 爸爸一直希望儿子坚强点儿不轻易哭。带孩子踢球的时候,孩子摔倒了,还是哭了起来,但是这次哭的时间不长,这难道不是一个很明显的进步吗?爸爸一定要抓住这样的机会,可以热情洋溢又带点自豪地说:"嘿,这次都没有大哭呦,只哭了一小会儿就自己调整好啦,真棒,越来越像一个小男子汉了呢!"

- 妈妈希望女儿多吃些蔬菜,可以说:"今天吃了更多青菜了呢,很好呀,这样我们宝贝儿就更健康了呢。呦(故意睁大眼睛),胡萝卜也吃啦,这么厉害呀!"

孩子努力地想要做好,想要得到更多夸奖,这是基本的天性。即使还没有做到最好,但孩子的这份努力弥足珍贵,我们要细心呵护。爸爸妈妈一定要明白，对于成年人轻而易举的事情，对孩子来说，他可能要付出很大的努力才能做到一点点，所以，请您用欣赏的眼光，去发现孩子无处不在的成长与进步吧！

3.您夸对了吗

还有些家长遇到的问题是，"我夸了呀，怎么没用呢？"那我们就要问一句了："您夸对了吗？"

别笑，还真不一定呢。我们小时候流行的是打击教育，那时候社会上也很少提倡要夸孩子，您没怎么被夸过，现在忽然需要夸奖自己的孩子，很可能会有些力不从心。小狗引导法最大的动力就是夸奖，我们好不容易发现了孩子的进步，为了强化正确行为，这时就需要我们使劲地夸奖孩子。要多使劲？可以说，要不遗余力！那么，有哪些夸奖的方式事半功倍呢？我们就来给您支支着儿。

- 大声地夸，不吝赞美之词。"你真的做到啦！太了不起啦！""你今天吃了好多青菜呀！真棒！""这你都能做到啦！太好了！"您还能想到什么赞美之词？不必害羞，大声地说出来，对孩子来说，那是最动听的语言。需要注意的是，一定要记得夸具体的行为，也就是您希望孩子能做到的那个行为。比如，"你真的跑回来找妈妈啦！""玩具收拾得真整洁！"等等。相比于仅仅夸奖"很棒""很好"这种描述笼统的内容，夸奖具体的行为会帮助孩子，让其明白爸爸妈妈到底希望他做出什么行为，对年龄小的孩子尤其如此。

- 夸张的肢体动作和面部表情。惊讶地张开嘴，瞪大眼睛，竖起大拇指，或者给孩子鼓掌，充分利用各种肢体动作和面部表情，让自己像个孩子一样，孩子就能够直接地感受到夸奖的强烈程度。

- 当众夸奖。您自己夸孩子效果不错，当众夸则效果翻倍。我们会在后面章节专门讲一讲不要当众羞辱孩子，那种感受会让孩子非常痛苦。

夸奖则相反，当众夸奖会让孩子特别受用。

- 在家人面前再夸一遍，这一条特别推荐。比如，晚上孩子的爸爸下班回家了，妈妈故意用夸张的语气说："哎，你知道今天儿子有多棒吗？我教他玩的时候别跑远，看不见妈妈了要回来找我。你猜怎么着？儿子做到啦！真的跑回来找我了，多了不起呀！"这时爸爸要是配合一下就更完美了。你们会发现，孩子躲在一边背着身，假装没听见，其实小耳朵竖着，使劲听爸爸妈妈怎么夸他呢。
- 虽然绝大多数时候是口头表扬，偶尔给个好吃的奖励一下，效果极好。想想我们这个方法的由来——小狗引导法，小孩子嘛，这是天性。

✦ 对关键障碍的突破

"学会了但做不到"是很多家长面临的现实问题，其实是因为还有关键的障碍阻挡着我们。上面我们对使用中常见的问题给出了解决措施，但是还有一个大问题没有解决，那就是当孩子出现错误的时候，家长真的很难做到忽视，总是忍不住要批评两句。可是根据前文所述，这恰恰是在强化错误行为，与正确方法背道而驰。很多家长都觉得这是使用中面临的最大的障碍，那么我们就要迎难而上，必须突破这个障碍，才能够使我们阐述的内容不是只停留在道理或理念上，也不是心灵鸡汤，而是真正能够帮助读者解决实际困扰。

我们首先要搞清楚，为什么在看到孩子犯错的时候那么"忍不住"想要纠正呢？实际上，这源于我们的本能。人类虽然已经过着现代化的生活，但一些思维和行动上的规律，其实沿袭了我们的祖先。很多心理学规律通过进化论可以得到很好的解释，正如心理学大师塞利格曼教授所说的，心理学与进化论的结合，是半个世纪以来心理学几项重大突破之一[①]。具体到"忍不住纠正错误"这件事，如果往进化论上想想，就很好理解了。我们的祖先什么样的人能够在恶劣的环境中生存下来呢？必然是那些善于发现缺陷并纠正错误的人，而其他的人都在残酷的竞争中被淘汰了。你我都是这些祖先的后代，纠正错误的本能深植于我们的基因中。

再说一个非常有意思的例子。有一次，我的导师（中国社会科学院心理研究所的一名教授）给一批海外归来的高端人才举办讲座，我作为助理随同前往。其间，他给每个人发了一个特殊的巧板，并要求大家拼出一个简单的"T"字，如图1-4所示。

图1-4　"T"字巧板

有趣的是，台下近百位精英听众却怎么也拼不出这个简单的图形。我当时在台下观察，发现几乎每个人都很快地注意到其中一块巧板有个直角缺口（图中所示左边巧板中右下角的位置），然后马上尝试用其他巧板的直角去填补这个缺口，一块不行就换另一块，无一例外；可是，这道题奇妙的地方就在于，一旦把那个缺口补上，就无论如何也不可能拼出目标的"T"字形了，反而恰恰是要把这个缺口留着，才能够找到答案。这道题考验的不是智力，而是人性，"弥补缺陷"是每个人的本能，与智力无关。

再说回如何忽视错误，现在我们就知道了需要有意识地去克服本能。

[①] 马丁·塞利格曼.塞利格曼自传[M].庞雁，译.杭州：浙江教育出版社，2020.

既然是本能，仅靠忍耐来克服是不现实的，强人所难从来不是心理学所提倡的。要更好地解决这个问题，就要请出前面分析中所提到的法宝——关注。我们只有转移自己的关注点，少关注孩子的错误，而有意识地多去关注孩子做得好的方面，才能更好地实现"忽视从而弱化错误行为"的目标，从而更好地引导孩子。

在我们教给孩子某一正确的做法之后，一旦孩子有所进步，我们就使劲地夸奖；而当孩子偶尔又出现错误行为时，我们就当什么也没有发生（当然前提是在安全的范围内），甚至可以假装没看见，嘴里哼着小调继续干我们手里的事情。您看，我们自己的角色是不是变了？从紧盯罪犯的"警察"变成了慧眼识珠的"寻宝人"。孩子的各种正确行为就是我们要努力发现的宝藏，在我们的不断发掘之下，孩子一定会褪璞成玉，让您惊喜不断！

如果您说"改变关注点很难吧，这么多年已经习惯盯着错误了"，那就再来听我们举个例子。我们曾给一家武馆的教练讲过小狗引导法，要知道，武馆的教练可能是最难对付的听众了，他们普遍是被前辈用"大棒"严厉教导出来的，对传统方法也更认同。出乎我们意料的是，这些年轻的教练对我们提出的新方法非常认可，还"反省"自己平时在"忽视错误"这点上做得不足。馆长也提醒教练，除了面对孩子的时候，教练之间聊天也可以多聊聊表现好的孩子，聊聊他们哪方面做得好。教练听了馆长的话，减少了对错误行为的关注，果然孩子更喜欢跟着教练习武了。您看，连多年习惯严厉教学模式的武术教练都可以做到，可见改变关注点不是不可能的。

✦ 实用技巧易学好用

正如很多听过我们的课程的家长所说，实用性是我们的课程的一大特点。前面我们已经把正确的方法、常见的问题、障碍的突破等都讲清楚了，最后还有一些实用的技巧和经验，我们也毫无保留地呈现给您，而且恰好可以解答本章开头所列举的几个实际问题。

1."现在咱们就来演一遍"

在户外玩的时候，孩子在前面跑着，一拐弯就看不见了，一定是家长最着急的事情。现在您学会了小狗引导法，给孩子提出了目标——"拐弯的时候要回头告诉妈妈呦"，可是孩子正玩得尽兴，转脸就忘了，总也做不到，这可怎么办？我们夫妻在养育自己的孩子时，想到了一个小绝招——现学现用立刻表演。

孩子都特别喜欢表演，他会觉得这是爸爸妈妈在陪着他玩呢。我们就利用孩子的这个特点，在教给他一个正确的行为后，接着就说："来，宝贝儿，咱们现在就来演一次。"孩子在您的带领下，马上就有了一次"我做到了"的良好体验，于是您抓住时机把准备好的赞美之词倾囊相送，孩子一定高兴得不得了。您看，在您的"导演"之下，自然而然地完成了一次小狗引导法的循环，推动整个系统顺畅地运转起来。

具体到这个例子，您可以先平静地告诉孩子："宝贝，你看，你从这里一拐弯，妈妈就看不见你了，所以你自己要记得回头跟妈妈说一声。"然后睁大眼睛兴奋地跟孩子说："来，咱们现在就演一遍吧。"您很可能会看到孩子积极地参与进来："妈妈，妈妈，你站在这里，然后我往这边跑……"一边说着一边小身子扭搭扭搭地到了拐弯的地方，回过头大声说："妈妈，我要拐弯去那边玩呦。"那您还等什么，马上竖起大拇指使劲地表扬吧。这时，孩子很可能会觉得"我学到新本事了"，很快就又主动重复这一行为，那是小宝贝在邀功呢。

2.巧用强化与弱化

在行为引导的过程中，强化与弱化两方面是并重的，什么行为该强化，而什么行为又该弱化，尽在我们的掌握之中。比如孩子在幼儿园门口哭闹，不想跟妈妈分开的问题，很可能是常见的"分离焦虑"，正是该使用弱化方法的场景。

首先要知道，孩子的分离焦虑是常见的问题，是属于正常范畴的事情。孩子要离开家人独自去一个陌生环境，当然是有压力的，哭一哭、闹一闹也无伤大雅，经过家长的弱化处理，一段时间后就可以逐渐缓解。前面讲过，最好的弱化不是批评、惩罚，而是忽视错误行为。家长可以平静而确定地告诉孩子："到了放学时间，妈妈就在这里接你。"接着把孩子交给老师，微笑而自信地与孩子道别，然后转身直接离开，这就是最好的弱化。

相反，如果家长依依不舍，徘徊着不愿离开，或者一直跟孩子讨论，想要说服孩子，又或者像一些隔代照管的老人，趴在玻璃或者围栏外翘首张望，以上这些做法其实都是在强化孩子的行为，只会让孩子更难适应分离。

实际上，当孩子进到幼儿园或者学校里，按部就班地进行各种活动，发现这是一个安全的环境，逐渐找到与小朋友、老师相处的乐趣，他的分离焦虑就会明显减轻。当孩子放学时高兴地跑到妈妈身边，兴奋地讲述当天令他开心的事情，这时就该我们的强化手段出场了，是什么呢？没错，就是前面所讲的，不遗余力地夸奖！

3.孩子的进步是对家长最好的强化

最后一个孩子不愿意整理书包的例子是一位奶奶分享的，她也是我们课程的忠实听众。其实整理书包本不是什么了不得的大事，值得品味的是，老人家在第一次听了我们的课后，回家马上就使用了小狗引导法，结果就真的让孩子愿意自己整理书包了。第二次课，老人早早就来了，高兴地告诉我们"这个方法真管用"，这之后的课程，老人更是次次到场。这就是我们说的，孩子的进步给了家长最好的强化，坚定了家长使

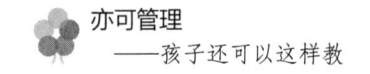

用正确方法的信心。

对啊！其实家长也是"小狗"，也遵循"操作性条件反射"的规律。对此，有一个非常有趣的故事，可以清楚地看到成年人，甚至老人，也像小孩子一样被行为强化的效果。这个故事特别有说服力，因为它就发生在开创了"操作性条件反射"理论的著名心理学家斯金纳老先生本人身上。斯金纳教授在心理学界太著名了，犹如泰山北斗，前面讲到的那个小狗在箱子里压按钮的实验，就被命名为"斯金纳箱"。没想到，斯金纳教授的学生——一群淘气的大学生，打算试试老先生的理论是否真的那么有效。于是，学生串通起来，就等着斯金纳老先生上课了。他们到底要做什么呢？老先生在讲台上一边随意地左右踱步一边讲课，当老先生走到讲台右侧时，学生不做任何反应，而等到老先生踱步到讲台左侧时，学生故意表现得聚精会神，或是瞪大眼睛向前探身，表示很感兴趣，或是使劲点头故作恍然大悟状。老先生当然不知道学生的伎俩，但是学生的"奖励"他"照单全收"。他开始不由自主地越来越多地靠近讲台左侧讲课。等到了学期末的时候，老先生已经纹丝不动地只站在讲台左侧的位置讲课了。这是一个最好的例子，说明成年人甚至老人一样可以被行为引导。

在我国，隔代养育是一个很普遍的现象，父母迫于生活压力不得不忙着出去挣钱，只好由老人帮忙带孩子，这是现实，不能避而不谈。上面这个例子给了我们很好的启示，老人也可以学会新的方法，也可以使用得很好，我们的学员中可不止上面说的这一位奶奶。这与年龄、文化程度等无关，为了孩子的成长，谁都可以努力改进方法，人人如此。

当您发现家人在有意识地学习新方法，学着去夸奖孩子，即使还有些生涩，那也赶紧夸夸人家吧。别忘了，小狗引导法不仅适用于孩子，大人也是"小狗"呦。做得好就夸，一样会强化大人的行为。

当您和家人把小狗引导法用得越来越熟练，家里形成了注重夸奖鼓励的氛围，孩子自然会成长得越来越好，各种行为课题迎刃而解。您会惊讶地发现："我怎么好像学会了魔法？"是的，不必惊讶，科学的心理学就是有这样神奇的力量，欢迎来到魔法学校！

亦可故事

夸奖的魔力

一天晚上，亦可已经睡了，爸爸在书房忙工作。我忍不住就下午的事情跟他大吐起苦水来："你说说，今天放学的时候亦可又乱跑，我找了半天才找到，急死我了，你说这要是跑丢了可怎么办呀！我都说了他好多次了，骂也骂了，罚也罚了，怎么就是不管用呢！"

爸爸一边敲着电脑，一边心不在焉地回答："哦……那就是惩罚没用呗！"

我翻了个白眼，反驳道："噢，那反倒是我的不对啦！"

爸爸一看我生气了，赶紧放下工作，安慰我："哎呀，我不是那个意思……儿子总是乱跑是挺让人着急的哈。"

他的共情起了作用，我的情绪缓和下来，然后，我有了新发现："哎？你刚才说得对呀。"

爸爸一愣："啊？我说什么了？"

我拍了他一下，兴奋地回答："你说惩罚没用啊。明天开始，我要改用表扬的方法，只要他知道不跑远我就好好表扬他！"

第二天放学，亦可还像往常一样，一边和小树玩一边往家走，我在心里暗暗下了决心，只要他一跑回来，我就好好夸他。结果亦可根本看都没看过我，自顾自地跑去玩了，我气不打一处来，跑上前去一把抓起亦可，劈头盖脸地把他说了一顿。亦可被我的怒气吓得大哭，我拉着他气哼哼地回了家。

亦可管理
—— 孩子还可以这样教

晚上，亦可在卫生间里洗漱，我里里外外地收拾，因为下午对亦可发了脾气，心里有些愧疚，所以我有意地夸奖亦可："哟，今天知道注意不让牙膏掉到衣服上啦？很棒呀！"亦可转头看了看我，嘿嘿地笑了两声，刷得更认真了。

刷完牙，亦可跑过来邀功似的问我："妈妈，我今天是不是刷得很好呀？"我回答："对呀，平时妈妈怎么说都不听，今天怎么刷得这么棒呀？"亦可摇头晃脑地回答我："因为我喜欢你夸我呀，明天我还要好好刷牙。"

我好像被什么击中了似的呆在了那里，亦可的回答一直在我的脑海里回响，孩子纯真的愿望像是迷雾中的一束光，照亮了我一直以来的困惑——原来不是夸奖不起作用，而是有一点点进步就要夸奖他，这会激励他越做越好。

带着我的"最新感悟"，又到了亦可的放学时间。我告诉他别跑远，要回头找妈妈。然后我就一直关注着亦可，寻找着机会夸奖他，但是亦可只顾着自己玩，非但没给我机会夸他，还越跑越远。我心里开始着急，表面上还尽量保持着平静，眼睛却一刻也不敢离开他。这时，亦可突然停了下来张望着不知道在找什么，我赶紧抓住机会，大声对他说："亦可，很棒呀，知道要回头找妈妈！"亦可不明所以地看着我，我带着笑容回看他，还向他伸出了大拇指，他好像明白了什么似的也对我笑了笑，接着跑去玩了。

第一个回合终于算是达成了目标——有一点进步就要夸他。我一边为了自己的聪明才智沾沾自喜，一边又很忐忑，也不知道刚才的夸奖管不管用，亦可知不知道要等着我呀？

我正想着呢，眼看着亦可和小树就快跑得没影儿了，我内心越来越焦灼——看来刚才的夸奖没管用呀，这小子还是不知道要等我，那我是不是该喊住他呀，不然一会儿跑丢了怎么办……

这时，本来向前跑着的亦可突然停住了，转过身来看向我，然后咧开大嘴笑着，向我跑了过来，我心里的石头终于落了地，微笑着敞开了我等待已久的怀抱……

故事解读

我们的小主人公亦可，是一个活泼、可爱的孩子，就像现实生活中的所有孩子一样，却有着太多的行为问题，这可给妈妈出了不少的难题。亦可妈妈，也像现实生活中的家长一样，并不是什么心理学专家，只是一个普通的知识女性。她先是意识到批评、惩罚的方法不管用，接着被迷迷糊糊的爸爸无意间点醒，开始尝试夸奖的方法。

可是新方法的使用过程并不是一帆风顺的，妈妈根本等不到夸奖孩子的机会，这不正是我们在前面讲过的其中一个"常见难点"吗？好在，妈妈通过刷牙这件小事，在与孩子的倾心互动中体会到了"发现微小的进步"这个要诀。这下，妈妈可就如虎添翼了，在外面玩的时候也抓住机会强化孩子不乱跑的好习惯，终于解决了这个大问题。

亦可妈妈在面对孩子的行为问题时虽然遇到了不少困难，但是凭着为人母的强大力量，她停止沿用错误的传统方法，转而去积极思考、寻找、尝试更好的方法，这种不断学习、不断探索的精神是非常值得赞美的。

对于父母来说，沿用早已习惯的传统方法当然是简单的，不需要思考，反正别人也都这样做，批评孩子几乎是我们的第一反应；而打破常规是困难的，需要积极思考，更需要用理智控制住我们的本能反应。其中最难的，就在于从传统方法转变到新方法的初始阶段。在适应了新方法之后，夸奖会取代惩罚，成为我们新的第一反应，一切将变得自然和谐。这个演变的过程正是我们自己的成长过程，别忘了，我们成年人也是"小狗"，孩子的每一点进步都是对我们的奖励，增强了我们使用新方法的信心。

亦可管理
——孩子还可以这样教

孩子是我们最好的老师,只要我们用对了方法,就会亲眼看到孩子立竿见影的变化。就像故事里,当亦可妈妈还在担心自己的方法是否正确而翘首以盼的时候,孩子笑着,喊着"妈妈",已经从远处向妈妈跑来了。想想那幅画面,多美!

孩子还可以这样教

第二篇
沟通篇

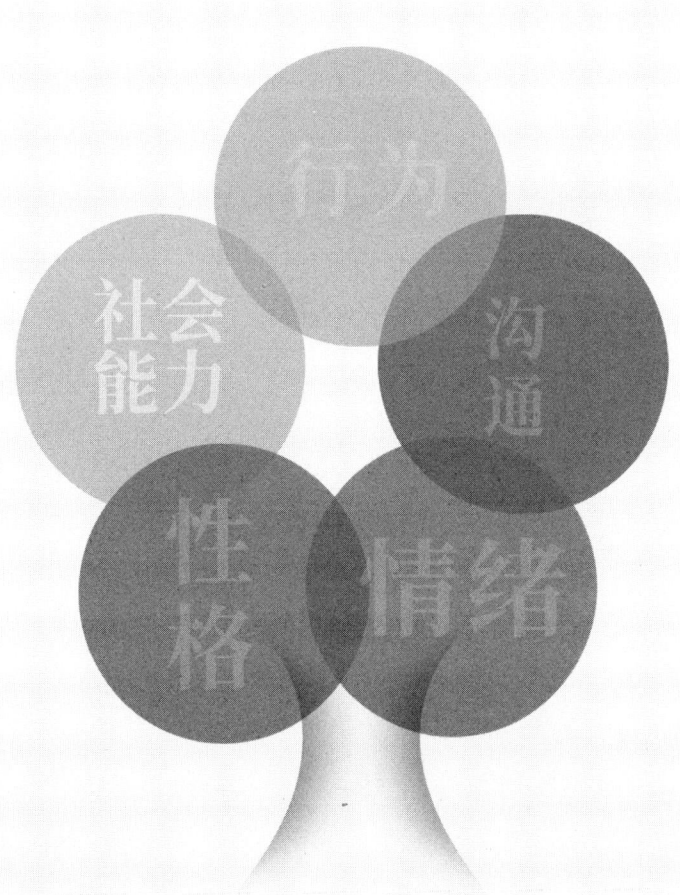

第 2 章
倾听决定沟通质量

✦ 孩子特别执拗，怎么沟通

上一篇，我们解决了行为问题。接下来，就是家长最常遇到的沟通问题了。

作为父母，我们每天都不可避免地要和孩子进行沟通，但是往往会遇到很多问题，特别是当孩子执拗地坚持做某件事，或是坚持不做某件事的时候，真是让家长非常为难，不知道该如何应对。

> 孩子执拗地非要别人的巧克力，这太让妈妈难堪了……
> 大风降温的天气，孩子非要穿裙子上学，这怎么能行呢？
> 往常练毛笔字都好好的，今天说什么也不肯练，妈妈该怎么说服孩子？

沟通顺畅是建立良好亲子关系的基础，它像是连接父母和孩子心灵的一座桥梁，其重要性是不言而喻的。因此，在苹果树法则的第二个层面（也是基础的一个层面），我们就来详细探讨一下沟通问题。

既然要讨论沟通，我们就先以一个重要的沟通理论为切入点，分析清楚个中规律，然后通过可以在生活中应用的方法，帮助各位家长解决好沟通的难题。

✦ 揭示规律的沟通层次理论

沟通看似是简单的日常对话，但是究其本质，是有规律性的层次划分的。从陌生人之间浅显的打招呼，到熟人之间的谈事情、说观点，再到家人、朋友之间的谈情绪、说感受，乃至最终敞开心扉，是有一个由外而内层层递进的同心圆关系的，如图2-1所示。

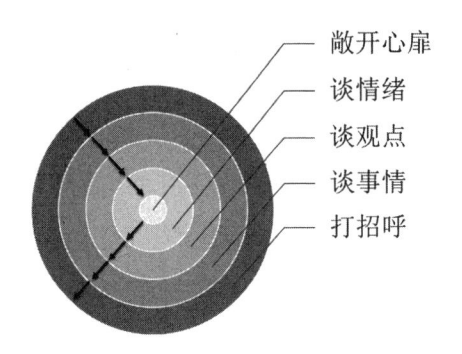

图2-1 沟通层次理论示意图

从图2-1所示的沟通层次理论示意图中可以看出，沟通所能达到的深度是有多个层次的。随着沟通双方关系的不断拉近，沟通的内容也会逐层深入。我们来举一些具体的例子。

- 当沟通的双方关系疏远，比如陌生人或一般接触者（快递员、保安），沟通只会停留在外围的打招呼层面，例如"早上好""今天天气真冷啊"。可以看到，交流这些内容肯定是安全的，不会给自己带来什么麻烦。
- 当双方熟悉一些了，比如同事，就可以谈事情了，但也只保持在诸如工作事宜这些方面，仍是在较浅的层面，类似于人们常说的"就事论事"，不会带有个人色彩，也还是比较安全的。
- 如果关系再进一步，如伙伴、同学、亲戚，那就可以谈谈观点了。

比如，"我觉得那个电影挺好看的"，或者"老板昨天那个决定我不太同意"。沟通到了这一层就开始有风险了，大家的观点如果不一致，那就很可能遭到反驳，甚至引起争执；但是，这些争执通常只是对观点本身的讨论，不会触及心灵，风险还不算太大。可以看到，社会上大多数人的沟通也就停留在这个层面。

- 要是想谈谈内心的感受、自己的真实情绪，那就得是家人或者比较好的朋友了，因为这一层开始触及心灵，一旦被对方否定，人们就会感到痛苦。比如，女生和男朋友发生矛盾时跟"闺蜜"诉苦说："他那个表情让我很难受，我觉得他嫌弃我，一想起来我就心里不舒服。"这就是在倾诉内心的真实感受了，如果这时候"闺蜜"说："哎呀，这你也跟他计较啊，他那表情没什么的呀，不挺好的吗？"这话让人听了得多难受呀？这"闺蜜"也要不得了。

- 中心的一层一般很难达到，那是我们埋藏在内心深处又不敢说出来的话，甚至是个人隐私。可是，谁都有倾诉的需求，我们都有这样的经验：越是憋在心里不说出来越是难受。这些话我们不可能跟谁都说，只有跟关系非常要好的家人或者挚友才会提起。说之前我们也是十分忐忑，生怕被指责、被嘲笑；可是，如果有好的倾听者，允许我们把心里话都说出来，不论我们说什么也不会被指责，那会是多么幸福的体验！

在亲子沟通中还需要了解一个知识——小孩子天生就是向父母完全打开心灵的，也就是在图2-1中的核心层次。孩子有什么想法都会直接向家长表露，这份安全感和信任感弥足珍贵，非常值得我们去保护、去珍惜。随着孩子年龄的增长，以及沟通内容越来越复杂，难免会产生不良的沟通体验，亲子之间的沟通也会内外摇摆，甚至逐渐向浅层退化，具体所处的层次每家的情况就各不相同了。

✦ 对理论的深入理解

只列出理论还不够,我们还需要进一步分析,通过对沟通规律的深入理解推导出实用的方法。

1.沟通深度与关系成正比

沟通层次代表了双方关系的亲疏,这很像我们平时所说的"洋葱",关系拉近了才能一层一层地逐渐打开心灵。由此可见,沟通的深度就像一个指示器,可以体现出沟通双方的关系远近。这个规律同时也符合人们的生活经验——只有关系亲近的人之间才可能交流较深的内心感受;而浮于泛泛之谈的情况,就更像是人们常说的"关系还没近到那一步"。这在最亲近的家人或亲子之间同样适用,并不是有血缘关系就会理所应当地亲近。

在我们的公益课堂中,曾经有一位妈妈问道:"我的孩子上小学四年级了,总会跟我说一些他自己的烦恼,我特别发愁,很多时候都不知道该怎么回应他。"我们提醒她:"首先要看到的是,孩子什么烦恼都愿意跟妈妈说,从沟通层次理论来看,母子之间的沟通足够深入且顺畅,这本身就足以说明你们之间的亲子关系很不错呀!"这位妈妈听了我们的话,不由得长出了一口气,这大大减少了她内心的焦虑。课后她还发来消息说:"我今天一下子就释然了……"

2.安全递进原则

从沟通层次理论不难看出,保证沟通质量的一个最关键的词就是"安全"。人与人之间的沟通层次不是一成不变的,由于在沟通中的体验不同,人们的沟通深度也会在不同层次之间变化。其规律正是由沟通是否安全决定的。

- 当表达者感到此次沟通是安全的，以后再沟通就有可能向内部更深入的层次递进，如图2-1中向内的箭头所示。
- 相反，当表达者遭受指责，感到此次沟通是不安全的，下次沟通就很有可能向外层退出，如图2-1中向外的箭头所示。

这个规律应该很好理解，如果话一说出来就遭到反对，谁还愿意再聊这么深入的话题呢？下次就只能礼貌性地聊点简单的事情了。只有当话说出来之后双方感觉很舒服，这次沟通才会拉近双方的距离，心与心更贴近了，逐渐地，双方就愿意说一些深入的话题了。

我们来举个和孩子相关的例子。

孩子放学回家说："今天我被老师批评了，心里好难受呀。"这时如果家长说："老师批评你，那肯定是你不对呀，他怎么不批评别人呢？你老是给我惹事！"孩子心里肯定难受，下次再遇到伤心的事情也不敢说了。于是，沟通层次就从"谈情绪"向外层倒退，双方只能"谈观点"了。下次孩子又说："我觉得我们的校服真不好看。"家长一听又火了："再不好看那也是你们的校服呀，人家贵族学校的校服倒是好看，咱也上不起呀，你就知道攀比，好好写你的作业去吧。"孩子还敢再亮出自己的观点吗？不会了，一说就给自己惹麻烦，那还不如不说。结果，沟通层次继续倒退，双方只有"谈事情"了。孩子说："我这次考试没考好。"家长劈头盖脸一顿骂，好了，什么事也不想再说了，还剩什么呢？就只剩下"打招呼"了。"妈，我回来了""爸，我上学去了"，本应最亲近的家人却变成了最熟悉的陌生人。所以说，沟通出现了障碍，真是冰冻三尺非一日之寒啊！

这虽然只是一个例子，却是很多家庭亲子沟通的真实写照。在此，我们并不想指责家长，在前言中介绍苹果树法则时我们就说过："天下没有不好的父母，只有不知道正确方法的父母。"如果家长掌握了沟通层次理论，学会了正确的沟通方法，也就不会出现上述例子中的情况了。

3.进难退易规律

对于沟通层次的变化，人们很容易陷入一个误区——向外层倒退了也没关系，反正沟通层次是会变化的，再重新回到更深的层次不就行了吗？这可就大错特错了，沟通双方一点点建立起可以彼此信任的关系，从而走向深层次沟通的变迁之路何其艰难；而不安全的沟通造成的破坏有多严重，向外层倒退又是何等迅速！这就是进难退易规律。

要想通过安全的沟通体验逐渐深入一个层次，可能需要数月乃至一年的时间；向外层倒退则快多了，短至数星期甚至几天。更有甚者，一次痛苦的沟通经历就可能使沟通一下子倒退好几层。这一点在生活中也可以观察到，如果刚一表露自己的内心感受，就被对方连讽刺带挖苦，我们很可能直接就把这个人归入只能泛泛之交的行列，见面打打招呼就不错了。如果一次沟通体验感觉不错，表达者感受舒适，但这并不意味着下次沟通就一定会直接进入更深层的话题，而是需要在一个层面有多次这样安全的沟通体验，才有可能尝试着进一步敞开心扉，允许对方进入自己的内心深处。这个逐渐深入的过程是漫长的、脆弱的、不堪一击的，一旦表达者感到不适，马上就会向后退缩，回到原先尚可接受的浅层沟通状态；如果多次尝试失败，很可能就不愿再冒险了，从而长久地停留在浅层沟通，可能再难有进的机会了。

前面我们说过，对孩子而言，他的初始状态就是直接向父母完全敞开心扉的。随着亲子之间的沟通出现问题，沟通层次会逐渐向外层倒退。各个家庭的实际情况虽有不同，但这种向内深入难、向外退出易的规律是一致的。

明白了上述规律，我们所推荐的改善沟通的方法就要揭开神秘面纱了，毋庸置疑，"安全"应该是它的最大特性。

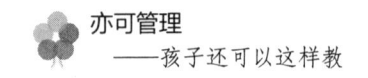

✦ 良好沟通要有"安全的耳朵"

在沟通这个层面，我们着重强调的一点是，始终坚持做对方"安全的耳朵"，如图2-2所示。这是指不论表达者说出什么，倾听者都不予以指责，即使不同意对方的观点，也欣然鼓励其充分地表达。表达本身总是好的，表达的过程应是安全的。这是获得优质沟通效果的基本原则。

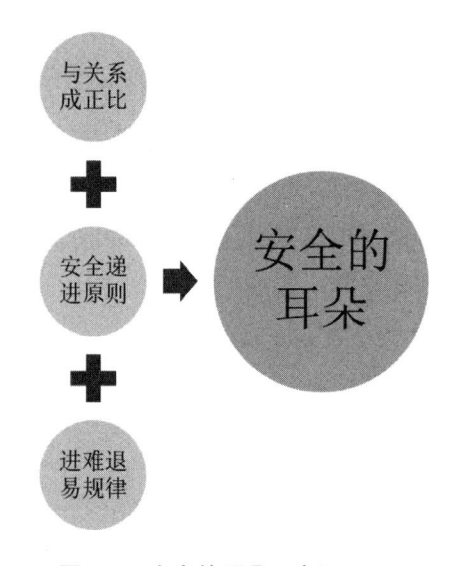

图2-2 安全的耳朵示意图

顾名思义，"安全的耳朵"表明了两层重要的含义：第一层含义就是沟通的"安全"属性，这在前面已经详细分析清楚了；第二层含义是由"耳朵"两个字所揭示的一个重要且实用的沟通准则——沟通以"听"为先。

很多人简单地认为，沟通就是说话，其实不然，沟通实际上包含了听和说两方面的课题，而听更是排在说之前；尤其是在亲子沟通中，学会倾听特别重要。因为很多时候家长不知道该如何说服孩子，对孩子说的话也不知道该如何回应。其实，不必急于说服，也不必总想着替孩子解决问题，先学会倾听，做孩子"安全的耳朵"，就已经是很好的家长了。

在整个苹果树理论体系结构中,"安全的耳朵"属于沟通层面的第一个方法,它与下一章将要讨论的"学会不指责"分别专注于听和说两个主题,从而全面改善沟通质量,如图2-3所示。

保护亲子关系

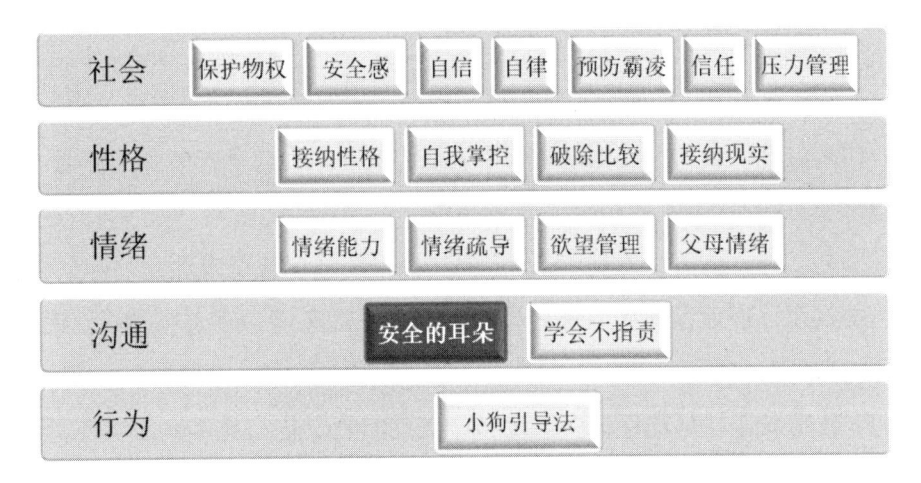

社会	保护物权	安全感	自信	自律	预防霸凌	信任	压力管理
性格	接纳性格	自我掌控	破除比较	接纳现实			
情绪	情绪能力	情绪疏导	欲望管理	父母情绪			
沟通	安全的耳朵	学会不指责					
行为	小狗引导法						

图2-3 "安全的耳朵"方法在苹果树理论体系中的位置

整个苹果树理论体系以保护亲子关系为核心,本章所谈的"安全的耳朵"显然也符合这一原则。试想如果家长不是"安全的耳朵",孩子被伤了心,对亲子关系肯定没有好处,长此以往,对孩子的成长也会造成非常不利的影响;而"安全的耳朵"恰恰是帮助我们改善亲子沟通,在家长和孩子之间建立起心灵的桥梁,这无疑是保护亲子关系的。每个人都免不了会遇到很多伤心事,孩子也一样,他在外面受到伤害的时候,可以放心地跟爸爸妈妈倾诉,可以坦然地在爸爸妈妈怀里哭一会儿,令人伤心的事情虽然无法改变,但是温暖的感觉可以冲淡太多外界的纷扰,连眼泪也变得幸福起来。

在使用沟通层面的方法时,别忘了第一篇介绍的应对孩子行为层面的小狗引导法。像是即将讲到的"鼓励表达",就是教会孩子一个正确的行为,小狗引导法可以帮助我们实现这一目标。孩子不会的时候教给

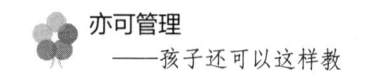

他，做到的时候夸奖他，随着时间的推移，孩子就会表达得越来越好。

如果说"安全的耳朵"像是提倡一种理念，那么，如同我们一直努力的方向——实用，接下来，我们就来具体讨论其在生活中的实践方法。

✦ 实践方法是鼓励孩子表达

能在孩子表达的时候不予指责当然很棒，但是被动地等着孩子表达，不如多创造机会，主动地鼓励孩子表达，更多地促成良好的亲子沟通体验，在家庭内部建立起安全沟通的氛围。

说了是"鼓励"，那我们一定要注意不能逼迫孩子表达，那样只会适得其反。道理很简单，您如果有不愿意说的事情，有人非逼着您说，您能高兴吗？不仅不高兴，还会更不愿意跟他表达呢，对吧？

鼓励表达，是在平日多鼓励孩子表达自己的内心感受和真实意愿，当察觉到孩子欲言又止的时候，告诉他可以卸下包袱，放心地告诉爸爸妈妈，不论他说什么，爸爸妈妈都不会生气的。您传递给孩子这个信号，如果他还是不想说，那我们建议您要尊重孩子的意愿，不要再强迫他，但是可以温和地告诉他，只要他想说了，爸爸妈妈随时都是他忠实又安全的听众。如果在您的鼓励下，孩子终于说出来了，那您要怎么做呢？对啦，小狗引导法告诉我们，要称赞他，奖励他，让他觉得能够顺畅地表达自己真好！如果孩子说出来的事情真的让人很生气，怎么办？即使不同意他的观点，也可以夸奖他表达的行为，您还是要以保护孩子的感受为先，承诺了要做"安全的耳朵"，就要说到做到，不然孩子会有被欺骗的感觉，先不说会让眼前的情况雪上加霜，下次您再让他说什么，他也一定会三缄其口的。

有了"鼓励表达"这个理念，亲子之间的沟通一定会像图2-4所示一样，进入一个良性循环，沟通得到改善，亲子关系也会随之变得更为紧密。

图2-4 "鼓励表达"使沟通进入良性循环

在生活中,"鼓励表达"最常用的方法就是多问问孩子的感受。我们通过一个例子来说明。

今天孩子放学回来,跟您说:"妈妈,今天我们班李晓明上课没带书,被老师批评了。"您最先想到的是什么?很可能是想借这个机会对自己的孩子教育一番,诸如上学要做好准备,上课要认真听讲之类,但是您不妨等一等,先问问孩子的感受:"噢,那你是怎么想的呢?"

- 孩子可能会说:"我觉得他也太糊涂了,书都不带,还上什么课呀?我就每次都带好书。"原来孩子知道上课要带好书,既然已经明白这个道理了,那您自然就不用再特意强调了,孩子也无非想听妈妈夸奖自己,那就好好满足他吧。

- 如果孩子说:"我觉得老师也太严厉了,那么狠地说李晓明,我都怕老师了。"这样的回答就说明孩子是被吓到了,有点轻微的应激反应了。这个时候首先要做的,是帮助孩子缓解压力和创伤,给予他必要的关爱。至于老师的做法是否恰当,那是另一个话题,在这里不予讨论。

- 再如,孩子回答的是:"后来我就把书借给他,我们两个人一起看的。"原来孩子这么有爱心呀,那您还等什么,还不快快奖励我们的小天使呀!

- 当然,如果孩子觉得没带书也没什么,那确实需要更正这种不恰当的学习态度,但是要注意方式方法哟,记住:是教育而不是惩罚!

您看,仅是同学忘记带书这件小事,先询问孩子的感受,他的不同表达,家长都可以有完全不同的回答,这能帮助家长明确回应的目标。对同一件事情,孩子的关注角度可能会与大人完全不同,最好的办法就是去问,鼓励孩子自己表达出他的想法。在这个过程中,用实际行动告诉孩子,家长随时是他"安全的耳朵"。

✦ 做不到?诀窍是倾听而不要预判

不少家长反映,虽然明白要注意倾听,可是当真正面对孩子的时候,特别是明明就是孩子的错,自己心里还一肚子气呢,怎么才能做"安全的耳朵"呢?这里,我们告诉您一个突破知易行难的诀窍,那就是——倾听而不要预判。

家长都有着多年的生活经验,当孩子一开口,多少就能猜到他的小心思了,而且很多时候还真的能猜得八九不离十;可是,我们发现,正是这种预判,阻碍着我们做安全的倾听者。为什么呢?想想看,当我们心里已经预判了是孩子的错,满脑子都是"他怎么能这样呢",哪还有心情耐心地倾听呢?尤其是当孩子特别执拗的时候,对家长来说,就更是骑虎难下了。更何况,有些时候家长是猜不对的,小孩子的想法真的和成年人有着很大的不同,这一点,在后面的例子中我们会具体探讨。

既然如此,我们应该怎么办呢?很简单,就是要先抛开自己头脑中的各种预判,不要去猜,而要去问,去问孩子内心的想法和感受。我们要不带着任何倾向，在心里只保留一个大大的问号——他为什么非要这样做呢？怀着一颗好奇心，去寻找这个问题的答案；而答案只有孩子能够告诉我们，谁也猜不到，我们只有鼓励孩子表达出来，才能知道真正的答案，这也是解决所有问题的"金钥匙"。

本章所讲的沟通层次理论并不是我们的发明，但"倾听而不要预判"这个应用诀窍确实是我们自己的心得，这是在多年的育儿过程中以及与众多家长的交流当中总结出来的经验，已经有很多家长因此受益。

对于孩子特别执拗的时候该如何沟通，我们再针对家长实际生活中经常遇到的问题类型，结合具体的例子讲一讲。

1.信息不对称造成的障碍

学员中有一位妈妈讲了这样一件事。她的孩子喜欢写毛笔字，每天都要练习三篇毛笔字，可是有一天不知道为什么，他说什么也不愿意练字。妈妈理所当然地认为，这孩子就是懒。好，我们把镜头停在这里，您来告诉我，这位妈妈在做什么？对，这就是在预判，认为孩子只是因为懒才不愿意练字，这一定会影响妈妈的心情，她还能做"安全的耳朵"吗？当然不能！这位妈妈生气了："不就是三篇毛笔字吗？你每天都能做到，今天怎么这么胡闹！"第二天，妈妈因其他事与老师联系，老师关心地问了一句："昨天孩子回家累坏了吧？"妈妈这才知道，昨天孩子参加了体育比赛，非常辛苦，她这才明白了为什么孩子昨天说什么也不愿意练字，内心懊悔不已。

这就是一种非常典型的情况——信息不对称。当孩子遇到一些特殊情况（如参加体育比赛，太累了）才有某种想法（不想练字），但我们并不知道个中缘由，一个预判（孩子懒）按捺不住情绪了，孩子一哭一闹，也就没办法再沟通是什么特殊情况了。

这种事情在生活中并不少见，很多家长都有过类似经历。对于年龄比较小的孩子还需要考虑到，孩子的表达能力有限，可能一下子说不清

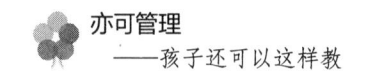

楚,这就更需要我们抛开预判,耐心地、一点点地去寻求答案。

上面说的这位妈妈非常认真地学习了这一课,回家后真真切切地感受到了与孩子关系的改善。后来,她还成为我们的一位明星学员呢。

2. 孩子错误地建立连接

再说一位爸爸,他有一个3岁的女儿,非常可爱,可是每天只要一到了午休时间,孩子就会吵闹着非要爸爸妈妈抱她上床。爸爸想:小孩子就是爱耍赖,不就是不想睡觉吗?不能惯着她!结果孩子哭得非常伤心,使得父母也特别苦恼。于是,爸爸带着问题来参加我们的公益课堂,当听了我们所讲的"倾听而不要预判",他回家后真的照做了,问孩子:"为什么非要爸爸妈妈抱上床呢?"孩子噘着小嘴说:"不抱我上床,爸爸妈妈就不爱我了。"

原来,在孩子幼小的心灵里把爸爸妈妈抱她上床的形式与爱的本意错误地建立了连接,于是才会有这样执拗的要求。希望被爱是完全正常的想法,也是非常强烈的渴望,但是因为孩子的理解力受年龄所限,才会错误地以为"抱上床"与"爱我"之间有因果联系。

对此,家长如果一味地否定"抱上床"的表现形式,那样只会打击孩子内心对爱的渴望。所以,面对这种情况,家长需要教会孩子"不论抱不抱你上床,爸爸妈妈都是爱你的",从而切断抱她上床的形式与爱的本意之间的错误连接,满足孩子被爱的合理要求,从而改变孩子的执拗行为,在保护亲子关系的前提下顺利解决问题。

至此,您已经学会了沟通中重要的一方面——听,下一章我们将专注于另一方面——说。可别小看每天都离不开的说话,这里面可是大有学问哦!具体如何,且看下一章分解。

亦可故事

巧克力是我的

一天,我去幼儿园接亦可放学,小家伙见了我特别高兴,说是小朋友分享好吃的了,他当时就翻书包要拿给我看。可是,刚一拿出来他又把它扔回到书包里,突然跑去一个一个地问其他小朋友。我把亦可叫过来问,这是怎么回事。他说想要和别人交换巧克力饼干,但是别人都不肯换,我觉得他有些无理取闹,说了他两句,亦可一下子就哭了。

看到他哭了,我心软了,想起来之前看到过要认真地倾听孩子,于是耐着性子问他怎么了,心平气和地跟他讲道理,但亦可还是坚持要巧克力饼干,居然还说什么"巧克力是我的"。我终于爆发了,亦可的哭声越来越大,引来了周围人的注目,我尴尬极了,气急败坏地拉着亦可回了家。

回到家,我一个人进卧室生闷气,过了一会儿,爸爸推门进来,我担心他会怪我又对孩子发脾气,所以没有说话。

没想到,爸爸轻轻地握住我的手问:"儿子又惹你生气了吧?"

我有些惊讶地转头看他,爸爸温柔的眼神鼓励了我,我一股脑地把事情的来龙去脉讲了出来,爸爸一直微笑地注视着我,耐心地听我说完。

我终于发泄完了,长长地吁了一口气,心里舒服了很多。突然,我转过头看着爸爸说:"你知道吗?你刚刚对我做了一次很好的倾听呢!"

爸爸听到我夸他很高兴。

"可是……"我带着疑惑问道:"为什么我对亦可的倾听就不管用呢?"

爸爸想都没想地对我说:"那你肯定是特别凶呗,吓得他都不敢说了,就你那暴脾气……"

亦可管理
——孩子还可以这样教

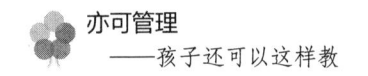

我一瞪眼立刻打断他:"你瞎猜什么……"

我白了他一眼,接着说:"当时吧,我问他怎么了,其实我都不用想就能猜到,他就是想吃巧克力饼干,我都猜到了我还耐心问他来着……"

我的声音越来越小……猜?哦,原来我也一直在猜啊。

我好像一下子明白了我的问题出在了哪里,嗯,该是我改变的时候了。

我走到客厅,慢慢地坐到了亦可身旁。

我先是对亦可道歉,说我不该对他发这么大的脾气,亦可原谅了我。我以为这件事就到此结束了,谁知他还是很执着地想要巧克力饼干。

如果是之前的我,可能又会被"点起火"来,但是经过刚才的事情,我提醒自己放下心中"自以为是"的预判,平心静气地问亦可:"为什么很想要巧克力饼干呢?"然后,我听到了一个意想不到的答案。

今天上午,有个小朋友分享了不同口味的饼干,每个人都有一块,当时分给亦可的是巧克力口味的,老师先把饼干收到冰箱里了,说等放学的时候再放到孩子的书包里。说着,亦可从书包里捧出牛奶饼干,委屈地说:"可是……我书包里的是这个,这不是我的。"我这才恍然大悟:"哦,所以你才一直说'巧克力是我的'!"

冤枉了孩子的羞愧感及震撼一齐袭上我的心头,这一次,我真诚地向亦可道歉,并且说:"明天我们问问老师,看看还能不能找到巧克力口味的,好吗?"亦可开心地一下子扑到我的怀里,我们紧紧地拥抱在一起。

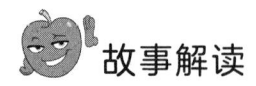

故事解读

小孩子的心思有多透明呢?家长一定觉得,这么一个小东西,有什么难猜的,肯定就是想这样呗!

亦可妈妈就是带着这种"我知道你要干吗"的自信，和亦可发生了剧烈的冲突。和爸爸发泄完情绪后，亦可妈妈也很困惑——为什么倾听不管用呢？之后和爸爸的互动让她明白了，原来自己陷入了"亦可就是想吃巧克力"这样的预判里，带着这样的预判是无法做到更好地倾听的，在她的心里已经因为"亦可非要吃巧克力饼干"这件事生气了。当亦可妈妈放下了预判跑去找亦可，才知道了小家伙为什么如此执着地想要巧克力饼干，她做到了不被预判干扰地倾听，才终于搞清楚事情的来龙去脉。可见，想做"安全的耳朵"，不去预判是多么重要！

不去预判还是很难做到的，面对我们自己养育的小人儿，我们天然会有一种一切尽在掌握中的自信。要想做到不预判也有一个小窍门，那就是忘掉自己，只听孩子说。把注意力都放在孩子身上，脑子里打一个大大的问号，别去自行加工，全身心地去听孩子表达就好。

告诉大家，这是发生在我家的真实案例。这件事对我们的触动很大，也由此我们发现了预判会影响倾听效果这个小秘密，从那以后我们时常提醒自己，做"安全的耳朵"，不要预判！

第3章
表达带来良好沟通

✦ 我没说什么他怎么就不高兴了

上一章我们讲了沟通以听为先，覆盖了沟通中一半的课题，这一章我们就来讲讲另一半——如何去说。

在展开讨论这个话题之前，我们首先要明确一个底线，那就是——绝对不要对孩子施加语言暴力！

现在的家长大多已经摒弃了"棒打出孝子"的错误观念，不再对孩子施以身体上的暴力，这很好，但还不够。您可能会觉得"嘴上说两句没什么的吧"，其实不然，这里有一个很重要的知识点——语言暴力比身体暴力的伤害更严重。这是因为语言暴力的伤害程度更深，影响持续且长远，没有外伤容易让人忽视，但是内心的伤口其实更难以治愈。更可怕的一点是，孩子因此会降低自我评价，这很可能会影响他的一生。

我们是坚定的语言暴力反对者。下面这张来自网络的宣传图非常直观，正像心理学从业者常说的那样，语言暴力就像对着家人"挥大刀"，如图3-1所示。

实际上，"言语伤害比身体伤害更严重"这个道理并不是现代人才懂得的，早在两千多年前的中国，古代先贤就曾告诫人们："与人善言，暖于布帛；伤人以言，深于矛戟。"这正是《荀子》一书中的谆谆教诲。"深于矛戟"呀，比用长矛往身上戳伤人更深，多么深刻，我们都要引以为戒啊！

图3-1 反对语言暴力宣传画

我们相信，愿意花时间读本书的父母都是非常好的父母，不会对孩子恶语相加，那么语言暴力这个关于底线的话题就先点到为止，我们还是回到本文的重点——如何在实际生活中和孩子更好地沟通。

很多家长都很困惑，该怎么说服孩子。读了上一章之后，我们明白了倾听很重要，可是也不可能一直听啊，总还是要说的，但是一说就容易出问题；尤其是家长常反映的："我还没怎么说他，他怎么就不高兴了？"家长会觉得："我说得很有道理呀，都是为他好，这事情肯定得这么办呀，难道是我说得不对吗？"

要回答家长的这些问题，要从一个著名的理论开始分析。

✦ 实用的沟通类型理论

著名心理咨询师萨提亚提出沟通类型理论，指出人们的沟通主要涉及三个方面的因素，即自己的感受、他人的感受及事情本身。人们的沟通往往是片面的，不能顾及所有因素。根据不同因素的组合，可以把人们的沟通分成几种类型，包括指责型、讨好型、超理智型、打岔型[1]，如

---

[1] 维吉尼亚·萨提亚.新家庭如何塑造人[M].易春丽，叶冬梅，译.北京:世界图书出版公司，2006.

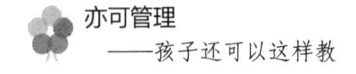

图3-2所示。

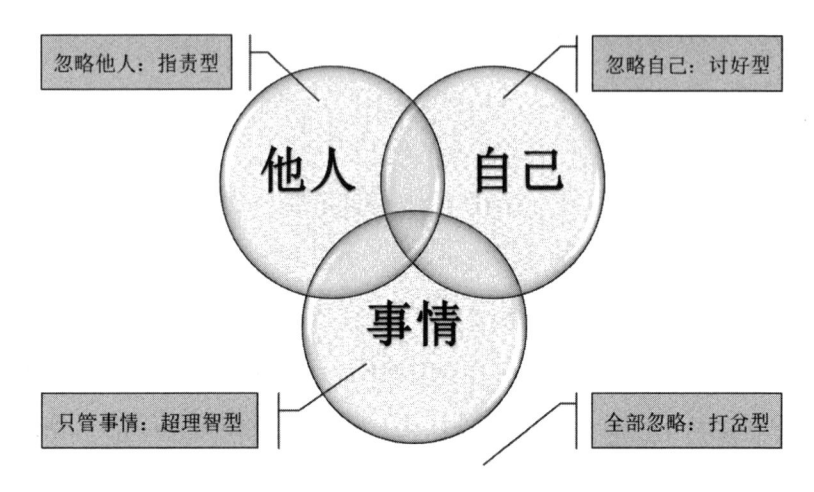

图3-2 沟通类型理论示意图

简单来说，各种类型的沟通特点如下。

- 指责型。只顾及事情和自己的感受，却忽视了他人的感受，结果必然是使他人很难受。
- 讨好型。与指责型相反，讨好型沟通忽略了自己的感受，难受的总是自己。
- 超理智型。自己和他人的感受都不管了，只盯着事情，那样其实会使自己和他人都难受。
- 打岔型。干脆什么都不管了，每个人都难受，事情也放着不解决，所以也叫"逃避型"。

如果能够兼顾自己、他人、事情三个方面，既重视他人的感受，自己的意愿也可以表达，同时事情也得到解决，那就是我们提倡的沟通方式——一致型。

对于沟通类型还需要知道几个特点：一是针对不同的对象可能有不同的沟通类型。比如：与自己的妈妈之间是讨好型，从小不敢表达自己的意愿；结婚以后对配偶却是超理智型，只讲事情，不讲感情；对孩子呢，又可能是指责型，忽视了孩子的感受。二是每两个人之间不是成对固定的沟通类型。以夫妻为例，不是指责型与讨好型成对出现，也可能是一个指责型一个超理智型，或者一个超理智型一个打岔型，甚至两个指责型撞到一起，那就天天相互指责吧。还有很重要的一点，就是不要与别的概念混淆，尤其是现在人们常说的"讨好型人格"，不要与此混为一谈，我们这里说的是沟通类型。一说到"人格"，容易被认为是天生的、固定的行为特征，从而不易改变，而沟通类型没有那么复杂，从上面的图示可以看到它非常清晰，而且通过努力是完全可以改变的，是哪种类型就注意不再忽视它的影响因素就可以改善了。

　　标题中强调了"非常实用"，其实毫不夸张，多年来潜心于把心理学应用到生活的过程中，这是我们最深刻的体会。沟通类型理论的实用性体现在以下三点：首先，它简单清晰且易辨别，不需要心理专家的专业评估，通过上面的图示就可以基本确定自己属于哪种类型。只要勇于承认自己的不完美，改善的途径就是清晰可见的。其次，改善沟通是改善人与人关系的突破口。沟通是心灵的桥梁，所有关系的互动最终都表现在沟通上，虽然一些现实的困难摆在那里难以解决，但是采用恰当的沟通方式总是可以让彼此的感受好得多。沟通改善了必然会拉近关系，从而又更好地改善沟通。可以说，沟通是改善关系的起点和终点。最后，恰当的沟通方式对关系的改善效果是实实在在可见的，"我以前是指责型，这次我在乎你的感受了吧？""我是讨好型，这次我努力表达出自己的意愿了。"这些改变并不难，而因此带来的内心的舒适就像清泉甘露般沁人心脾。

　　有了理论作为支撑，下面我们就来具体谈谈到底该怎么改善亲子沟通。

✦ 改善沟通要学会不指责

在亲子沟通中，家长常见的沟通类型恐怕就是指责型了，您可能会有一个疑问："我没说他什么呀，怎么就是指责了呢？"那我们就要问了：什么是指责型沟通？是批评、谩骂或者声音很大吗？都不是，根据定义我们可以知道，指责型沟通的核心特征是忽略对方的感受，当一个人说话的时候没有考虑到对方听起来会是什么感受，那就是指责型沟通。

我们来看一个例子。孩子说："我不喜欢围棋课外班。"家长说："你怎么那么不爱学知识呀？你们班好几个同学都学呢，就你懒！"毫无疑问，家长是在指责孩子，是非常不可取的。那么，如果家长这样说呢？"围棋多好呀，听说学围棋的孩子都能提高数学成绩，你得接着学啊，钱都给你交了。"先不说这话有没有道理，那不是重点，重点在于这根本无视孩子的内心感受。孩子会怎么想？"我的感受不被重视，也没有人关心……"忽视对方感受就是指责型沟通，它的关键点在于是否顾及对方的内心感受，而不是是否在言语里夹杂了指责意味的字眼。厘清这个概念是改善沟通的一个关键突破。

如果忽视了孩子的感受，必然会伤了孩子的心，从而损害亲子关系，这与我们一贯强调的"以保护亲子关系为前提"的原则是背道而驰。显然，在沟通中我们建议的方法就是学会不指责，如图3-3所示。

保护亲子关系

社会	保护物权	安全感	自信	自律	预防霸凌	信任	压力管理
性格	接纳性格	自我掌控	破除比较	接纳现实
情绪	情绪能力	情绪疏导	欲望管理	父母情绪
沟通	安全的耳朵	**学会不指责**
行为	小狗引导法

图3-3　"学会不指责"方法在苹果树理论体系中的位置

前面我们说过，沟通类型理论在生活中非常实用，随处可见相关例子。有一次，我们夫妻二人在街上散步，听到旁边一位妈妈以平静的语气对女儿说："你现在都不如以前好了。"女儿明显一下子就愣住了，很委屈地说："你干吗这么说我？"妈妈并没有在意女儿的委屈，继续不容置疑地说："我就是在说一个事实啊。"小女孩看上去非常伤心，不再说话了。我俩对视了一眼，这不就是在忽视孩子的感受吗？这位妈妈说的是不是事实并不是唯一的关注点，只关注事情本身而忽视对方的感受，这是典型的指责型沟通啊！可惜这位妈妈并不是我们公益课堂的学员，不然她就会知道这样的沟通方式有多么影响亲子关系。好在，有越来越多的家长学会了更好的沟通方式，改善了与孩子的沟通质量，而最终受益的必然是孩子。现在，您读到了这本书，欢迎您加入为了孩子愿意努力成长、学习更好的沟通方法的高水平家长的行列。

✦ 重要的表达技巧是共情

照例，我们还是要把学到的方法落到实处。要想做到不指责，一种特别重要的表达技巧就是——共情。共情是心理学中特别推荐的，可以说是心理咨询师的基本功。更重要的是，它在实际生活中特别实用。需要注意的是，共情和同情不同，同情是站在自己的角度看对方，对别人的遭遇在感情上产生共鸣；而共情，是站在对方的角度，与他共同体会一样的情绪。比如，一位朋友缩在阴冷的角落瑟瑟发抖，你站在阳光下看着他说："你那里很冷哈。"这最多是同情，对他的帮助不大。共情则是你也走到那个角落，才会亲身感受到："噢，这里可真冷啊，我现在感受到了，你一定很难受吧？"这才是感同身受。共情，被学者认为是人类进化过程中使个体间彼此伸出援手形成整体，从而在恶劣的环境中生存下来的一项重要的进化成果[1]。

如何做到共情？我们的心理学启蒙恩师总结得非常好。所谓共情，顾名思义，就是去"共"他人的情绪。这里的"共"是一个动词，是指需要你去觉察对方此时此刻的真实情绪，并帮助他顺畅地表达出来。

仍以围棋课外班的沟通为例。当孩子说不想再上围棋课外班的时候，家长可以先观察孩子的状态，尝试体会孩子是怎样的情绪。我们列举三种情况。

- 孩子眉头紧皱，眼神黯淡，一副伤心的样子。那家长就"共"他这个情绪，比如说："宝贝儿，你是伤心了吧？"孩子瘪瘪嘴，带着哭腔说出原因，因为下不好棋，被教练狠狠地骂了，对围棋没兴趣了。如果是这样的话，家长确实应该考虑退出这个课外班，这说明教练的教学方式问题不小。

---

[1] 河森堡.进击的智人[M].北京：中信出版集团，2019.

- 孩子两只胳膊交叉在胸前，紧闭着嘴唇，气鼓鼓的。此时家长要共情的就是："你是很生气吗？"孩子的情绪得到了认可，讲出了在课外班上被几个年龄大的孩子欺负的事情。原来跟围棋课程没关系，是霸凌问题，家长就可以沿着这个方向与孩子继续探讨。

- 孩子很平静，家长也可以很平静地问："那是为什么呢？"孩子说："咱家连副棋都没有，我都没法儿在家里摆棋谱，要不然我不去了吧？"原来孩子是喜欢围棋的，只是表达能力有限，造成了歧义，那您就高高兴兴地赶紧给孩子把棋盘棋子都置办齐了，不就皆大欢喜了！

您看，一旦孩子的情绪疏导出来了，之后再讨论事情就好解决得多了。如果孩子的情绪不被认可，心里都堵满了，那自然也就很难进一步沟通。

✦ 警惕非言语沟通"出卖"你

沟通绝不只是说话，这里有一个重要又有趣的知识点——非言语沟通，它指的是表情、眼神、手势、语气等，简单地概括就是除了语言文字以外的各种表达方式。很多人可能并不清楚，它在沟通中有着怎样显著的作用。

一场心理学考试中有一道题：在沟通中，非言语沟通所传递的信息量占多大比例？答案是70%。这不是猜测或估计的结果，而是心理学的研究结论，那时我才知道，原来我们说出来的话只起这么一小部分作用，而更多的信息是通过语言以外的方式表达出来。这让我开始重新看待什么是沟通。

更有意思的是，非言语沟通往往比嘴上说出来的语言更真实。想想也是啊，先生眼神里流露出的慌张，还有那略带颤抖的音调，相比于他

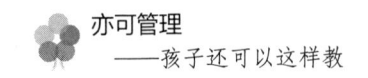

嘴上说的"我没抽烟",您更相信哪个?

非言语沟通在生活中非常重要。家长经常有这样的困惑:"我又没骂他,我这儿努力忍着没说什么呀?我怎么就指责他了呢?"那现在,您明白其中缘由了吗?即使您嘴上没有说,但是各种非言语沟通方式早已把你的情绪传递出去了,也许只是一个蹙眉、一声叹息、一下叉腰或者一时沉默。这就告诉我们,要做到不指责,不仅要管住嘴,还要注意我们的表情、语气等。

要想做到,就要真正在心态上减少对孩子的否定,因为当我们内心厌烦的时候,表面上装是装不出来的。这一点可以联系到第一章所讲的小狗引导法,其中就讲到要有意识地减少对孩子错误行为的关注,这样有助于减少我们自己纠正孩子错误的本能反应。这种纠正错误、弥补漏洞的本能和本节所讲的非言语沟通有类似之处,都来自我们的内心深处,强忍是忍不住的,那么就只有釜底抽薪,多关注孩子做得好的方面,减少对错误行为的关注,这也是对前面所学知识的灵活运用。

✦ 通过讨论来解决事情

讲到这里,我们已经通过共情等方法很好地照顾了孩子的感受,那么有些家长可能会问了:那事情怎么办?总不能搁着不管吧?其实,当孩子的情绪平复以后,通常事情就会变得很好解决,但毕竟具体情况千差万别,如果处理不好会使前面的努力毁于一旦,所以我们也要给出一些原则性的建议。

在解决事情的时候,家长通常容易犯的错误就是把自己的意愿强加给孩子,一旦孩子反对就大发脾气,强迫孩子就范。要知道,怒吼是极糟糕的解决方式,既破坏了亲子关系,显然也与安全的沟通原则相违背,对解决事情没有一丝好处。另一种不好的解决方式就是告知,单方向的告知等于命令，一样不会有好的结果。这很好理解，如果换成您自己，肯定也不愿意总被别人命令，对吗？比告知好一点的是说教，但也只是好一点而已，这也是家长最容易出现的问题。说教，其实只是家长居高临下地讲道理，孩子被强迫的态势并没有改变，自然也就不会有好的结果。那么什么是最好的解决方式？是讨论！既不是完全听孩子的，孩子想干什么就干什么，那是骄纵溺爱，肯定不是我们所倡导的；也不是只听家长的，让孩子永远做消极被动的所谓"听话的孩子"，那其实是在种下逆来顺受的种子，将来孩子在社会上也可能被欺负。讨论、说教等几种解决方式的关系，如图3-4所示。

讨论 > 说教 > 告知 > 怒吼

图3-4　各种解决方式的比较

讨论或者说商量，是允许每个人表达自己的意愿，不走极端，最终讨论出双方都可接受的解决方案。注意，不是极致地追求某一方完全满意，那样很可能另一方会不能接受，而是追求各方都可接受。世上的事情大多没有完美的解决方案，只有各方都可接受才是现实可行的，那就已经是最好的解决方案了。

✦ "听"与"说"汇总解决沟通问题

我们虽然在前面两章里按"听"和"说"分别讲解，但沟通毕竟是一个整体的问题，作为总结，最后我们要把它们串联起来，融会贯通，彻底解决沟通的困惑。在与孩子沟通时，尤其是当沟通遇到困难时，我们建议您按照图3-5所示的步骤来做，这也恰好把前面两章的重点内容汇总了起来。

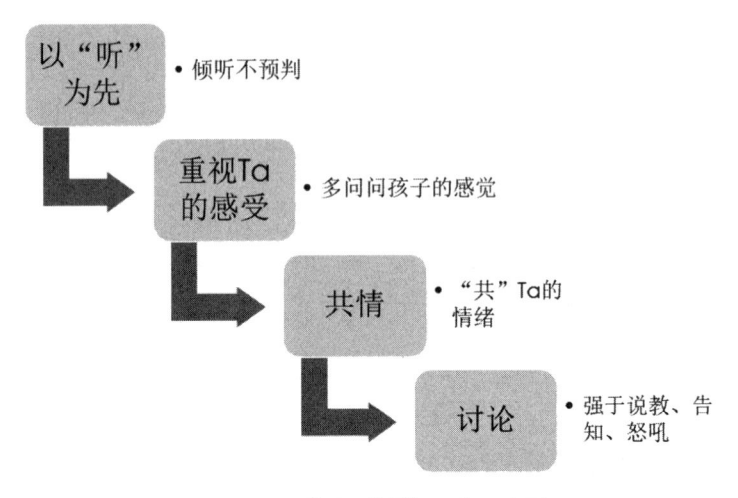

```
以"听"为先  • 倾听不预判
    ↓
  重视Ta的感受  • 多问问孩子的感觉
      ↓
    共情  • "共"Ta的情绪
      ↓
    讨论  • 强于说教、告知、怒吼
```

图3-5　"听"与"说"汇总示意图

首先，要记得"沟通以听为先"，不要急于表达，先听一听孩子的想法，这其实起了至少一半的作用。在这个过程中始终坚持要做孩子"安全的耳朵"，鼓励孩子充分地表达，而要做到这一点，诀窍就是"倾听而不要预判"。抛开自己的各种猜测、预判，只保留好奇心，去倾听孩子的内心感受。

其次，家长也不可能一直听，总要说些什么，那就要注意了，一定不要形成指责型沟通，其核心点就是"要重视孩子的感受"。因为指责型沟通的定义不是讽刺、辱骂或语带指责的字眼，而是忽视孩子的感受。那么，既然要重视孩子的感受，最好的方法就是多问问孩子，他的感受是什么，允许孩子表达自己的想法。这与前面讲的"安全的耳朵"恰有异曲同工之妙。

再次，孩子表达了自己的感受后，一个重要的拉近与孩子心灵之间距离的方法就是共情，帮孩子疏导情绪，卸下包袱，所用的方法就是"共"他的情绪。此外，还要注意不要被表情、语气等非言语沟通影响了沟通效果，这是装不出来的，为此就需要从内心减少对孩子的反感，站在孩子的角度去思考问题，这才是真正的感同身受。

最后，对孩子的感受照顾得很好了，事情也就好解决了。我们建议与孩子一起讨论出解决方案，要记住：讨论＞说教＞告知＞怒吼。玩什么游戏可以讨论，家里的各种规则也可以讨论……充分顾及每个人的感受，事情也可以得到解决。这就是"学会不指责"的精髓，整个过程中父母都是"安全的耳朵"，前前后后是融会贯通的整体！

到这里，我们已经把沟通这个层面讲清楚了，接下来，我们就要进入孩子的内心，提升到一个核心的层次——情绪。

亦可故事

加加减减的小星星

这天，亦可放学回到家，一进门就耷拉着脑袋，小声说："爸爸妈妈，我跟你们说件事，我今天不小心把作业本撕坏了，又得罚我小星星了吧？"

小星星，是我们家的一种奖惩方法，做得好了加星星，做得不好了减星星，用于激励亦可。

我一听这话，气就不打一处来："你整天不是丢橡皮就是断尺子，给你新拿的作业本，这才几天呀，又撕坏了，你怎么回事？这么不小心！"

一旁的爸爸马上打断了我："哎，妈妈，你来帮我看看这件衣服怎么了？"这是我和爸爸之间约定的小暗号，我一听，就知道爸爸肯定是有话要单独跟我说。于是，我咽下了即将脱口而出的批评，跟着爸爸走进卧室。

一进卧室，爸爸就笑着跟我说："妈妈，你看，今天这个事情，咱们要不然就别罚他了吧？"我一听就不干了："不罚？那还行！撕坏了作业本还有理啦？"爸爸温柔地拉着我的手说："你看，他撕坏了作业本

亦可管理
——孩子还可以这样教

确实不对,但是呢,今天他是主动跟咱俩说的,虽然是坏事,可是'主动说'这件事本身还是很值得鼓励的啊,是不是?"

我半天没说话,心里盘算着,爸爸的话确实有些道理。爸爸看我一直沉默,接着说:"丢橡皮、撕作业本这些小问题,随着他长大自然就会慢慢减少,可是呢,他愿不愿意跟我们说学校的事情,这可是很重要的啊!"

我点点头,接过爸爸的话:"你说得对,如果他跟我们说了什么就被批评,那他以后肯定就什么都不愿意说了,沟通就会成为大问题,他在外面发生了什么我们就都不知道了。"

爸爸冲我竖起了大拇指:"我就说嘛,妈妈最棒,一说就能明白。他现在还小,跟我们关系好,所以什么都愿意跟咱俩说,我们要鼓励他,免得他将来长大了什么都不告诉我们,那才麻烦呢!"

我在心里叹了一口气,"又被他说服了",嘴上却不肯服输:"那你说这作业本的事儿怎么办呢?总不能听之任之吧?"我陷入沉思,突然灵机一动:"要不这样吧,撕坏了作业本要罚,但是主动告诉我们要奖,一来二去,那就扯平了,好吧?"爸爸高兴地跟我击掌。

我们商量好后来到客厅,把亦可叫过来坐下,开始了我们又一次的家庭会议。我平静地对亦可说:"今天你撕坏了作业本,我们决定罚你2颗小星星……"亦可的眼神一下子黯淡了,低下了头。"但是……"我加重了语气,"你能主动告诉我们,这个特别好,所以要奖励你2颗小星星!"亦可一下子抬起头来,眼中透射着一道亮光,开心地说:"谢谢爸爸妈妈,你们真好!"

我这句"不用谢"还没说出口呢,亦可就接着说:"妈妈,我跟你说啊,作业本撕坏了是因为今天我上课打闹来着。"得!我这句"不用谢"也不用说了,先安抚一下我这望子成龙的老母亲的心脏吧……我心想,上课打闹,那就是没好好听讲,就这我还奖励他哪,哎哟喂……

我转头看了一眼爸爸,他正用意味深长的眼神看着我。我明白了,冷静冷静，要鼓励他说出来，于是，我尽力用平和的语气问他："那是怎么回事呢？"

亦可像是憋了一肚子话，倒豆子似的一股脑儿说了出来："妈妈，我跟你说，都是小树不好。今天上语文课，我好好听课来着，可是小树老说话，我都听不清了，我就让他别说话了，他就推了我一下，我也推了他一下，接着他就抢我的作业本，我不给，一使劲，作业本就撕坏了……"

我努力消化着孩子说的话，听起来，亦可好像也没太大的错。我接着问他："那然后呢？"

"后来老师就批评小树了，还告诉我，以后再发生这种事，可以举手告诉老师。"

我心里的一块石头终于落了地，事情顺利地解决了，老师也教育过亦可了，我就不用再多说了。幸亏鼓励他将事情原原本本地讲了出来，没有急着批评他，这样我们才了解到事情的全部真相。想到这里，我抚摸着亦可的头说："你知道要认真听讲，这非常棒。我和爸爸都很愿意听你讲学校里的事情，不论是好的还是不好的，都可以放心地告诉我们，就像你今天做得就特别好，所以，我们再奖励你3颗小星星，好不好？"

故事解读

本集故事可谓是综合运用沟通技巧的最佳范本，值得多用些篇幅详细说一说。

在这一集故事里，我们可爱的亦可小朋友又给妈妈出难题了，作业本撕坏了，这怎么能不让人生气？妈妈"一听这话，气就不打一处来"，直接把孩子数落了一顿。现在的您肯定能分辨出来，这样做父母肯定不是"安全的耳朵"，目的只是发泄自己的情绪，结果只能是破坏亲子关系。在关键时刻，"大智若愚"的爸爸起到了很好的调节作用，给了妈

亦可管理
——孩子还可以这样教

妈一个"暂停"的机会。

亦可的爸爸妈妈通过自己的理解，领悟了"鼓励表达"的真义，虽然他们并不知道什么心理学理论，但是一点也不妨碍他们"以爱明理"。这就是我们说的，即使记不住那些理论和术语，只要时刻把"保护亲子关系"记在心上，在这个大原则之下，家长所做的很可能就是对的。

要做到鼓励表达，除了要做"安全的耳朵"，还有很重要的一点就是不指责。如果孩子表达了什么，我们劈头盖脸地一通骂，那孩子肯定什么都不愿意说了。只有在一个安全的环境下，既可以被倾听又可以尽情表达，沟通才会进入一个良性循环，亲子关系才能维系好。就像故事里的亦可，正是因为爸爸妈妈注重他的感受，做"安全的耳朵"，努力做到不指责，他才能放心地把所有事情和盘托出。想想就知道，那该是多么舒畅的沟通体验！

想要将这两种方法运用得当可真不容易，像故事里的妈妈，要"尽力"才能做到"用平和的语气"与孩子沟通。可是，我们的努力一定会得到回报！孩子的良好状态就是给我们最大的奖励，就像妈妈在最后感慨的："幸亏鼓励他将事情原原本本地讲了出来"。相信这次成功的沟通体验会促使亦可一家的亲子关系越来越融洽。

孩子还可以这样教

第三篇

情绪篇

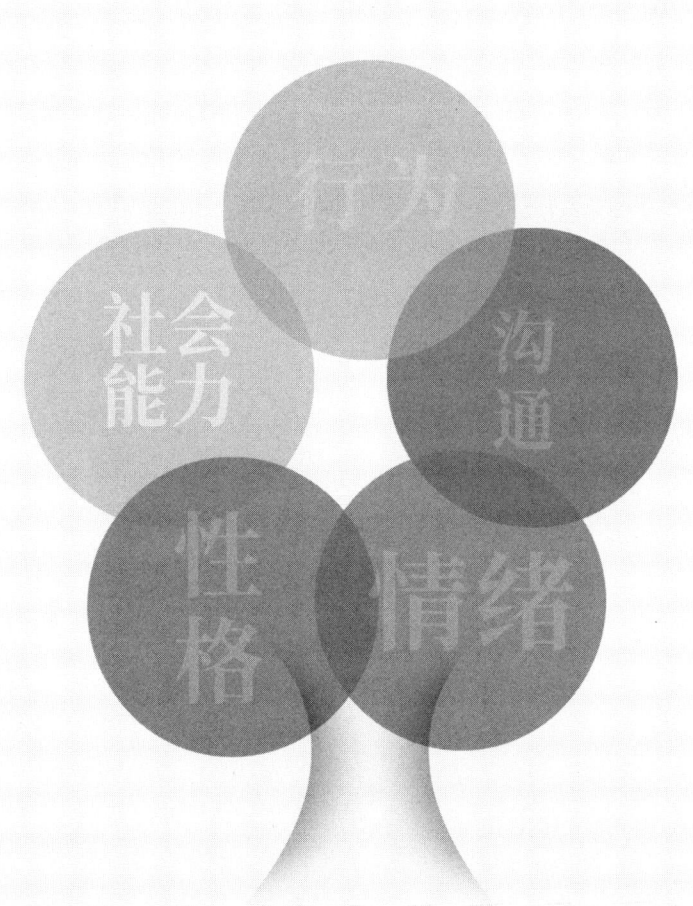

第4章
情绪管理

✦ 歇斯底里的"坏小孩"

孩子的情绪问题实在是太常见了，发脾气，哭闹，撕心裂肺又没完没了，真是让家长头疼不已。这也符合我们的经验，在与家长的互动中，孩子的情绪一直是最初就会被问到且关注度最高的问题之一。不少家长会问："我家孩子脾气怎么这么大呢？"其实，这并不是某一个孩子的问题，而是非常普遍的问题，我们可以用一个反例来说明。

一次，我们和一位企业负责人接洽公益课堂事宜，她提出希望选择一个主题，我们欣然同意。她浏览着主题列表，突然冒出来一句话："情绪类的就算了，我看我们家孩子就没什么情绪问题。"听了她的话，我们愣住了，不禁对视了一眼，心里觉得很奇怪，这还是我们第一次听到家长说没遇到过孩子的情绪问题。果然，在后面的交流中我们了解到，这位女士因为常年忙于工作，几乎没怎么自己带过孩子。讲这个小故事，初衷并不是想指责这位妈妈，生计是现实的压力，家长不能陪伴孩子也是出于无奈；但是通过这件小事我们也可以了解到，孩子的情绪问题是普遍存在的，但凡需要自己带孩子的家庭都会遇到，且避无可避。

孩子的情绪问题不仅常见，而且复杂，家长往往束手无策。这是因为情绪是发自内心的，表露出来的情绪一定有其深层次原因，越是强烈的情绪内在动机越深，所以不像前面讲过的行为和沟通问题那样直接，那些问题尚属于表象层面。这也是为什么情绪问题虽然常见，但我们不能在本书开篇就讲，而是要做好前面的铺垫和准备，否则不利于读者理解和实践。

如果您阅读了前面的章节并付诸实践，一定会发现行为问题其实很好解决，尤其是一些只涉及行为本身而不涉及其他层面的问题，如刷牙、收拾玩具等，用对了方法，效果可以说是立竿见影；而一旦涉及与情绪相关的行为问题，就变得不那么好解决了，好像新学的方法不管用了。没关系，别着急，那只是因为您还没有学习到情绪这一层。

除了情绪问题是常见和复杂的，它的另一大特点就是重要性。毫不夸张地说，情绪课题是亲子关系的核心。如果情绪问题处理得不好，即便在其他方面将孩子照顾得很好也难以建立良好的亲子关系。这很容易理解，情绪受阻就会出现人们常说的"不贴心"，心与心的距离变远。情绪处理得好对拉近关系有奇效。如果限于经济条件，不能在物质上充分满足孩子，没关系，情绪上的满足让孩子更加受用；如果迫于生计很难抽出时间陪伴孩子，也没关系，在关键时刻将孩子的情绪问题处理好就可以事半功倍。

既然情绪如此重要，那么从这一章开始，我们就把这个核心课题抽丝剥茧，详细地讲清楚。

✦ 心理学对情绪能力的重视

家长眼中的小孩子乱发脾气，是心理学家研究的重点课题。情绪是近年来心理学界研究非常活跃的领域，以至于有一种说法，"21世纪是情绪的世纪"。为什么心理学界那么强调情绪能力呢？诸多研究已经证实，儿童的社会性及情绪能力与儿童在学业上和生活中的成功显著相关。那么，都有哪些科学研究证明了这一点呢？下面我们列举部分相关研究[1]。

---

[1] 珍妮丝·英格兰德·卡茨.促进儿童社会性和情绪的发展[M].洪秀敏，译.北京：机械工业出版社，2019.

- 社会性和情绪能力较强的孩子，更善于倾听，注意力集中，延迟满足，合作以及遵守规则，对于儿童学业成就及一生的成功来说都是非常重要的影响因素。（Powers, 2010）
- 社会性发展和情绪健康与儿童的学业成就紧密联系，那些在注意力、听从指令、与他人相处和控制负面情绪（如生气）等方面有困难的儿童在校的表现明显要差一些。（McClelland & Morrison, 2000）
- 情绪能力较差导致的早发性的行为问题，通常能够预测青少年期可能产生的后果，例如，上瘾行为，意志消沉，青少年犯罪，辍学。（Shonkoff & Phillips, 2000）
- 情绪能力能够作为一个"缓冲器"，增强孩子面对困难和其他问题所带来的压力时的抵抗力。（Squires & Bricker, 2007）

从这些研究中我们可以看到，这绝不是吐槽"熊孩子老是乱发脾气"这么简单的事情，而是与孩子是否能够顺利适应幼儿园和学校生活，乃至学业成绩和未来成就直接相关的重要能力问题。在这里，我们引用北京师范大学学前教育研究所所长洪秀敏教授的一段话。

社会性及情绪能力在个体毕生发展中起着极为关键的作用，它同时也是衡量儿童发展水平的重要指标之一。长久以来，在我国家长、幼儿园及大众对儿童社会性及情绪发展的重视程度远不如对认知、语言、健康等方面的重视程度高。大部分家长抱着"不能让孩子输在起跑线上"的想法，认为孩子应该从早期教育阶段就加紧对数学、语文、英语等知识的学习，注重智力的开发。

人生的道路并不是标准跑道。在这条路上有障碍和坎坷，也有美景和惊喜。孩子没有输在"起跑线"上只是一时的表象，问题终究会暴露出来。很多孩子从"起跑线"出发以后，在途中就"跑"不下去了。他们会因为看到其他有趣的事物而分心，会因为无法控制自己的小情绪而走弯路，会因为没有动力而裹足不前，也会因为不懂得与他人交往而孤独无依；而这一切，都源于儿童社会性及情绪能力的缺乏。诸多研究已经证实，儿童的社会性及情绪能力与其未来在学业上和生活中的成功显著相关。在早期教育阶段，培养儿童良好的社会性及情绪技能无疑能够为其今后的发展打下坚实的基础[1]。

✦ 情绪能力受用一生

在有关育儿的所有课题里，情绪是核心的一环。情绪问题处理得好，对促进亲子关系大有裨益，而亲子关系出现障碍，往往是因为在情绪问题上"翻车"了。从上面的分析可以看出，掌握这种能力对孩子来说实在是太重要了，毫不夸张地说，情绪能力受用一生。

本章所讲的情绪管理，在整个苹果树理论体系中是情绪层次的第一个模块。它不是一个单独的方法，而是从情绪识别到情绪表达，再到情绪调整的一系列连贯有序的方法集。其中，情绪识别是指帮助孩子命名、理解各种不同的情绪，以及对情绪程度的度量，它有助于孩子正确地阅读自己和别人的情绪状态。情绪表达是一项重要技能，生活中我们遇到很多家长反映的孩子哭闹、叫嚷、攻击等问题，其中都有小孩子不会正确表达情绪的原因，而教会孩子顺畅地表达情绪就能很好地缓解孩子的各种极端表现。情绪调整更是一项决定生活质量的关键技能，不擅此道的人可能长时间地深陷负面情绪无法自拔，而个中高手可以较快地转换心情，甚至能够从挫败中找到积极因素，使自己的人生另有一番天地。

这里面的每一个课题对家长来说可能都是非常陌生的，毕竟在我们小的时候并没有人教过这些，自己没学过的东西却要教会自己的孩子，这可真是太难为大家了；可是为人父母，责任重大，我们只能不断地学

---

[1] 珍妮丝·英格兰德·卡茨.促进儿童社会性和情绪的发展[M].洪秀敏，译.北京：机械工业出版社，2019.

习新知识，提升自己，完善自我，和孩子一起成长。令人欣慰的是，在这个过程中，不仅可以改善孩子的情绪状态，这些关于情绪的知识对我们自己同样是非常有益的，一样可以为我们排忧解惑，甚至能够帮助我们重新品味人生真实的幸福。

本模块在整个苹果树理论体系中的位置，如图4-1所示。

保护亲子关系

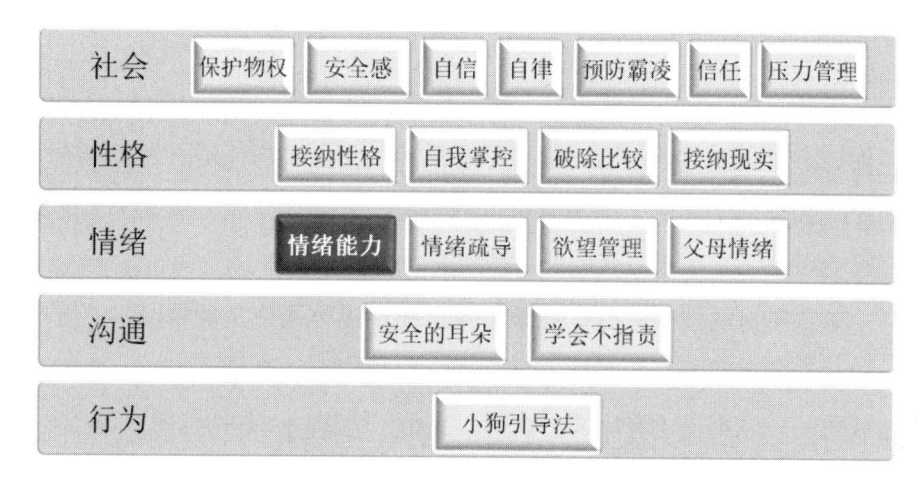

社会	保护物权	安全感	自信	自律	预防霸凌	信任	压力管理
性格	接纳性格	自我掌控	破除比较	接纳现实			
情绪	**情绪能力**	情绪疏导	欲望管理	父母情绪			
沟通	安全的耳朵	学会不指责					
行为	小狗引导法						

图4-1 "情绪能力"方法在苹果树理论体系中的位置

情绪是一个很大的话题，不可能仅凭单个技巧就能解释透彻。从图4-1可以看出，本章在情绪层面是一个起始和总括，除了强调情绪能力的重要性以外，还要把情绪识别、表达、调整等一系列情绪管理方法讲清楚。在这之后，本篇的第二章内容专门探讨情绪疏导，尤其要把家长最头疼的孩子哭闹的问题彻底解决。接下来，我们就要深入情绪背后，把制造情绪的深层推手找出来——那就是欲望，从科学的视角重新审视它，从而做好欲望管理。本篇的最后，我们不能忽视亲子关系的另一端，也就是家长自身的情绪问题，几乎每位家长都有过对孩子发脾气之后又自责懊悔的经历，发愁自己忍不住脾气。既然这个问题如此现实又普遍，那我们就要找出其背后的原因，解决父母的情绪问题同样有科学的方法。

那么本章我们将如何展开呢？为了更好地理解情绪管理的具体方法，我们先要加深对情绪本身的认识，破除误区；然后，把对孩子进行情绪能力教育的最佳时机讲清楚，避免一头撞上孩子的情绪顶点，以致事倍功半。当把这些准备工作都做好之后，我们就来详细讲解培养孩子情绪管理能力的具体方法。接下来，就让我们一起重新认识情绪吧！

✦ 正确认识情绪

说到情绪，人们首先想到的就是哭和笑，进一步说，就是负面情绪和积极情绪。通常人们会认为"笑比哭好"，其实不尽然，这里面包含着对负面情绪和积极情绪的多种误解。

1.负面情绪也有用处

首先，我们要为负面情绪正名，人类发展出各种情绪都是有其作用的，其中也包括负面情绪。我们追求更多的积极情绪没有问题，但不必杜绝负面情绪，反而要正确看待负面情绪，不能一概否定。

负面情绪能有什么益处呢？有一部心理学科普动画片《头脑特工队》，其中几组场景很好地表达了几种常见的负面情绪的特殊用处。

- 愤怒，是强烈的拒绝。
- 恐惧，使人远离危险，保证安全。
- 厌恶，使人免受生理或社交的毒害。
- 悲伤，使快乐更有意义。

以恐惧为例，很多动物都有怕黑的倾向，所以它们很喜欢靠近光亮。人类也一样，大多数人在走夜路的时候会心慌、胆战，其实这是在提醒我们，不要走偏僻的小巷，不要单独走进不熟悉的区域，从而帮助我们

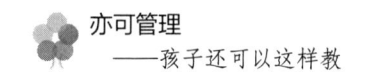

避免可能发生的危险。您看，恐惧其实对我们大有好处呢！

当我们处在某种负面情绪之中的时候，与其逃避、否定，谈虎色变，不如坦然地与自己这种真实的情绪相处一会儿，然后尝试顺畅地将其表达出来，这样做更有利于我们走出负面情绪的旋涡，恢复积极的心态与活力。

2.不是天天大笑才好

我们追求积极情绪，但并不是笑得越多就越好，快乐并不等同于积极情绪。根据心理学家的研究，积极情绪有10种之多，绝不是只有欢笑这一种形式。更重要的是，强颜欢笑不仅不是积极情绪，反而对身心健康有害。

一位心理学教授讲过这样一个令人印象深刻的小故事。他因为工作忙，平时很少能跟宝贝女儿在一起。有一次，女儿因为学校里的一些事情不开心了，他问她："宝贝儿，要是让你选择，你是想要伤心地哭一天，还是想要开心地笑一天呀？"女儿眨了眨灵气活现的大眼睛，想了一会儿说："我肯定不想要哭一天，那太难受了；不过我也不想要笑一天，一直笑，那也太累了。我要一天里面想哭的时候就哭，想笑的时候就笑。"老师在跟我们几个学生讲述这件事的时候仍然难掩激动，他动容地说："我当时完全愣住了，我八岁的小女儿是个心理学大师啊！我研究了多少年的东西，她小小年纪居然就领悟得这么透彻。"

人们很多时候以为只有笑是好的，是应该努力追求的目标，对哭却避之唯恐不及，其实这是一个认识误区。"想哭的时候就哭，想笑的时候就笑"，说得多好呀！让情绪像流水一般自然流淌，那是多么舒畅恬淡的内心体验。

这里还需要补充很重要的一点，前面提到的10种积极情绪是喜悦、感激、平静、兴趣、希望、自豪、逗趣、激励、敬佩、爱[①]。这里我们特别强调其中非常重要的一项——平静。平静也是积极情绪，这一点可能和很多人的理解都不一样。原来不是一定要费尽心力去获得成就、发展，而只要能归于内心的平静就已经是一种很重要的积极情绪了，平静与其他积极情绪一样，可以使我们获得内心的满足。这恰好与上面所说的"不要笑一天"相契合，也说明欢笑并不等同于积极情绪。

那么，我们追求成就是错了吗？不，这正是接下来我们要重点讨论的话题，是对情绪的重要研究成果，更可能是改变我们人生奋斗方向的重大课题。

3.积极情绪是幸福的基石

多年来，有一个被普遍接受的理论指导着人们追求幸福的努力方向，那就是人本主义心理学大师马斯洛的需求层次理论。这个理论认为，人类的需求与渴望有着由低到高的层次结构，底层需求首先是生存、温饱等基本需求，当这些需求得到满足后人们开始追求高一些的安全、尊重等，再往上就是爱、成就等高级需求，直至最高层次的需求，称为"自我实现需求"（一般被简单理解为一生达到的最高成就），呈一个金字塔状的模型。需求层次理论很符合大众的认知。即使没有这个理论支撑，大家也都在拼命追求成就。现实又是怎样的呢？经过多年的拼搏，钱是越来越多了，成就也越来越大了，可是说好的幸福呢？好像仍未感受到，甚至渐行渐远，可以说社会上很多人在被这个矛盾困扰着。

这是为什么呢？心理学界也在反思。近些年的研究认为，马斯洛在几十年前提出的模型需要修正。当前研究更强调的是，幸福感的表征不单单是成就，幸福的核心是良好的情绪体验。具体来说，就是在日常生活中能够体验到更多的积极情绪、较少的负面情绪，当人们的情绪变化

[①] 芭芭拉·弗雷德里克森.积极情绪的力量[M].王珺,译.北京:中国纺织出版社,2021.

趋于稳定，内心更舒适，幸福感就会更强[①]。

那么，新旧理论的变化是否解释了越追求成就越不幸福的矛盾呢？从两种理论的差别可以看出，按原有理论，以为获得了成就便能拥有幸福，那我们在追求成就的过程中一定会不惜一切代价，比如牺牲休息时间，很少陪伴家人，损害身体健康，等等，这些反而会使我们经历越来越多的负面情绪，而新的理论恰恰告诉我们，这实际上是与幸福的方向背道而驰的。此时，如果我们仍然坚持旧理论，以为不幸福是因为获得的成就还不够大，财富还不够多，那我们只会更加拼命工作，更少休息，更不顾家人，其结果必然是付出更大的代价，离渴望的幸福却越来越远。有一句经典的电影台词："索取得越多，拥有得越少。"

既然一味地追求成就不能获得幸福，那是不是"躺平"就行了？当然不是。现实摆在那里，没有钱肯定是不行的，毫无成就同样难以获得内心的满足。我们真正需要做的是，在追求成就的过程中，别忘了情绪体验的重要性，别忽视了亲密关系这个重要的幸福源泉，别走错了方向、追逐错了目标。一旦有了这个觉醒，那就踏出了走向幸福的第一步，也是最关键的一步。

✦ 情绪教育的最佳时机

通过刚刚的讨论，我们对情绪有了更深入的认识，这有助于我们培养孩子的情绪管理能力，但在这之前，我们还需要做一项准备工作，那就是明确培养孩子情绪管理能力的最佳时机。

首先很重要的一点是，当孩子处于情绪顶点时并不是教育的正确时机。情绪有着巨大的能量，对此成年人也深有体会，比如盛怒之下会不受控制地做出过激行为。情绪的力量犹如洪水，阻止孩子表达情绪就像

[①] 阿图·葛文德.最好的告别[M].王一方，彭小华，译.杭州：浙江人民出版社，2015.

是去迎头封堵洪水，那注定是要失败的。对于这一腔"洪水"，要慢慢地把它疏导出来，水位降低了自然也就恢复了平静。

另外，情绪堵在心里是非常难受的，孩子的语言表达能力有限，这种时候就需要父母帮助孩子将情绪疏导出来。将情绪顺畅地表达出来了，孩子心里面舒服了，对他的身心健康是很有好处的。父母允许孩子有情绪，并帮助他表达情绪，就是用实际行动给孩子上了重要的一课，我们应该让孩子明白以下两点。

- 我自己有各种情绪是正常的。
- 有情绪并不可怕，我可以把情绪顺畅地表达出来。

这些理念会对孩子的一生产生深远的影响，没有谁的人生能够一帆风顺，到了青少年时期，甚至在成人以后，他也会遇到数不清的挫折，经历各种各样的情绪体验，这些从小学会的正确应对情绪的技能，将会为孩子保持身心健康和获得成就保驾护航。

那么，什么时候是最恰当的教育时机？图4-2告诉了我们答案。

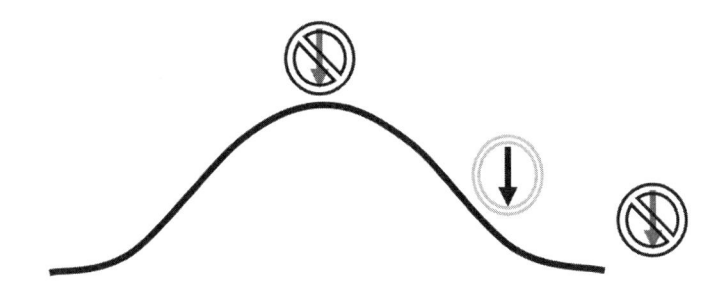

图4-2 情绪教育的最佳时机示意图

从图4-2中可以看出，当孩子处在情绪顶点的时候，也就是图中左侧的箭头所在的位置，是最差的教育时间。因为此时孩子的心中充满了负面情绪，大脑不会理性思考，什么道理也听不进去。如果此时父母硬要说教，会让孩子觉得自己的情绪不被接纳，结果只会适得其反。

图4-2中右侧的箭头表示事情过去一段时间之后，这也不是好的情绪教育时机。不愉快的事情孩子转头就忘了，兴趣点已经在其他事情上面了，这时再进行情绪教育为时已晚。

比较好的教育时机是图4-2中处于中间位置的箭头所示的时间段。如前所述，当孩子在情绪顶点时，父母第一时间该做的是帮助孩子疏导情绪，在孩子情绪平复之后，借助当前事件帮助孩子提高情绪管理能力。

生活中这种机会有很多，小孩子是经常会闹情绪的。聪明的家长可以换个角度来看待孩子的"闹情绪"，将其看作是一次情绪教育的好时机。

那么，时机掌握了，父母具体要教会孩子什么呢？下面我们就具体讲解情绪管理能力的培养方法。

✦ 培养孩子的情绪管理能力

既然是情绪管理，那么目标就是学会控制自己的情绪。这里要注意的是，所谓的"控制"，并不是建议大家压抑情绪，这种理解有失偏颇，恰当的理解是要使情绪可调节，收放自如。想要管理好情绪，首先要能够识别情绪，这既有助于孩子调节自身的情绪，也可以教会他们更好地理解别人的情绪；在认识了情绪之后，下一个重要的环节就是表达情绪，如果能够顺畅地表达出自己真实的情绪，就可以避免走向狂躁地发泄或是痛苦地压抑这两个极端；待情绪充分表达出来之后，我们就可以理智地调整情绪了，从而避免长时间地陷于某种情绪当中，及时恢复正常状态。可见，从识别情绪到情绪表达，再到情绪调整，是一个环环相扣的序列，缺一不可。

1.情绪识别与度量

要更好地进行情绪管理，我们首先要教会孩子识别各种不同的情绪。心理学界认为，把情绪表达出来比憋在心里要好得多。可想而知，想要顺畅地表达情绪，先得正确识别自己的情绪，否则何谈表达呢？小孩子的语言能力有限，更不可能天生就懂得各种情绪的差别，这些都需要家长教会他们。

根据前面对教育时机的剖析，我们明确了教会孩子识别情绪的最佳时机就是当孩子刚刚闹完脾气之后。家长首先帮孩子疏导情绪，待孩子恢复平静，这时就可以询问他："你刚才很生气是不是？""你伤心得哭了，是吧？"这样，孩子就明白了，自己刚才的情绪叫作"生气"或者"伤心"。这里不必追究学术字眼，用孩子能听懂的话来描述就可以。这就是一次很好的情绪教育，用孩子的亲身体会教会他识别某种特定的情绪。

与识别相关的还有度量，就是帮助孩子体会情绪的强烈程度。对于稍大的孩子（比如5岁以上），我们完全可以用10以内的数字问一问孩子："如果用10表示最生气，你觉得自己刚才有多生气呀？"对于比较小的孩子，因为他们还不具备基本的数学知识，那就可以用"有点儿生气""很生气""特别生气""最生气"几个程度词来表示。

下次，孩子就很可能模仿着家长的样子，说："我刚才伤心了，是有一点儿伤心，不是很伤心。"这就说明孩子学会识别和度量情绪啦！有了这种能力很重要，不仅可以很好地了解自己的情绪状态，还有助于理解他人的情绪。当小朋友在一起玩耍时，善于识别他人情绪非常有助于建立良好的伙伴关系；相反，如果别的小朋友已经很伤心了，孩子还去拿走人家的玩具，或者明明人家正在暴躁地发脾气，还要过去和他一起玩，显然不利于同伴关系的建立。识别和度量情绪是第一步，一旦掌握了这种能力，孩子就已经为正确地表达情绪做好了准备。

2.教会孩子正确地表达情绪

识别情绪还算容易，表达情绪可就难了，因为家长可能自己也不会表达情绪。我们小时候都是被教育要喜怒不形于色，不许哭，把眼泪往肚子里咽。如今，长大成人的我们只会在生气的时候发脾气，在伤心的时候躲进小黑屋里独自哭泣。我们自己也知道这样的表达方式并不好，却不清楚怎样做才是正确的。

心理学提倡的是把此时此刻真实的情绪顺畅地表达出来，而不是不计后果地激烈发泄情绪，更不是硬吞苦果，苦闷地压抑情绪。比如当我们生气的时候，就平静地说出来："我生气了，我是因为这件事情生气的……"这在生活中并不容易做到，需要我们综合运用沟通层面的几种方法，尤其需要对方做"安全的耳朵"，正如第二章中所讲的那样。

虽然不容易做到，但为正确表达情绪所做的努力是非常值得的。因为那才是成熟的处理方式，既能让身边的人明白我们的内心感受，又能让我们自己的内心更舒服，关系也不会被破坏。

要教会孩子正确地表达情绪，就是小狗引导法出场的时刻了。孩子只会用哭闹或打人等方式来表达愤怒，那我们就教他平静地将愤怒表达出来；而当孩子做到的时候，哪怕只有一点点进步，我们也要使劲地表扬他。通过这样的训练，孩子自然就能慢慢学会管理自己的情绪，他也就不必再重蹈我们的覆辙。

另外，从情绪这个层面开始，您也会逐渐体会到，苹果树法则是一个有机的整体，环环相扣，前面所学的方法是基础，后面会随时用到。比如这里我们就用到了行为层面和沟通层面已经学过的方法。

3.调整情绪是重要的能力

这是一项重要的技能——调整情绪，这也是本章内容的重点。调整情绪的能力至关重要，对成年人同样如此。一个人如果不善于调整自己的情绪，就很容易陷在一种负面情绪中难以自拔，这大大增加了负面情绪对其身心的伤害程度。

调整情绪有多种方式，我们按照推荐程度介绍三种方法。

（1）积极关注。

硬币有正反两面，乌云也有闪亮的一边。哲学上讲事物都具有两面性，事无绝对，即使是不好的事情也会有积极的作用。

孩子经常会遇到让自己感觉很挫败的事情，由于认知水平不足，他们往往只关注到事情不利的方面，只想着自己失去了什么，而不懂得事物都有两面性。这时，就需要有更多人生阅历的父母教给孩子——任何事情都会有它积极的一面，要学会发现负面事件的积极方面。

有时，负面事件的积极方面可能并不容易被看到，这就需要一双慧眼去发现，不论找出来的积极方面是否正确，是否全面，那都不重要，最重要的是习惯于从负面事件当中努力去寻找积极因素，进而更多地去关注积极方面，从而避免沉沦在负面情绪中。孩子从小养成的这种积极应对负面事件的好习惯，是智慧的父母送给孩子的一件珍贵的礼物。

积极关注是我们推荐的调整情绪的第一种方法，它的核心理念是努力把坏事变成"好事"。事情本身没有变，但看待同一件事的视角可以有所不同。现实生活中的很多事情都很难改变，甚至已经是既成事实，一味地想去改变事情本身往往是徒劳的；但我们看待事情的视角是可变的，而且是完全由我们自己掌控的。与后面两种方法相比，这种方法更加积极，直接让坏事情起到了好作用。

（2）转移关注点。

如果实在找不到负面事件的积极方面，那么可以尝试第二种方法——转移关注点。具体来说，就是少去看自己失去了什么，而是有意识地多看看自己还拥有什么。

人们关注某种事物时就会放大其作用。在"行为篇"我们讲过，人们都有弥补漏洞的倾向。试想，如果只关注事情不完美的部分，那么这部分不完美所产生的影响就会被不断放大。比如，一直想着"我怎么做错了这两道题呢？真是太不应该错了，本来能做对的我偏偏给做错了，我真是太失败了……"这样不断地责备自己，一直沉浸在负面情绪中，好像这就是考试的全部了，却完全忽视了"我还做对了那么多道题呢"这个事实。就像图4-3想要表达的那样，因为我们过于关注事情不完美的部分，负面因素被放大了，仍拥有的部分却被我们忽视了。

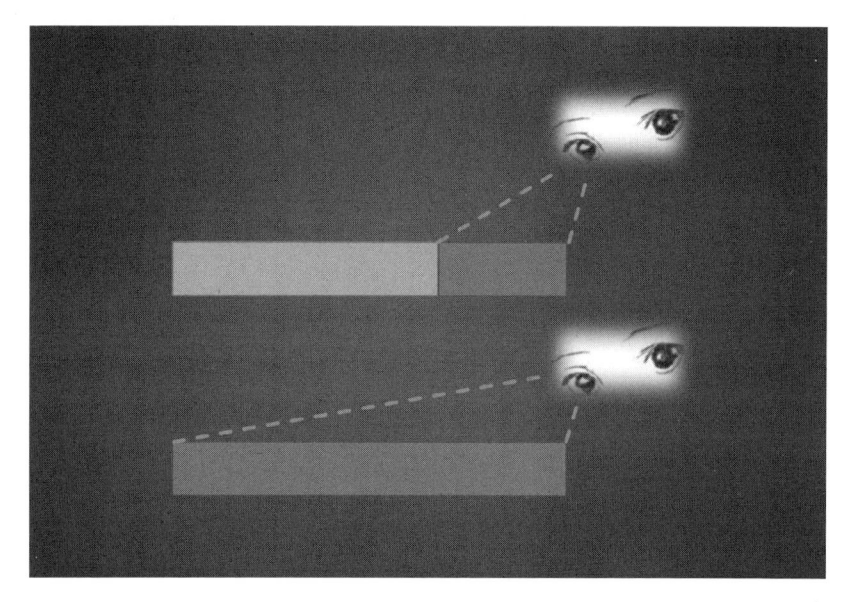

图4-3 所关注的不完美部分的影响效果被放大

明白了这个道理，我们就应该让自己有意识地少去想坏的事情，而多关注其他美好的事物。这种方法与第一种"积极关注"的方法的差别是，不是把坏事情变成好事情，而是把坏事情就放在那里，减少对它的关注，多去看看其他美好的事物，这就使坏事情的影响变小了，从而改善我们的情绪。实际上在情绪调整好之后，也许我们就可以看到事情积极的一面了。

（3）减小影响。

除了上述方法，还有一种通过合理化来减小负面事件的影响的办法。相当于是在想"没什么大不了的，算了，就当肯定会发生吧"。

比如丢了钱，肯定是坏事情吧，该怎么将其"合理化"呢？古代印度有一种说法很有意思：你的钱不是你一个人的，而是四个人的。哪四个人呢？首先当然是自己的，不必多言；其次是你的家人的，可以认为我们的家人本就要分享这些钱；再次是国家的，他们认为你的钱有一部分理当属于国家，可以看作现代社会的纳税；最后一个最有意思，是小偷。对此，他们有两种解释：一种是说被偷是难以避免的，大概率事件，早晚会发生，就坦然地当作是必然的了；另一种是富有禅意的说法，你的钱也属于一些真正的可怜人，或者说一些真正需要它的人。我们不必讨论古印度的这种说法是否有道理，但这是把坏事情"合理化"的一个很有意思的例子。

情绪调整的能力至关重要，可以帮助孩子在遇到挫折、打击之后进行自我调整，恢复活力。可以说，这对孩子一生的作用要大于任何一个学科知识点。这才是我们身为家长最该努力送给孩子的礼物。

亦可故事

水花

孩子最爱的暑假到了。一天，亦可高高兴兴地下楼去找小朋友玩，可是，刚玩儿了一会儿，天就开始下雨了，他沮丧地跑回家来。我还没来得及说话，爸爸就开始了他"学究式"的讲道理："亦可，你要学会往好的方面看，不要只看到失去了什么，要多看看自己得到了什么……"

亦可噘着嘴说："一下雨我都不能玩了，有什么好的呀！"

爸爸没有马上接话，而是走到窗边，看了看窗外，说："下雨就凉快了呀，你看，还可以欣赏雨景。"亦可悻悻地走到窗边，也看起了外边，我远远地看着父子俩，觉得爸爸的说教并没有起作用。

可是爸爸的说教并没有停止，他接着教育亦可："儿子，你看哈，如果把事情分成100份，我们得到了80份，失去了20份，如果我们总盯着失去的那部分看，它在我们眼中就会不断被放大，直到那种感觉变成好像这100份全都失去了一样；但是呢，其实我们明明还有80份呢。所以，我们要学着多看看自己拥有的，让好的这部分的效果不断放大，我们的心情才会越来越好……"

爸爸连说带比画，他声情并茂的"演讲"还没结束，亦可突然喊道："哎！雨停啦，我出去玩喽！"

我一看，雨还真是停了，夏天的雨来得快去得也快，亦可兴冲冲地跑走了，剩下爸爸尴尬地站在窗边看着我，我笑了一下，对爸爸说："行了，儿子下去玩了，你忙你的去吧。我也接着做饭去了。"

不一会儿，一股疾风灌进屋里，然后传来一声惊雷，紧接着大雨倾盆而下。我和爸爸不约而同地跑到窗边往外看，又对视了一眼——坏了，亦可这小子肯定没玩儿痛快，回来就得闹脾气。果不其然，没过一会儿，亦可回来了，一进门，他就哇的一声咧开嘴大哭起来："雨下大了，我都还没怎么玩呢，呜……"

爸爸先是安慰他说："你看，我不是刚教过你吗？事情要往好的方面看，虽然下雨了不能在外面玩了，但是我们还可以在家里玩呀，是不是？"

亦可怒气冲冲地大喊："我不要在家里玩，我要出去玩！"

爸爸被吼得愣住了，一时不知该如何应对，求救地看向我，我冲他使了个眼色，爸爸凑近了我。我小声跟他说："他正憋着情绪呢，你跟他说什么他也听不进去的。"我又走到亦可身边，温柔地问他："没玩够很难受吧？"亦可哭着抱怨："我都跟小伙伴约好了一起玩的，现在都玩不成了，太倒霉了，呜……"我把亦可揽到怀里抱着，让他舒服地哭出来，这样先帮他把坏情绪疏导出来，再说其他的吧。

亦可哭了半晌，等哭声慢慢地停了，我就拉着他坐到沙发上，爸爸赶紧拿来纸巾让他擦眼泪，亦可慢慢地安静下来，嗯，这回差不多了。

我对亦可说："下雨天太讨厌了，都不能出去玩，可是这个下雨啊，是我们无法控制的。不过呢，我们可以想办法让自己开心起来！"

亦可不解地问我："怎么开心起来？"

我指了指爸爸，笑着说："这个呀，你得问问爸爸，他主意最多了。"

爸爸赶紧凑过来，接着我的话说："儿子，我刚才都想了，下雨了，我们不能在外面玩，爸爸开车带你和妈妈去附近商场吃冰淇淋，好不好？"

儿子一下子开心地跳了起来，拍着手说："好耶好耶！"

爸爸看向我，我对他点了点头——爸爸还是蛮开窍的嘛。

去商场的路上，亦可坐在车里望着窗外，也不说话，还是有些闷闷不乐的样子，爸爸对我眨眨眼，又冲着亦可的方向努了努嘴。我明白他的意思，他想让我再给亦可讲讲道理，可是我觉得应该让孩子先静一静，不用太着急，于是对着爸爸轻轻地摇了摇头……

我们正你来我往地打着哑谜，爸爸一分神，车子驶过了一个水坑，溅起了好大的水花，亦可突然开口了，带着思索的口气说："爸爸妈妈，我觉得下雨也挺好玩的。"

哦？我和爸爸惊讶地对视一眼，心里纳闷：这小子是怎么自己想明白的？我接口道："你觉得怎么好玩呢？"

亦可说："下雨了，可以看到水花，车玻璃上还有'瀑布'……"

爸爸特别高兴地夸亦可："哦……那你这个想法真是太棒了，儿子你真了不起！"

故事解读

在本集故事中，面对亦可突然爆发的情绪，亦可的爸爸、妈妈为我们展示了不同方法所取得的效果。

爸爸能够懂得教育孩子调整情绪，这还是不错的，只可惜时机不当，

亦可管理
——孩子还可以这样教

更重要的是,他没有第一时间去疏导孩子的情绪,那情绪教育的效果就不尽如人意了。

爸爸先是带着亦可去窗边欣赏雨景,那场景想象起来都觉得滑稽,虽然爸爸的理论并没有错,但亦可没有任何收获。之后,亦可的情绪再次爆发,爸爸还想对其进行说教,结果必然是败下阵来。

此时,妈妈给爸爸做了一个很好的示范。她先是帮助孩子把负面情绪顺畅地表达出来,让亦可痛快地哭了一场。等孩子情绪平复后,妈妈抓紧时机,用孩子能听懂的语言教给亦可"负面事件也能发现积极作用"的重要技能。最后,孩子以他特有的智慧,向我们展示了对"积极关注"最好的诠释——"下雨也挺好的,可以看到水花,车玻璃上还有'瀑布'……"从此,这个再普通不过的"水花"形象将成为孩子内心的资源,当他遇到挫折坎坷时,儿时下雨天与爸爸妈妈一起看到水花的乐趣,将成为他应对黑暗,走出阴霾的力量源泉。

作为父母的我们,看到孩子在情绪管理能力上有这样的成长,该是多么欣慰,同时,必定会坚信自己的教育会获得成功。人生不如意之事十之八九,亦可这次学会了用积极关注来调整自己的情绪,这会使他一生受益无穷。

第 5 章
情绪疏导

✦ 哭闹起来没完没了

孩子哭闹是令每一位家长都感到头疼的问题。孩子动不动就大哭，而且哭起来没完没了，你越是让他别哭了，他越是哭得厉害，哭得撕心裂肺、山崩地裂，真让人抓狂。

有一次，我们带着孩子在社区排队做口腔检测。一位小朋友好像不太配合医生，就是不肯张嘴，妈妈很着急，大概是觉得尴尬，就开始说孩子。她刚说了一句，孩子就大哭了起来。孩子妈妈的声音越来越高，孩子的哭声不但没有停止，反而越来越大，甚至盖过了妈妈的声音。这时，一直在旁边束手无策的孩子爸爸的情绪突然爆发了："别哭了！"一声大吼，吓了周围人一跳，孩子却"不领情"，声音立刻提高了八度，继续扯着嗓子连哭带喊，场面一时间乱作一团，整个小广场都充斥着这家人连哭带骂的声音，好不热闹！

这里只是举了一个孩子哭闹的例子，其实不仅只有孩子哭闹的问题，生气了就暴躁地发脾气，或者尖声大叫的也不少见。还有的孩子倒是不哭，委屈了就躲起来，或是憋得小脸通红也哭不出来。

孩子的情绪问题真是让家长非常头疼。当孩子的情绪像洪水般袭来时，我们该如何应对？

✦ 著名的心理学实验

每个人的情绪都有被认可的需要，孩子也不例外，甚至从婴儿时期这种需要就已经很明显了。心理学上的"冷面范式"实验可以很好地印证这一点，如图5-1所示。

图5-1 冷面范式示意图

在这个实验中，母亲和婴儿面对面坐着。在实验的第一阶段，研究人员请母亲通过表情、眼神等对婴儿的情绪做出充分且及时的回应。婴儿微笑的时候母亲也微笑，婴儿噘小嘴儿的时候母亲也做出伤感的表情，婴儿咿呀发声的时候母亲也做出应答。可以看到，婴儿在这个过程中显得很愉悦，很舒适。接着，进入实验的第二阶段，工作人员要求母亲换一副冷淡的表情，而且对婴儿不做出任何回应。婴儿微笑时母亲一副冷脸，婴儿伤心时母亲还是一副冷脸。很快人们就观察到，婴儿的状态越来越糟，会出现紧张不安、悲伤、哭闹等情况。直到母亲再次和婴儿进行同步互动，婴儿才逐渐恢复到平静和积极的状态[①]。

从这个著名的心理学实验可以看出，人类对于情绪被接纳、被认可是非常渴望的。人从出生起就有这样的需要，尤其是对于最亲近的家人。

---

① 珍妮丝·英格兰德·卡茨.促进儿童社会性和情绪的发展[M].洪秀敏，译.北京：机械工业出版社，2019.

这在小婴儿身上表现得非常明显，他们会通过大哭大闹来要求得到情绪的满足；但我们成年人不可能通过哭闹来提出要求，我们早已经习惯了否定和压抑情绪。这恰恰给人们带来了莫大的痛苦，使得物质上得到再多的满足也难以体验到内心真正的幸福感。这其实是一个真正值得反思的大问题，它几乎影响着我们每一个人。

有一次，我们夫妻二人在一家环境优雅的餐厅用餐，附近一桌时不时传来一个女孩子情绪比较激动的声音，我们的注意力被吸引了过去。那桌坐着三个年轻的女孩子，其中一个很委屈地哭诉："我今天请你们俩来，就是因为我在公司里实在忍不住了，我必须得跟你们说说……"可是另外两个女孩子呢？她们毫无感觉地回应："哎呀，不就是跟领导的那点小矛盾吗，有什么大不了的！哎，你看这菜多好吃，多吃点。"委屈的女孩子还在自说自话地诉苦，而另外两个人还是自顾自地吃饭。那个女孩子从一开始压抑地诉说，到委屈地流泪，再到悲泣着爆发，她终于忍不住了："你们到底有没有在听啊？"她对两个朋友哭喊了一句，接着就跑出去了。那两个女孩子并没有去追她，后来发生了什么，我们就不知道了，那个哭泣的女孩也没有再回到餐厅里来。她是继续在哪里哭泣吗，还是不得不压抑自己的情绪回去继续工作？她之后的命运会是怎样？她能找到在意、回应她感受的人吗？这种痛苦又何止她一个人有，有多少人曾经绝望地呐喊："没有人在乎我的感受！"

情绪是有着巨大的能量的。我们每个人都有过这样的经验，要压抑自己的情绪必须花费很大的力气，直到实在控制不住了让这种情绪强烈地爆发出来。可以想见，情绪大爆发的时候，它的冲击力、破坏力会有多强，这与当初压抑它的时候所花费的力气是相对应的。这些被压抑的情绪并没有消失，只是被我们强压在心底，它们去哪儿了呢？它们在攻击我们的身体，犹如一头猛兽横冲直撞，破坏我们的健康。心理学研究显示，很多身体上的反应都与潜藏的情绪有关，比如肠胃不适、皮肤问题、脱发、耳鸣等，如果不是器质性病变，背后原因很可能是压抑的情绪所导致的。

我们的孩子是不会天生就懂得这些的，情绪管理能力的培养需要我们的教育和引导。首先我们需要做的就是接纳孩子的情绪，并帮助他做好情绪疏导。

✦ 让情绪像流水一样自然流淌

我们先来问您三个问题。

- 在一天中的不同时间，情绪会有所不同吗？
- 对于同一件事情，每个人的情绪会有所不同吗？
- 对于同一件事情，我的情绪会发生变化吗？

这三个问题听起来像绕口令，其实很值得我们深思。这三个问题的答案都是肯定的，在生活中家长经常会跟孩子在这上面较劲。第一个问题告诉我们，情绪是波动的，会随着时间的推移发生变化，可是在生活中，我们经常听到："你刚才不是还好好的吗，怎么一会儿工夫就生气了呢？"再来看第二个问题，它告诉我们，情绪是私人的、个体的事情，生活中的常见反例是："我很喜欢这首歌呀，你怎么就不喜欢呢？"可是，每个人就是有自己独特的感受呀！第三个问题，说的是情绪、感受不是一成不变的，那么您有没有听过："这菜你以前不是一直都爱吃吗？我费这么大劲给你做了，你怎么忽然就不爱吃了呀？"

这三个问题可以帮助我们看出情绪的特点，它是波动的，因人而异的，可变的，通过这些特点，我们就可以赋予看不见的情绪一个相对清晰的形象了，它就像是蜿蜒流淌的溪水，起起伏伏，随时可变。前面我们讲了不要压抑情绪，有了这个形象就更好理解了，这股持续不断的流水如果形成了拥堵、淤积,最终必然会形成山洪爆发。对于情绪,最好就是让它像潺潺流水一样,自然顺畅地流淌。

有了这个认识,再结合前面所讲的"冷面范式"实验,我们就知道该如何对待孩子的各种情绪了,那就是尽量接纳、认可孩子的情绪,而不要否定、压抑它。当孩子还不擅长处理情绪时,家长需要帮助孩子把情绪疏导出来。情绪疏导,就是我们所提倡的方法,如图5-2所示。

保 护 亲 子 关 系

社会	保护物权	安全感	自信	自律	预防霸凌	信任	压力管理
性格	接纳性格	自我掌控	破除比较	接纳现实			
情绪	情绪能力	**情绪疏导**	欲望管理	父母情绪			
沟通	安全的耳朵	学会不指责					
行为	小狗引导法						

图5-2 "情绪疏导"方法在苹果树理论体系中的位置

说起来很有意思,每次我们讲这一课的时候都会有家长笑着说:"本来是打算来听听有什么妙招能制止孩子哭闹,结果居然是让我允许孩子哭。"没错!不止如此,"情绪疏导"告诉我们,不仅要接纳孩子的情绪,当孩子憋着情绪不会表达的时候还要鼓励孩子哭出来,以免压抑的情绪"淤积"在心中,对孩子的身心健康造成伤害。经过前面的分析讲解,可以看到这种做法是有理论依据的,可也给家长出了不小的难题。"我在现实生活中做不到啊,怎么办?"别着急,我们从来不会强人所难,如果只是讲得正确但难以实践,那就是不具有可操作性,或者直截了当地说,就是没有作用。看到这里,您应该发现了我们的理念:每一章都要提出一个实用有效的方法来解决实际问题，方法的背后一定有一个心理学的经典理论作为依据，重点内容就是这些方法在生活中实践的诀窍。所列举的理论没有一个是我们的发明，但是这些实践诀窍都是我们从生活积累的经验中提炼的精华。接下来讲解在接纳孩子情绪方面我们摸索出来的实践诀窍。

✦ 诀窍：把情绪和事件分开

什么是"把情绪和事件分开"？一言以蔽之，理由很可能不合理，但情绪是真实存在的。

我们成年人都有丰富的生活经验，看事情当然比一个几岁的小孩子更全面透彻。家长一眼就能看出，"这还不是怪你自己？""这才多大点事？"没错，家长对事件性质的判断大多是对的，小孩子闹情绪的理由确实很可能是不合理的；但是，任何一个人，不论是成年人还是孩子，从他自己的视角，出于自己特定的缘由，此时此刻的情绪都是真实存在的。

我们之所以难以接纳孩子的情绪，是因为很大程度上我们心中把情绪和事件混为一谈，把接纳情绪与妥协观点等同起来了。这是人之常情。"事情明摆着呀，就是你不对，我怎么能允许你这么闹呢？"我们虽然是在反对孩子的观点和不合理要求，否定孩子的错误理由，却把孩子的真实情绪一并否定了。

建立了"要接纳孩子的情绪"的理念，又找到了阻碍应用这个理念的症结——把情绪与事件混为一谈。解决这个问题的诀窍自然就是：单独看待情绪。

- 反对观点，否定理由，都不影响接纳真实的情绪。
- 孩子的理由可能很不合理，但是情绪是真实存在的。

- 对孩子此时此刻的真实情绪，家长应当无条件接纳。
- 接纳情绪不等于在事情上妥协。

那事情怎么办？其实，等情绪平复之后，再对事件进行讨论也不迟，而且会更容易和孩子达成一致。

把情绪和事件分开来看，我们就可以对"满足情绪"和"满足事情"进行比较。下面我们分别从有效性和可行性两个方面来进行比较，答案就更清楚了。

（1）满足情绪才是孩子最想要的。

满足情绪与满足事情哪个更重要呢？"冷面范式"实验告诉我们，仅仅认可孩子的情绪就已经让孩子的感受非常舒适了；相反，不接纳孩子的情绪，往往会让他非常难受。由此来看，满足情绪是基本需求，是孩子最想要的。反过来看也可以理解，当事情不如意的时候，对孩子的伤害还不是很大，如果家长此时否定孩子的情绪，无疑会加剧他的痛苦，这才是最要不得的。

我们再举个实际的例子，便于家长理解得更透彻。终于买到了心爱的猪猪侠气球，孩子拿在手里玩，不小心让气球飞跑了，孩子肯定伤心。这时家长如果及时"补上一刀"："哭什么呀？都提醒你氢气球容易飞走，你还不攥住了，还不是怪你自己？"那您放心，孩子一定比刚才哭得伤心好几倍，越不让哭越闹得不可开交。相反，如果这时家长接纳了孩子的情绪并给以疏导："气球飞走了，很伤心是吧？哭吧哭吧。"您的关爱就大大减轻了事情本身给孩子带来的痛苦，他可能会在妈妈的怀里哭一会儿，但您会惊讶地发现，这个哭的过程会很快结束，他又跑着玩别的去了。这就是情绪疏导的作用。

（2）满足情绪比满足事情容易多了。

再从现实的角度来看一看，满足情绪和满足事情哪个更容易做到呢？很多时候我们满足不了孩子的要求，也许是因为财力不足，也许是因为没有时间，也许是因为孩子的要求不符合我们的教育理念。如果我们只想着从事情上去满足孩子，那难度系数就太大了，甚至有的时候根本无法做到。相比之下，满足情绪则要容易得多，可以说不受任何外界因素左右，是我们自己完全可以掌控的，只要认可孩子当前的情绪就可以了。

孩子想要的玩具太贵，思来想去还是没舍得花这个钱，但是没关系，可以在情绪上弥补孩子，允许孩子有不满情绪："没买成很遗憾是吧？确实挺难受的，要是想哭可以哭一会儿，妈妈能理解你的感受。"说好了带孩子出去玩，但是工作临时有变化，这时要是想尽快完成工作，还要协调很多复杂的人和事，实在是太难实现了。孩子肯定不开心啊，甚至会很生气。这种时候，与其责怪孩子不体谅自己，不如祭出情绪满足的"法宝"："不能去玩了很生气是吧？确实，我也觉得很难受，爸爸和你的感受是一样的，你可以把你的想法都说出来。"

您看，满足情绪比满足事情更重要，是让孩子最受用的，同时也是更容易实现的，我们自己肯定能做到，那么，何乐而不为呢？可以说，情绪满足的优先级更高，事情受很多外界因素的制约，不一定能够满足，也不一定非要满足，但是满足情绪是必须的；从先后顺序上来看亦是如此，要优先满足情绪，把孩子的情绪疏导出来之后，事情就好办了。

这里我们忍不住"王婆卖瓜"一下，我们的学员普遍认为"把情绪和事情分开"这个诀窍非常好用，使得情绪疏导成为明星方法之一。

情绪疏导不只是针对孩子哭闹这一种问题，对孩子的伤心、气愤、懊恼、委屈、遗憾、羞愧等种种感受都是适用的。那么对于孩子最容易出现的哭闹问题，当然是家长实践的重点，接下来我们就进一步把"哭闹"讲透，使您不再为孩子的哭闹而头疼！

亦可管理
——孩子还可以这样教

✦ 把"哭闹"讲透

怎么才算是把"哭闹"讲透呢？首先要破除一些认知上的误区，否则带着这些错误理解是很难正确应对孩子哭闹问题的。接着是区分不同形式的哭闹，是正常的情绪使然，还是故意以假哭要挟？最后，我们要迎难而上，告诉大家该怎么解决孩子当众哭闹的问题。这样全面而深入，才算不折不扣地把"哭闹"讲透了。

1. 一些误区

关于情绪的误区在前一章"情绪管理"中已经讲过了，这里我们只讲对"哭闹"的认识误区。我们发现，家长在生活中之所以难以接纳孩子的哭闹，往往与下面几点错误理解有关。

（1）哭闹不等于软弱。

很多时候家长不希望看到孩子哭闹，是因为认为哭闹就是软弱。这是一种特别常见的错误理解。哭闹是一种正常的情绪表达方式，不能简单地把它等同于软弱。当负面事件突然发生的时候，有伤感、委屈、惊吓或恼怒，哭一哭都是正常的，而孩子在哭完之后所表现出来的坚持、宽容，或是幽默，绝对是勇气的表现。

孩子练习轮滑，狠狠地摔了一跤，很疼，那哭闹就很正常嘛，疼是实实在在的啊，这不能算是软弱。孩子哭闹一会儿之后，又跟跟跄跄地站起来，抹了一把眼泪说："我还要滑。"这种坚持的精神难道不是极为可贵的吗？此时孩子那小小的身影也显得格外高大起来。

心爱的玩具卡车被小朋友不小心玩坏了，孩子伤心再正常不过了。可是孩子哭过之后，可以跟小朋友说："没关系，我不怪你，咱们接着玩吧。"即使说这话的时候孩子的脸庞还挂着泪花。多好的孩子啊！宽容是需要极大的勇气的，孩子可一点也不软弱呢。

正高兴地吃着冰淇淋,"吧嗒",一不小心冰淇淋掉地下了,孩子肯定伤心啊。可是在哭了一会儿之后,看着掉在地上的冰淇淋,孩子忽然笑了:"这下小蚂蚁可高兴了,不知道它们喜不喜欢草莓口味的。"遇到挫折还能积极、幽默地面对,这可是了不起的本事!这远比哭闹这件小事要重要得多。

(2)难道是我的错?

有时候,道理懂得再多,在实际面对孩子哭闹的时候家长还是难以接受。为什么?这其实很可能是因为家长把自己代入了矛盾中,心里想的是:"你这么哭闹不就是埋怨我没做好吗?怪我喽?""买不起太贵的玩具,怪我挣钱少啦!""说好了出去玩却临时有变化,也不是我要这样的呀!"

每个人都有保护自己、自我防御的本能,这无可厚非。如果我们总想着"我没把事情办好",就不经意间把自己放到了孩子的对立面,那么孩子的哭闹就成了对我们的指责,确实让人很难接受。

如果我们能有意识地把自己从事件中"剥离"出来,不陷入孩子哭闹及事件的旋涡之中,站到更高的位置,就可以看到,孩子哭闹是因为他心里难受,他想要的只是爸爸妈妈理解他的感受,安慰他,爱他。绝大多数情况下,孩子都不是在指责爸爸妈妈。这不是孩子的错,更不是家长的错,其实根本不必追究是谁的错,只是事情不尽如人意而已。

当我们摆脱了保护自己的负担,避免了自责带来的重击,一身轻松的您才会意识到:我的宝贝儿正在难受呢,他哭得那么伤心,我好想抱抱他。

(3)什么时候是个头啊?

可能有家长会担心:孩子这么哭闹下去,什么时候才是头啊?这一点您不必着急,随着孩子逐渐长大,社会将教会他不哭。

孩子进入幼儿园、学校之后,就步入了小社会,那里可能不会像父母这样时刻体贴孩子的情绪。小朋友的嘲笑,老师、同学的不当应对,会让孩子慢慢体会到：这是个提倡"不要哭闹"的世界。当然，这对孩子无疑会有一定的伤害，好在外界的伤害相对还是较轻的。到了我们这个年纪，有了一定的人生阅历就会明白，真正严重的伤害往往来自最亲近的人。如果我们这些对孩子来说最亲近的人能够时刻关爱他的情绪，做他坚强而稳定的避风港，那来自社会的这点伤害对他来说就显得微不足道了。

慢慢地，您会发现，随着孩子长大，他哭闹的时间会变得越来越短，次数也会越来越少。当他邀功似的跟您说："看！我这次没有哭吧？棒不棒？"您就马上竖起大拇指，不遗余力地夸他吧！

2.区分不一样的哭闹

只要是自己带过孩子的人一定知道，哭跟哭也不一样。了解孩子几种不同形式的哭，有助于我们更有的放矢地处理好孩子哭闹的问题。

（1）正常的哭像打开情绪的开关。

当孩子的哭属于正常的情绪表达时，您会发现，这个过程不会太长，孩子很快就能调整好情绪。难受的时候突然就会哭起来，来势汹汹；哭一会儿不伤心了，马上就好了，又跑去玩了。整个过程，像是有一个开关控制着。

想想看，能够如此顺畅地表达情绪是一种多么愉快的体验，情绪来了就疏导出来，情绪没了就恢复正常。这就是我们所说的"让情绪像流水一样自然流淌"。孩子像一个个小天使，是我们最好的老师，他们用实际行动教会我们——情绪并不可怕。

（2）用于要挟的假哭。

小孩子是很聪明的，有时也会把哭当作要挟家长的手段，这就不值得鼓励了。

比如，到了该洗澡的时间了，小男孩好像天生就不爱洗澡似的，于是各种耍赖，根本没有什么让他伤心的事情，他却故意在那儿又挤眼又咧嘴，那哭声一听就不对。像这样的情况我们就不必纵容了，该洗澡就去洗。只不过要记住"温柔地坚持"，用平和的语气跟孩子说就可以了，而不必严厉斥责，否则可能孩子会真的伤心了，真哭也就跟着来了。

家长是最了解自己的孩子的，是不是真伤心一眼就能看出来，真哭假哭一听就能知道。还有的小孩一边装哭一边偷眼看家长的反应呢。其实孩子的心思也没有那么复杂，不会太多伎俩，试过几次发现假哭不管用，他也就不会这样了。

（3）长时间大哭背后一定有原因。

前面说过了，正常表达情绪的哭很快就能调整好。您看他哭得撕心裂肺、山崩地裂的，可是没一会儿就好了，又高高兴兴地玩去了，这就是不压抑情绪的好处。相反，如果孩子越哭越厉害，甚至是长时间大哭，那就需要家长关注一下背后的原因了。在生活中孩子长时间哭闹很多时候是由家长当下对孩子的态度造成的。孩子一开始哭闹只是因为一点小事，委屈也就只有一点点，可是家长的不理解、制止、斥责甚至嘲笑，使得孩子更委屈了。这时，孩子的哭已经全然不是为了起因的那点小事，而是因为糟糕的亲子关系，使孩子悲从中来，以致长时间地大哭不止。

如果家长没有上述做法，那就要考虑孩子是不是长时间以来心里积压了太多委屈，从一个事由引发出来，便一发不可收拾了。如果是这种情况，您就要反思一下，您平时是否压抑了孩子太多的情绪，有的话，就需要在帮助孩子表达情绪方面下功夫了。

比如，氢气球飞走了，您看到孩子自己跟自己较劲，五官都拧到一起了，压抑着喉咙低吼着，小脸憋得通红却哭不出来。建议您这时温柔地跟孩子说："气球飞走了，你很难受吧？哭吧，宝贝儿，难受就哭出来吧。"这时孩子深吸一口气，大嘴一张，头往后一仰，终于痛快地哭了出来。这时您把孩子揽在怀里，让他舒舒服服地哭一场。如果您能这样做了，就证明您已经能帮助孩子疏导情绪了，而您的孩子该是多么幸福啊！

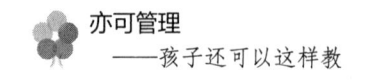

我相信我们每个人都希望身边能有这样一个人，不论原因是什么，当我们伤心难过的时候，都能得到温柔的安抚。

3.最难办的当众哭闹

最后的"攻坚战"，我们来解决最难处理的孩子当众哭闹的问题。在我们单独面对孩子的时候，还能做到正确地应对孩子的情绪，可是在孩子当众哭闹的时候，周围那么多人看着呢，孩子哭闹不止，家长也太没面子了。这就给家长造成了巨大的压力，此时又变得不会应对了。这个问题很现实，不解决它就不能算真正帮到了家长。

面对孩子当众哭闹的问题，我们推荐您"两个词"和"一个动作"。

第一个词叫作"目中无人"。意思是说，在这种情况下，要有意识地提醒自己，少关注周围的人，就好像其他人都不存在一样。这里只有我和我的孩子，他在难受呢，最佳的应对方式就是帮助他把情绪疏导出来，这和其他人关系不大。这样可以帮助我们营造出像平时单独面对孩子时一样的氛围，有助于更好地处理孩子的情绪问题。如前所述，孩子的情绪疏导出来之后很快就停止了哭闹，这才是减少尴尬的最有效的方式。当然，这个"目中无人"不是教人不文明、不礼貌，而是为了让您不受周围环境的干扰。

第二个词叫作"唯我独尊"。意思是说，即使周围有朋友、熟人甚至长辈提出了不同意见，也要坚信自己的做法是正确的。允许孩子哭，疏导孩子的情绪才是应对孩子当众哭闹最好的方式。比如，老人都非常疼爱孩子，大多见不得孩子哭，总想用哄骗、分散孩子的注意力等方式，让孩子尽快停止哭闹。这其实都是在压抑孩子的情绪，是与我们的初衷背道而驰的。让您"唯我独尊"其实就是要提醒您——即使是令人尊敬的长辈来干预，也要礼貌地将其挡开："您老不用担心，孩子哭是正常的，我可以处理好。"

最后的"一个动作"，就是在孩子面前蹲下来。这样不仅便于与孩子交流，避免以居高临下的姿态面对孩子，更重要的是，您的视线中只有自己的孩子，其他人的表情、眼神都被弱化了，退出了我们的视线范围，自然就变得不重要了。此时，您的眼中只有自己最爱的孩子："我的宝贝儿正在哭呢，他现在那么伤心，我要保护他。"

记住这"两个词"和"一个动作"，处理孩子当众哭闹的问题便容易多了。当最难应对的孩子当众哭闹的问题都难不倒您，那疏导孩子其他的负面情绪就更是驾轻就熟了。当您将情绪疏导这样的理念在生活中应用起来，您就会发现，情绪真的可以像涓涓细流一样顺畅而行，您不再为孩子的情绪问题而苦恼，那时，您就是真正的情绪疏导的专家了。

亦可故事

眼泪的秘密

一天下午，亦可和他的好朋友小树在小区里玩，玩着玩着，两个人就情绪激动地吵了起来，本来我想让两个小家伙自己解决，但是眼看着两人就要动起手来，我赶紧走了过去把亦可拉到旁边。

我问亦可："发生了什么事？"原来，两个人本来是一起在地上捡石头，结果为了争一块石头到底是谁的而吵了起来，两个人都很生气，都觉得是对方错了。

亦可跟我说着说着，还委屈地哭了起来，我又好气又好笑地说："不就是一块石头，至于争成这样吗！你再重新找一块不就行了！"

亦可一听我没站在他这边，哭得更厉害了，我看着他哭，心里有些烦了，就严厉地制止他："行啦！别哭了，男孩子哭哭啼啼的，难看死了……"亦可还是抽抽搭搭地止不住哭，我不想理他，这时又传来了小树的哭声，我的注意力就被吸引到了那边。

小树奶奶非让小树把石头给亦可，小树不肯，急得哭了起来。

亦可管理
——孩子还可以这样教

小树奶奶看见他哭了，就开始说他，还笑话他是个爱哭鬼。

小树见奶奶笑话他，哭得更厉害了，哭红的小脸上鼻涕眼泪横流，看着让人心疼，而小树奶奶还威胁小树再不停止哭闹就要打电话向他妈妈告状，甚至作势拿起了手机，说要录下视频给她看。

小树的哭声越来越大，嗓子都喊哑了，恼羞成怒地开始打奶奶。奶奶一开始还躲着，后来可能是觉得周围这么多人看着，很没面子，便严厉地批评小树。小树彻底崩溃了，又哭又喊，两个人闹得不可开交。

"唉！这哪里能看出来是祖孙俩啊……"我在心里哀叹一声，转过头看看亦可，小家伙儿愣愣地看着小树，脸上还挂着泪珠。

已经停止哭泣的亦可和另一边还在哇哇大哭的小树形成了鲜明的对比，我心里不禁疑惑：两个孩子明明都是为了同一个原因哭泣，为什么会有两种截然不同的结果呢？回想刚才，我看到亦可哭了，虽然心里不太高兴，但是没有继续教训他，而小树奶奶呢？她一直"步步紧逼"，不许小树哭闹，孩子止不住哭她就训斥个不停，反倒惹得小树哭得一发不可收拾……哦！想到这里，我突然意识到，不是亦可和小树有什么不同，而是我和小树奶奶的做法不相同！因为大人的做法不同，两个孩子才会一个止住了哭，另一个则是哭得停不下来。我有点迷惑了，如果说像小树奶奶那样严厉地制止孩子哭闹会适得其反，那应该怎么做才比较好呢？难道是……

我想了想，转过身看看委屈巴巴站在那里的亦可，明显还在难受呢。

我蹲下去，轻轻地把他揽在怀里，问他："你的宝贝石头没有了，是不是还难受呀？"

亦可瘪瘪嘴，"嗯"了一声，眼眶里转着眼泪，一副想哭又不敢哭的样子。

我温柔地对他说："你要是想哭就哭一会儿吧。"

亦可迟疑地看了看我，撇了撇小嘴哭了起来，我顺势让他靠在我的肩上，轻轻地拍着他的后背，让他踏踏实实地哭了一场。

亦可的哭泣慢慢地停了下来，又在我怀里赖了一会儿，然后抬起头来对我说："妈妈，我去和小树和好吧。"

我欣慰地摸了摸亦可的小脸，温柔地说："你能主动提出跟小树和好特别棒，不过你刚才哭的时候，小树已经和他奶奶回家了，明天你见到他再与他和好吧！"

我没有说出口，小树其实是一边哭喊着一边被他奶奶硬拉着回家的……

亦可点点头说："那我能再去玩一会儿吗？"

我开心地答应："可以呀，去吧！"

故事解读

一旦有什么事情不如意，孩子就大哭大闹，这是再正常不过的事了；可是如果是发生在公众场合，家长可就难堪了。这不，亦可和小树因为一块石头吵得不可开交，最后都大哭了起来。

一块石头能有多重要？当然不重要，但是对当时的亦可和小树来说，那就是他们最珍贵的东西。一开始，亦可妈妈和小树奶奶都不理解，所以都对孩子的哭闹表现出"厌烦"。只是亦可妈妈选择了"一笑置之"，小树奶奶却是"步步紧逼"。两个大人不同的选择，导致完全不同的结果——亦可慢慢地停止了哭泣，小树却恼羞成怒，和奶奶闹得天翻地覆。

通过这个故事大家可以看到，大人对待孩子哭闹的问题，可以形成完全不同的走向。这就和我们一直以来的认知不同了，想让孩子停止哭闹，不是严厉地制止他哭闹，而是要让他痛痛快快地哭出来。那些想强势制止孩子哭闹的家长，最后反而要迎接孩子疾风骤雨般的大哭大闹，就像故事里的小树奶奶。

我们这章讲的是，让情绪像流水一样自然流淌。那么怎么才能让情绪自然地流淌呢？

亦可管理
——孩子还可以这样教

首先要尝试理解孩子的情绪，诀窍就是把情绪和事件分开。您可以不认同事件，但要先理解孩子的情绪。这里有一个实用的办法，就是代入自己。一块石头是不重要，但是对您来说有没有重要的东西呢？肯定有。设想一下，如果自己宝贵的东西被夺走了，会不会很伤心呀？这样您就能理解孩子的情绪了。

其次就是放下满足事情的执念，先满足孩子的情绪。他生气，就让他发泄；他伤心了，就让他哭，像亦可妈妈一样，把孩子揽在怀里，让他哭个痛快。您会发现，情绪一旦疏导出来，孩子就好得像没事人一样，该干什么就干什么去了。满足情绪是最简单的，也是最有效的。

做好了这两件事，您就做到了让情绪像流水一样自然地流淌。即便孩子再因为什么事情产生了负面情绪，您只需要如法炮制，一切皆会迎刃而解。

第 6 章
欲望管理

亦可管理
——孩子还可以这样教

✦ 规矩严格 vs 溺爱孩子

小孩子真是"欲望无止境"的典范。见了好吃的就停不下来,动画片看了一集又一集,总也没个完,更不要说整天哭着喊着想玩游戏。我想每位家长都能举出很多这样的例子,让人哭笑不得,却又不知该如何应对。

家长都知道不能溺爱孩子,知道家里要"立规矩",可是执行规矩该严格到什么程度呢?看着孩子那么想吃零食,或者特别想玩游戏,家长是不是该狠心地严厉禁止呢?如果家长心软了,会不会就成了溺爱孩子了?要是没规矩可怎么行,养成了习惯将来会不会在学校也总是违反校规呀?这一连串的问题困扰着很多的家长。

就说我们的一位学员吧,她的儿子沉迷于一种电脑游戏。妈妈因为担心孩子的视力受损,所以严格控制他玩游戏的时间。经过母子俩讨价还价,商定可以玩18分钟。可是这个游戏打一盘至少要半个小时,每次孩子都是在极度不满足的情况下被妈妈严厉地要求停止游戏。孩子的情绪必然会非常糟糕,以至于影响到他的学习态度和精神状态。这是为什么呢?放手不管肯定不行,但是严格控制就真的好吗?

这个问题非常复杂,我们不敢说有完美的解决方案,但是通过下面所讲的心理学实验,希望能够给您提供一个新的思路,不妨根据您家的具体情况考虑做一些新的尝试。

✦ 成年人也无法抗拒的曲奇饼干实验

我们都知道小孩子很难抵御诱惑和控制欲望，但是您知道吗，实际上这不仅限于小朋友，成年人也面临相似的问题。有一个非常有趣的曲奇饼干实验，其实验目标就是成年人。

在这个实验中，研究人员随机找来成年人参与实验。在第一阶段，工作人员请他们完成一些需要一定能力的任务，比如心算或观察字谜等。参与者大多能很好地完成这些任务。接着，实验进入一个非常有趣的阶段，工作人员邀请参与者坐在桌旁，然后，工作人员端上来一盘刚出炉的、香气扑鼻的曲奇饼干，就摆在参与者面前；但是，要求参与者绝对不许吃！

这些成年人就这样看着香喷喷的曲奇饼干，闻着香味，咽着口水，竭力压抑着想吃的欲望。在这个阶段之后，工作人员请参与者再次重复第一阶段所进行的那些任务。研究人员惊讶地发现，在经历了不许吃曲奇饼干的阶段之后，这些成年人"在完成需要尝试和坚持的任务时表现得非常差"，就好像他们的精力、能量被消耗掉了一样[①]。

对于欲望这个话题，还有一个广为人知的心理学概念与此相关，可供参考，那就是关于本我、自我、超我的说法。简单来说，"本我"是比较接近动物本能的，强调满足自身欲望，也称为"本能我"；"超我"是严格符合社会期望的，压抑自己的欲望，因此也称为"社会我"；而"自我"介于两者之间，大体上符合社会规范，也在一定程度上满足自身欲望，可称为"现实我"。从心理学临床来看，过于"本我"或过于"超我"的两个极端都会出现问题。过于"本我"，不计后果地随心所欲，肯定不会获得真正的幸福，更有甚者还会受到社会的惩罚。过于"超我"

---

① 马丁·赛利格曼.赛利格曼自传[M].庞雁，译.杭州：浙江教育出版社，2020.

亦可管理
——孩子还可以这样教

也不行，虽然可以成为社会理想的模范，但过于压抑身为生物体自然的欲望，一定不会舒服，长此以往很容易出现各种心理问题[①]。

从上面的分析可以看出，常见的欲望是真实人性的一部分，反对纵欲自不待言，但一味压抑欲望亦不可取。落实到孩子的欲望管理，我们提倡的方法就是——适当满足孩子的欲望。

✦ 适当满足孩子的欲望

刚刚讲到了放纵欲望和压抑欲望两个极端都不可取。在我国，溺爱孩子放纵欲望的情况其实不多，而秉着严格教养的理念，过于压抑孩子的欲望的情况却并不少见。从吃零食到玩游戏，如何应对孩子强烈的欲望，一直是家长比较头疼的问题。联系到我们一直强调的"以保护亲子关系为前提"，如果严厉地禁止孩子做他想做的事，除了孩子很难受，对保护亲子关系更为不利，这可怎么办呢？

上述曲奇饼干的心理学实验给了我们一个新的思路——也许严厉压抑孩子的欲望，一味地追求孩子"听话""有规矩"，并不是最好的做法。为了避免孩子在家长的引导下越来越追求"超我"，因过于压抑欲望而消耗掉孩子的活力，我们应该做的是在合理的范围内适当满足孩子的欲望；而这恰恰也有利于改善孩子的状态，能够避免亲子之间不必要的冲突，自然也是有利于保护亲子关系的。这个方法在苹果树理论体系中的位置，如图6-1所示。

[①] "本我、自我、超我"的概念来自心理学先驱弗洛伊德，由于其观点大多缺乏科学实验证明，所以本书较少引用。这里的"本我""超我"概念在心理学界受到了广泛的认可，在众多版本的《心理学导论》中亦有述及。

保护亲子关系

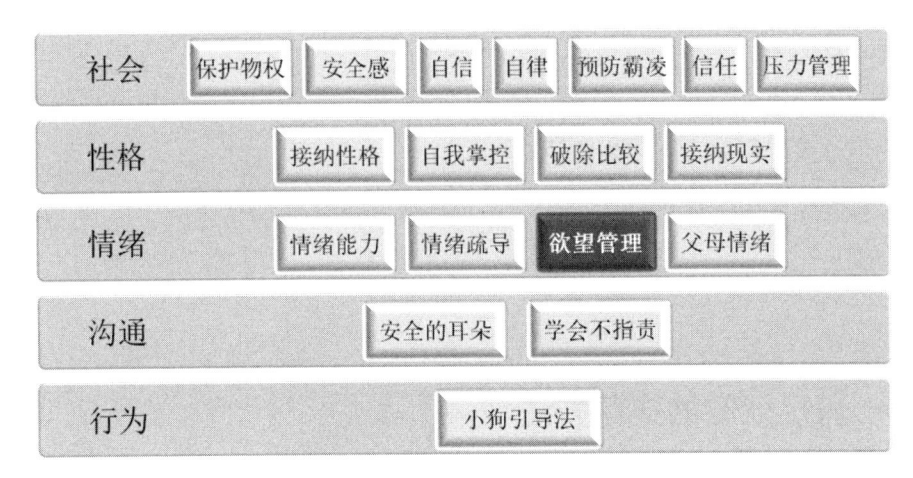

社会	保护物权	安全感	自信	自律	预防霸凌	信任	压力管理
性格	接纳性格	自我掌控	破除比较	接纳现实
情绪	情绪能力	情绪疏导	**欲望管理**	父母情绪
沟通	安全的耳朵	学会不指责
行为	小狗引导法

图6-1 "欲望管理"方法在苹果树理论体系中的位置

从图6-1可以看出，欲望管理还是属于情绪这一层的内容。之所以这样安排，是因为人们外在的行为、状态所表现出来的情绪，其背后的动力恰恰是埋藏在心底的欲望。"情绪篇"的前两章中，我们讲清楚了情绪管理及情绪疏导，接下来要深入情绪的根源，把欲望这个重要的幕后推手拉到明面上来进行透彻分析。只有这样，才能把这个看不见、摸不着的动力来源理解清楚，从而实现对它的管理，这对更好地调整情绪有着决定性的作用。

相比于成年人，小孩子的欲望就要简单多了，无非就是"吃喝玩乐"。前面我们分析过了，对于正常的欲望，首先要理解这是出于真实的人性，那么其存在就有一定的合理性。对于孩子来说，他们的这点小欲望也就更好理解了。想吃好吃的，想多玩一会儿，想多受表扬、少挨批评，想要爸爸妈妈更多的爱，这些都是小孩子非常正常的诉求，无可厚非。认识到了这一点，有助于家长更轻松地接纳孩子的欲望，减少对立，从而更好地帮助孩子做好欲望管理。

所谓适当满足，体现的就是在认可孩子欲望的前提下，考虑到受限

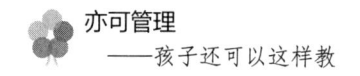

于客观条件，只能用满足孩子部分欲望的方式来应对。比如，在外面玩的时候，到时间该回家了，可是一直被别人占着的秋千好不容易空出来了，孩子眼巴巴地看着，与其严格地执行时间，不如就允许他去荡几下吧，虽然不能玩尽兴，但是可以让孩子获得一定的满足感，更有利于顺利地让孩子回家，何乐而不为呢？

既然严厉地压抑孩子的欲望并不明智，那么如何在实践中做到"适当满足"，就是我们要探讨的重点了。我们有多个实用方法推荐给您。

✦ 满足欲望的实用方法

如何更合理地适当满足孩子的欲望？我们有以下几个实用方法和大家分享。

1. 多种方式替代

在实际生活中，如果我们实在无法满足孩子的要求，除了冷冰冰地一口回绝，还可以考虑采取其他可替代的方式。这里的"替代"不是说岔开话题，或者孩子要喝可乐就给他一瓶雪碧；而是说要利用通感，用其他的感官形式来满足孩子的欲望。

我们来举个例子。孩子都喜欢玩游戏，显然我们不可能无节制地满足他们。约定好的时间已经过了，而且通融了一些时间，实在是不能再让孩子玩了。可孩子还是意犹未尽，欲望没有得到满足，肯定会闹脾气，怎么办？可以尝试这样来做：先让孩子喝口水坐一会儿，把高涨的欲望放一放。接下来是沟通的关键："我明白你还没有玩够。虽然不能再玩游戏了，但是我可以陪你聊一聊游戏的话题。给我讲一讲你是怎么打敌人的，或者你跟小伙伴是怎么样配合的。这样其实也能在心里感觉到满足，好不好？"

这样做不是为了糊弄小孩子，而是在认可孩子欲望的基础上用其他的可行方案来替代。说起来跟"望梅止渴"有点像，关键点是允许孩子有"渴"的感觉，认可他"想喝水"的欲望，而不是说"你不许渴，禁止喝水"。不是爸爸妈妈故意让你不舒服，而是因为客观条件的限制，比如时间不允许了，或者现在就是没有水；但是我理解你的欲望，我在积极地想办法用其他的方式来帮助你。为了保护你的视力，今天不能继续看电视了，那就改成听音乐，欢快的旋律也能让孩子开心。为了不吵到楼下的邻居，不能在家里踢球，那就在桌子上用积木当队员摆一摆阵型，一样可以看到小足球队长的欢颜。这样，就在不打破规则的情况下保护了亲子关系，也使孩子获得了良好的体验。

2.一定范围内自主管理

时刻想着我们的目的是什么，我们是要教育孩子成长，而不是为了让孩子严格执行我们的命令。孩子迟早要学会自己管控自己的欲望，不能总是被动地由家长替他管理。您想想，孩子一旦养成了由家长来管控欲望的习惯，您要一直跟在孩子身边盯着他吗？家长不在身边孩子就可以放纵自己了吗？显然这是不可取的。为了培养孩子的欲望管理能力，家长需要学会适当放手，让孩子有一定的自由选择的余地，当然是在保证安全合理的前提下。

比如，商定好了总共有一个小时的看电视时间，那么这一个小时如何安排，可以由孩子自己管理。他可以选择把一部分时间用来看动画片，另一部分时间跟爸爸妈妈一起看旅游纪录片，也可以选择跟爸爸一起看一场球赛，或者他想将时间全都用来看动画片，都可以。放手由孩子自主管理，只要总体时间不超过一小时即可。

相比之下，如果是孩子只管坐在电视前面看，而由家长来控制时间，到时间了就宣布关电视，那样孩子是被动地接受，很难体会到满足感，很可能会因为没看够而哭闹。当孩子有了一定的掌控权之后，孩子对什么时间结束有一定的预期，容易缓解欲望，更重要的是，可以使孩子对

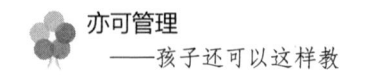

自己的欲望有一定的觉察，避免无感知、无休止地纵欲，从而逐渐培养孩子管控欲望的能力。

前面所举的玩18分钟游戏的例子中，那位妈妈在听了我们的课程之后，回去及时做了调整。她和孩子经过共同讨论，商定了新的规则——孩子愿意周一到周五不玩游戏，到周末时加长游戏时间，并且由他自己来计时。这位妈妈惊喜地发现，给孩子一定的自主权效果很好，虽然在结束游戏的时候孩子还是表现得依依不舍，但是不再因为这个原因而闹脾气，也就不会影响其他正常的活动了。

3.帮助孩子抵御诱惑

这是一个充满诱惑的世界。即使对于成年人来说，各种新事物、新玩法也会让其眼花缭乱，小孩子将来也要面对种种诱惑。其实他们现在就已经在面对了，而这些外界的诱惑很容易激起孩子的欲望。

学校门口，烤红薯的老爷爷每天在放学的时候准时出现。那扑鼻的香味，夹杂着"快来吃啊"的充满诱惑的吆喝声，实在让人难以抗拒。我们能怎么办呢？这当然不是几个钱的问题，而是可以把这当作一个教育孩子抵御诱惑的机会。这时的小孩子只会盯着炭火炉子上熟透的红薯，欲望肯定强烈得不得了。那么我们需要做的，就是帮助孩子拓宽视野，考虑更多的因素。比如，提醒孩子注意到老爷爷的手有多黑，他的汽油桶式的烤炉有多脏，再让孩子设想一下如果吃了脏东西闹肚子会有多难受。

这是有道理的，因为当人们被某个事物深深吸引时，视野就会收窄，对诱惑是不由自主地趋近。冷静的应对方式就是有意识地拓宽孩子的视野，综合考虑更多因素时就能更好地权衡利弊，诱惑的效力就会明显地降低。这对成年人亦是如此，我们每个人都能想出这样的例子。

在提醒孩子之后，如果孩子还是执意要吃烤红薯，那完全由您决定要不要买。我们不知道正确答案，但我们知道的是，如果孩子抵御住了诱惑，那家长就使劲地夸奖吧！如果您愿意，还可以到正规商店给孩子买个零食作为奖励，那强化的效果一定会更好。这给孩子树立的观念是，想吃好吃的是正常的欲望，但要考虑卫生和健康问题，从正规渠道更容易使欲望得到满足，并且更加安全。这就是对孩子的一次很成功的教育。

4.尾声"缓坡下山"

孩子的欲望其实可以分为两种：一种是想要开始而不得，另一种就是该结束了却还意犹未尽。上面所讲的抵御诱惑有助于应对第一种欲望，而如何结束则是这一段的主题。我们的建议是"缓坡下山"好过跌落悬崖。

所谓"缓坡下山"，就是在快要结束的时候提醒孩子，给他一个缓和的尾声，帮助孩子相对顺利地结束。这样总比这种情境要好：家长像一个计时员一样紧盯时钟，一到时间立刻宣布"停，时间到！"如果孩子正玩得兴起，那真的是像突然跌落悬崖一样，实在很难接受。比如，孩子在小游乐场一边大笑一边奔跑着玩追逐游戏，该回家了，这时家长要是想一把拉住孩子就回家，肯定阻力巨大。不如陪孩子再玩一会儿相对安静的跷跷板，缓和一下心情，再提回家可能就会顺利得多。再如，孩子在大床上跟爸爸玩得不亦乐乎，这时叫他去洗漱睡觉那难度可想而知。这时可以跟孩子说："差不多该睡觉了，爸爸妈妈可以再陪你待一小会儿，就不再闹了，安静一会儿。"这样可以给孩子一个舒缓的尾声，温馨地靠在一起也能给孩子一定的满足感。

这个方法还可以灵活运用。早上叫小朋友起床是每个家庭的梦魇。这其实也是一种结束——结束睡觉这件舒服的事情，同样也可以用"缓坡下山"的方法。在我家，是提前五分钟给孩子打开音响，放他喜欢的歌曲，让孩子在音乐声中再赖一小会儿床。一首歌放完，孩子起床也更容易一些。虽然不能说完美解决问题，但也可以大大缓解孩子的起床气。

✦ 目的是体验到满足感

前面讲的都是如何用适当的方式做到部分满足孩子的欲望，但这是我们的目标吗？当然不是，我们既不应该不分青红皂白地总是全部满足孩子的欲望，也不应该永远只满足一部分。家长可以选择一些时候有意识地充分满足孩子的诉求。这就引出了一个重要的话题：我们的目标到底是什么？

总是全部满足是溺爱孩子，这一点不必多言，在这里我们主要讨论的是总满足一部分的情况。其危害是隐蔽的，长此下去，有可能会让孩子的内心总有一种缺失感，甚至将来长大以后，即使物质或环境都很好，仍有种莫名的不满足感。

我们的体会是，在当今纷乱的世界中，"能满足自己"是一种能力。不论物质条件怎样，也不管外部世界如何纷扰，能够做到"不以物喜，不以己悲"，以眼观心，总能体验到内心真切的满足感，这是一种了不起的能力！

这种审视内心的能力是在孩子的成长过程中一点一滴地培养起来的，是在父母的悉心引导下生根发芽的。在我们的示范下，帮助孩子理解一些重要的事情：我自己有基本的欲望是一件正常的事情，我不必过于压抑自己，也不需要"过足瘾"，我可以在客观条件或社会规则允许的范围内用不同的方式满足自己。我可以安全地表达自己的意愿，虽然不是一说出来就肯定能实现，但我的表达爸爸妈妈总是愿意理解的。这个世界上各种各样的诱惑不少，不加以筛选的话会使欲望变得无止境，我可以多方面考量，识别诱惑的真面目。一味地压抑欲望会白白消耗我的有限的活力，而一定程度地满足欲望，也许偶尔充分满足，可以为我自己很好地补充活力。我的幸福不受外界影响，我有够用的物质，我有美好的亲情，一草一木，一茶一饭，这些简单的快乐都可以给我带来舒适与欢愉，"帝力于我何有哉！"我能够时常体验到内心真实存在的满足感。

综合来说，我们正在教给孩子以下重要的能力。

- 管控欲望的能力。
- 表达意愿的能力。
- 应对诱惑的能力。
- 补充活力的能力。
- 体验满足的能力。

这些都是能使孩子受用一生的重要能力，可以让他们更好地体验自己的人生。可以说，这比任何语文、数学的知识点都更有益，也比任何昂贵的礼物更有价值。这些才是我们应对孩子欲望的更合理的方式。

亦可故事

"咔哧咔哧咔哧"

小孩子总是无法抵御零食的诱惑，吃起来就没完没了，靠他自己是很难控制的。亦可小的时候，零食柜里的零食都是我定量拿给他吃，到他三四岁的时候，我发现他会自己跑到零食柜拿吃的了，于是就把零食放到了更高的位置，不许他随便吃。

一个周一，我在厨房里做饭，亦可在客厅看动画片。我听到客厅里有奇怪的声音，跑过去一看，亦可正一脚踩着他的玩具车，一脚踩着椅子，伸手要够高处的零食。一看他那摇摇欲坠的样子，可把我吓坏了，赶紧跑过去把他抱了下来。没吃着零食，还被我教训了一顿，小家伙自然又是大哭了一场。

晚上，我笑着跟爸爸说起这件事，看来零食放在这个位置也不安全

亦可管理
——孩子还可以这样教

了。爸爸有些犹豫，皱着眉头说："你说难道咱们还要把零食放到更高的地方吗？那要是哪天咱们没注意，他还不得爬得更高去拿呀，那不是更危险了吗？"这下还真是把我问住了，我仔细想了想，说："也是，他能那么费劲地去够，可见有多想吃，这大概也说明了咱们对零食控制得太严了。"爸爸重重地点点头说："没错，也许咱们该试试换种方式。"

第二天，我们把亦可叫到客厅，当着他的面把零食放到低处，问他能不能自己管住自己不多吃，小家伙两只大眼睛一眨不眨地紧盯着零食堆，奶声奶气地大声答应着，说自己一定不多吃。

我们便满意地走开了，爸爸继续忙他没有完成的工作，我则进了厨房去准备一家人的晚饭。我也没注意忙了多久，想找手机看一下时间，就走进了客厅，那情境一下子就把我惊呆了。沙发上堆满了各式各样的包装纸，柜子里所有零食的包装都被打开了，亦可的嘴里塞满了零食。我气炸了，冲亦可大吼："这就是你答应我的不多吃！啊？不许吃啦！"亦可咧着嘴大哭起来。

让亦可自己管理零食的实践以惨败告终，小孩子怎么可能禁得住诱惑呀？

晚上，我和爸爸都沮丧地陷入了沉默，怎么办？还是我先开了口："你说小孩子怎么这么难管呀？他对零食的欲望也太强了，怎么就那么管不住自己呀？"爸爸一下子抬起头，两眼放着光："哎！你说得对呀，这看似是个吃零食的小事儿，其实可是控制欲望的大事啊。"我努力地理解着他的思路："你的意思是说，他长大以后也要面临很多欲望的诱惑？"爸爸兴奋地靠近我："对呀，不能总是咱们替他管，那将来还不得见什么都把持不住啊？他必须得学会……"

"自己管理自己！"我俩异口同声地说道。

周三，我们开始了全新的计划。我和爸爸事先选了一些零食放在低处，总量控制在不会影响孩子身体健康的程度。然后，我们叫来亦可，郑重地告诉他，这些零食是一个星期的量，由他自己控制每天吃多少，吃完了这个星期就没有了，要等到下个星期再买新的。亦可高兴地答应了。

我还是不放心，依依不舍地想留在客厅里盯着他，爸爸却一把拉着我进了卧室。我哪里坐得住呀，竖着耳朵一动不动听着客厅里的声音。其实哪儿用得着竖耳朵啊，亦可果然打开了零食包装。紧接着我就听见"咔哧咔哧"的嚼零食的声音。我俩又好气又好笑，这小子真是一会儿也忍不住。

"咔哧，咔哧，咔哧……"

嚼零食的声音一直没停，渐渐地，我有点笑不出来了。

"咔哧，咔哧，咔哧……"

亦可还在不停地吃，我真是如坐针毡。

"咔哧，咔哧，咔哧……"

这是要吃多少啊！我再也按捺不住了，"腾"地一下站了起来，被爸爸一把按住，他小声地对我说："不能管，咱俩得坚持住，让他自己管理自己的欲望，反正咱们知道那些量孩子也是吃不坏的。"

就这样，等嚼零食的声音终于停止了，我俩若无其事地走进客厅一看，所有零食全都吃完了！我们强忍着选择了忽视，没有发作，就当没看见一样走开了。

周四，亦可一看真的不能吃零食了，开始跟我闹脾气，我平静地告诉他："说好了这个星期就这么多零食呀，要等下个星期才有了。"亦可当然要闹一闹，我允许他闹，还耐心地安慰他，但守住了底线，就是没有零食了，他哭完了事情也就过去了。

周五，亦可知道还是没有零食，也就没再闹什么，我借机表扬了他。

周末，我们没有让他继续苦等，直接去超市买了新的零食，当作对他坚持一周的奖励；同时，我们又提醒他，这些零食是要吃到下周五的，总量就这么多，他需要自己管理好。

这次，亦可只小心翼翼地吃了一点，然后就心满意足地把其他零食都收起来了。我和爸爸使劲地夸他："哎呀！亦可自己管理得可真好！"

亦可管理
—— 孩子还可以这样教

几年过去了，我们家的零食就大大方方地摆在方便拿到的地方。亦可学习累了或是看电视休息的时候就会去拿一点吃，但肯定不会吃得太多，他已经能很好地管理自己了！

故事解读

小孩子能有多馋呢？零食摆在面前，那是一定要吃个精光才肯罢休的。我们作为家长，当然可以帮助他决定今天能吃多少，明天能吃多少，这显然是最安全也是最简单的方式；但是随着孩子逐渐长大，他的欲望也会慢慢增加，当积累到一定程度就会集中爆发，比如登高够零食摇摇欲坠的亦可。

如果发现孩子的欲望已经很强了，那就不能靠您的管束了，不如适当地放手，让孩子学习自己管理自己的欲望。亦可的爸爸妈妈就选择培养亦可自己管理零食的能力。

时机掌握得很好，他们的方法也很值得我们借鉴。

一是注意零食的总量不能过多，以免孩子吃坏身体。

二是提前和亦可约定好，一周只有这些零食，吃完了就没有了，约束条件双方都可接受。

三是亦可第一天就吃完了所有的零食，但是爸爸妈妈并没有因此发火。

四是亦可因为没有零食吃而闹脾气，妈妈虽然很宽容，但是仍守住了底线。

五是亦可开始注意每次吃零食的量，爸爸妈妈抓住机会使劲表扬了他，这是很好的强化。

亦可在控制吃零食的过程中，慢慢学会了管理自己的欲望，体验到了满足感。相信在他之后的人生里，也一定会对自己的其他欲望做出适当的管理使其尽在自己的掌握中！

第7章
父母情绪调节

✦ 总是忍不住发脾气，我不是个好妈妈

几乎每位家长都有过这样的经历：孩子的行为太让人生气了，实在没忍住发了脾气，可是事后又无比懊悔自责。"我不是一个好妈妈"，这种想法让人备受打击。

对于这个问题，不能只是教人"你要耐心，你要冷静，一定要忍住啊"。那是不现实的，不具有可操作性，说了等于没说。"你怎么不自己来忍一个看看？"谁敢说自己从来没有发过脾气？我们每一个人都是有七情六欲的普通人，谁也不是圣人，不可能做到完全没有脾气。

可是又不能放任这个问题不管，一次次重复犯同样的错误。那样只会不断地破坏亲子关系，对孩子的成长没有任何好处，家长自己也会陷入无尽的痛苦中。

当我们教会了学员父母如何调节自身情绪这一课之后，收到一位妈妈发来的信息："我以前经常跟孩子发脾气，之后又后悔不已。现在，我终于与自己和解了……"还有一位妈妈告诉我们："我今天按照你们所教的方法，真的控制住了自己的情绪，没有对孩子发脾气。我特别高兴，现在我相信，我一定能让孩子成长得更好……"

每每收到这样的反馈，我们都感到无比欣慰。所谓做善事，莫过于实际帮助到一个个活生生的人，哪怕只有一位妈妈能有这样的收获，也说明我们所做的事是非常有意义的！

那么，到底是什么样的方法让学员妈妈受用不尽呢？

✦ 了解一下交感神经

为什么当我们自己情绪不好时,很难处理好与孩子之间的关系呢?那是因为您首先是一个正常人,同样要遵循人类的心理规律,当自身状态不好的时候,即便您万般真心"一切为了孩子",但往往会事与愿违。

当我们自己情绪激动的时候,身体会产生一系列变化,如心跳加速,呼吸急促,血压升高,肌肉紧绷。身体的这些变化都表明,我们正处于被交感神经支配的时刻;而当交感神经支配我们的身体时,我们的逻辑思维能力会急剧下降,因而也就无法平静地去思考最佳方案。为什么会有这样的变化呢?人类在漫长的进化过程中,我们的祖先为应对危险,很早就进化出可以启动战斗模式的交感神经,其作用是调动身体的潜能,以应对迫在眉睫的危险。比如,为获得食物,多个饥饿的人会合作对付一头猛兽,在这样的时刻,要把机体有限的能量全部交给肌肉、血压等,而大脑的逻辑思维恰恰是此时不需要的,因为对于个体来讲,此时最符合逻辑的应对方式其实应该是逃跑,可那样只会让所有的人饿死。

当情绪发生剧烈变化时,交感神经获得身体的支配权,我们的大脑无法审慎思考,自然也就难以应对复杂的亲子关系问题,我们的身体会不由自主地进入咆哮、瞪眼的战斗模式。[1]

要想恢复正常状态,就需要让副交感神经支配我们的身体,它的作用恰恰是让身体恢复放松的平静状态,以便进行消化吸收和休息。要想达到这样的状态,可以通过做深呼吸等方式帮助我们减缓心跳,降低血压,放松肌肉,这时逻辑思维能力也重新活跃起来。

---

[1] 珍妮丝·英格兰德·卡茨.促进儿童社会性和情绪的发展[M].洪秀敏,译.北京:机械工业出版社,2019.

✦ 优先调整好家长自身的状态

在我国，传统的观念里父母总是把孩子摆在第一位。很多家长宁愿自己委屈一些，只要孩子好就行。现实中他们往往忽视了自己的感受，面对生活的巨大压力，一句"一切为了孩子"压抑了自己所有的情绪。如果完全不考虑自己，只以孩子为先，乍听起来确实很无私，也很高尚，但是如果从科学的心理学规律来深究的话，当家长自身状态不好的时候，是不可能处理好亲子关系的，想培养出健康快乐的孩子就更是难上加难！因此，您需要明白，家长自身的状态实际上应处于较高优先级。

"父母情绪"方法在苹果树理论体系中的位置，如图7-1所示。

保护亲子关系

社会	保护物权	安全感	自信	自律	预防霸凌	信任	压力管理
性格	接纳性格	自我掌控	破除比较	接纳现实			
情绪	情绪能力	情绪疏导	欲望管理	**父母情绪**			
沟通	安全的耳朵	学会不指责					
行为	小狗引导法						

图7-1 "父母情绪"方法在苹果树理论体系中的位置

如果夫妻关系不好，家庭氛围不够温馨，孩子在这样的环境中不可能快乐地成长。这一点几乎不需要用科学实验来证明。我们来看两段论述。

夫妻关系如何，会影响到他们和子女之间的关系。夫妻之间如果有满意的婚姻，对待子女也会更关切和支持；父母婚姻不和则会使得亲子关系蒙上阴影，其子女发生焦虑、抑郁和不当行为的风险增高。[1]

经常可能发生的事情是，养育子女的压力实在太大，这使得父母对于他们自我的表达变得很少，婚姻关系因为忽视而变得脆弱。作为个体他们疲惫空虚，作为配偶他们也非常失败，而且很可能作为父母他们做得也不是很好。除非婚姻关系得到保护并且有重新复苏的机会，除非每个配偶都有机会发展，否则家庭系统就会扭曲，孩子的成长也一定会不平衡。[2]

有这样一个故事，说的是早些年代，一个男人在外面拉了一整天的黄包车才挣到两个馒头。回到家，他对妻子和孩子说："我只能给你们吃一个馒头，我知道你们吃不饱，但是我得把另一个馒头吃掉，这样我明天才有力气再挣两个馒头回来。"

我们绝不是批判"一切为了孩子"的高尚品德，同为父母，我们当然懂得爸爸妈妈的心意。我们只是想强调，即便是为了孩子也要有一个度，过犹不及，不要为了孩子使自己过于辛苦，当您的能量被耗干，孩子一样感受不到幸福，只有幸福的家长才能带出幸福的孩子。所以，如果您觉得"只要孩子好我也就好了"，那您就大错特错了，只有家长自身的状态好，才能教养出状态好的孩子。如果我们一直背负着巨大的压力，不断自我牺牲，疲惫又深感委屈，又怎能对养育孩子的各种问题应对自如呢？

---

[1] 丹尼斯·博伊德，海伦·比.儿童发展心理学[M].夏卫萍，译.北京：电子工业出版社，2016.

[2] 维吉尼亚·萨提亚.新家庭如何塑造人[M].易春丽，叶冬梅，等译.北京：世界图书出版公司，2006.

给自己留一个"馒头",做那个首先感受到幸福的人,您的幸福感会深深地感染孩子,而孩子是伴随着我们一起来体验幸福生活的,由此才能家庭关系和谐,家人心态平和,您想要的"孩子好"才会真的实现!

夫妻关系乃至整个家庭是一个复杂的系统,不可能在一篇文章里讲清楚,这里,我们先聚焦在调整自身情绪这一主题,这也是首要的一个问题,把这个问题处理好,对于改善整个家庭系统一定有很大好处。

✦ 控制情绪的实用方法

下面我们就分步骤具体讲解家长对自身情绪的掌控方法,希望能对家长朋友有所帮助。

1.觉察

想要调整好自己的情绪,首先要做的就是觉察情绪。如果对自身情绪没有丝毫觉察,任其肆意宣泄,最终导致失控,那也就没有后续的调节可言。觉察犹如监控器,能帮助我们更好地审视自己当前的情绪。

经常有家长觉得控制情绪很难,总觉得自己很难做到。这样的时候我们总是鼓励家长:其实,只要能做到"觉察"这个步骤,就已经成功了一半。为什么这么说呢?因为现实生活中常见的情绪失控的情况,往往是因为缺失了"觉察"这个环节,这个重要的"监控器"失灵了,那情绪岂不一泻千里而不可收拾?有了"觉察"这个步骤,泛滥的情绪就会被管控起来。至于后续如何调整就是一次一次练习的过程了,情绪从乱到治的根本性转变,其实就是通过"觉察"这个关键步骤来实现的。

那如何能做到觉察呢?这并不难,您需要学会把自己视为一个旁观者,随时关注自己的言行,注意听自己说出的话。比如,我的声音是不是很大？我的话会不会很伤人？更高阶的觉察，甚至可以想象自己当前的表情是否吓人，就好像有一面镜子在照着自己一样。当然，初始的时候先不必有那么高的要求，只要能觉察自己说话的音量、语气等，就已经非常优秀了。

另外，您还可以觉察自己的心跳是否加速，呼吸是否急促，肌肉是否紧绷。还记得这些是什么指标吗？这些身体反应说明，我们自己正处在交感神经支配下的应激状态，那接下来要做的举动肯定不会太理性，多半是要批评或指责孩子了。如果在这时我们能觉察到并及时停止，对您和孩子来说，岂不是都躲过了"一劫"？

觉察之后就要立刻停止非理性行为，可以告诉孩子"我需要平静一会儿"，之后回避到其他可以独处的空间。人类的大脑对形象思维是非常敏锐的，图7-2所示的"小乌龟在行动"能帮助您在觉察后停止不当的言行[①]。

图7-2　小乌龟在行动

图7-2本是教给孩子控制情绪的方法，但它对成年人同样适用。"小

---

① "小乌龟在行动"方法及图中形象来自美国范德堡大学儿童社会性和情绪早期教育研究中心。

乌龟在行动"共分三步：第一步是在觉察到情绪激烈之后马上对自己喊停。第二步则是关键的一步——小乌龟马上缩到自己的壳子里，做三次深呼吸，帮助身体恢复到放松状态，从而使情绪平静下来。我们之所以建议家长换一个空间，也是出于同样的目的。第三步是等到自己调整好情绪之后再从壳子里出来，继续适当的活动。记住这只小乌龟的形象，一定有助于您控制自己的脾气。

那么小乌龟在壳子里是怎么调整情绪的呢？那正是接下来要讲的内容。

2.掌控

做到了觉察之后，下一步就需要您自己做出选择：是继续发脾气，还是恢复平静？相信您一定愿意选择后者，但是在实际生活中，我们往往会被自己的情绪淹没，根本不给自己做出选择的机会。

这里有一个重要的诀窍。通常人们会认为，我发脾气是因为别人做了不好的事情。孩子又把屋子弄得这么乱，怎么能让人不生气？老公又对我摆出那副表情，真气死我了！这个客服居然这样跟我说话，这谁能受得了！

我不想替这些人辩解，孩子、老公、那个客服，他们确实都做了错事；可是，您仔细想一想，在这些事件里面的"我"，她的情绪是由谁掌控？因为孩子做错了，所以"我"很生气；因为老公做错了，所以"我"很生气；因为客服做错了，"我"怎么能不生气？只要别人做错了事，就像打开了一个开关，必然会得到"我很生气"这个结果。那么您会发现，"我"的情绪，其实是由别人控制的。"我"已经失去了对自己情绪的掌控权，如图7-3所示。

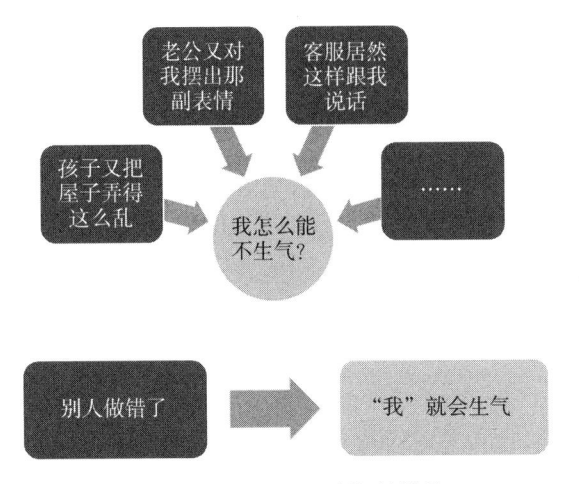

图7-3 别人控制着"我"的情绪

失去掌控权对一个人来说是很痛苦的,那会使内心充满了无力感。面对人生的各种不如意,我们会越来越无助,越来越看不到出路,疲惫不堪,无力挣扎。这并不是危言耸听,根据心理学研究,习得性无助是引发抑郁症的一个重要风险因素。用著名心理学家塞利格曼教授的话来说:"就像吸烟是导致肺癌的风险因素一样"。[1]

那该怎么办?毋庸置疑,我们要夺回对自己情绪的掌控权。就像上面的例子中,不是说孩子、老公、客服做的错事不可气,而是无论外界发生什么状况,我们都可以掌控自己的情绪。我们可以选择生气,也可以选择不生气,还可以掌控生气的程度,或者一笑了之,心平气和晓之以理,这些都由我们自己来选择。我们要做自己情绪的主人,如图7-4所示。

---

[1] 马丁·塞利格曼.塞利格曼自传[M].庞雁,译.杭州:浙江教育出版社,2020.

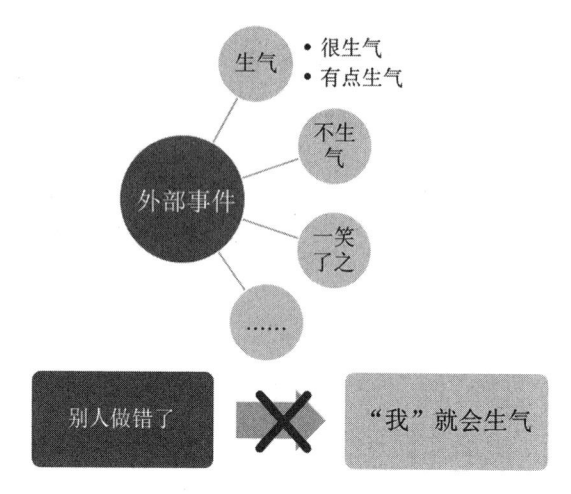

图7-4 "我"的情绪自己掌控

3.调整

当我们可以掌控自己的情绪,调整情绪就变得简单多了。最常用又有效的方法就是,闭上眼睛做几次深呼吸,您还可以把拳头攥紧,然后松开,或者坐下来喝杯水。这是在干什么?这是在让副交感神经重新支配我们的身体。经过这样的调整放松,我们的身体就会自然恢复到平静状态。

当然,前面几章所讲的教给孩子情绪调整的方法同样适用于我们自己。比如,在"情绪管理"一章讲到的"积极关注"(从一个消极事件中看到积极的方面)就是一个很好的方法。从哲学的角度来说,任何一件我们认为的"坏事",总能从中发现一些积极的方面。孩子摔了一跤,把衣服划破了,还好,孩子并没有摔伤,也算是幸运了;老公又忘了刷锅,但总算是把碗都刷干净了,没有像上次那样残留许多油污;客服服务态度不好,可以冷静地留存证据,找他们公司投诉去,没准还给我上门道歉呢……

您若有足够的生活经验和智慧,一定能发现更多积极的视角。当情绪不佳的时候,我们没有足够的智慧去发现事情的积极方面。只有当我们恢复正常状态后,才能慧眼识珠,去发现那些隐藏在事件背后的积极因素。这样,坏事没准就变成好事了呢?

从现实的角度来说,家长的情绪往往是因为与孩子有关的某些事情引起的,那么我们就不能只停留在自己的情绪上,也要面对孩子,这也可以说是调整情绪的最后一步。我们的建议是,如果确实是孩子做错了事,可以平静地告诉孩子,你刚才因为什么事情生气了,进而平静地跟孩子讨论解决问题的方法。这里一个关键的理念是,情绪是自然存在的,如何表达情绪才是重点。要告诉自己:生气是一种情绪,我有生气的权利,但我不需要用怒吼、咆哮、发脾气的方式来表达我的情绪。这样,我们既接纳了自己真实的情绪,又学会了成熟地表达情绪的正确方法。这其实与"情绪管理"一章中我们教给孩子的情绪管理方法是一致的,即如何识别你的真实情绪以及合理表达你的情绪。

✦ "对不起"是奇妙的三个字

掌控情绪并不容易,难免有没管住自己的时候,那也不必太自责,谁也不是圣人,与其自怨自艾,不如事后尽快弥补。还好我们有一件扭转局面的"法宝"——向孩子道歉。

世界上最动听的三个字是什么?除了"我爱你",大概就是"对不起"了。孩子做错了事,我们都会要求他道歉,那当父母做错了事,又有多少人会给孩子道歉呢?虽然只是简单的"对不起"三个字,对很多家长来说却是难以开口的吧。很有意思的是,我们在学员中做过简单的调查,居然大多数家长都可以做到向孩子道歉,这完全出乎我们的意料,由此可以看出,为什么这些家长会成为我们坚定的拥护者,"勇于向孩子道歉"是这部分家长共同的特点。

著名家庭关系咨询师萨提亚女士指出,家庭可分为"开放式"家庭与"封闭式"家庭两种。其中,"开放式"家庭的特点是,家庭成员之间地位是平等的，沟通是顺畅的，家庭规则人性化，在必要时规则可以适当调整，个体的自尊水平较高；而"封闭式"家庭恰恰与之相反，如图7-5所示。①

图7-5　"开放式"家庭与"封闭式"家庭对比

图7-5中所展示的，就是两种家庭类型的最大差别，即"开放式"家庭中每个人的地位都是平等的，包括家长和孩子，如左图中的圆桌会议；而"封闭式"家庭中家长与孩子之间是对立的，家长居高临下，且地位是固定不变的，就像右图中的法庭审判。心理学所推荐的显然是前者，而在平等的家庭成员之间，谁做错事谁道歉，就是很自然的事情了。

道理其实容易讲明白，但是让我们对一个小不点儿道歉，真是有些放不下面子，毕竟，当父母的"吃过的盐比他走过的路都多"。父母"永远正确"当然有失偏颇，但是在与孩子互动时，很多父母都在不经意间扮演着这样的角色。即使自己真的有错也不愿意承认，这是一种很正常且常见的防御模式，目的就是防止被指责。

我们是不是会经常教育孩子，做错了事要勇于承认错误，承认错误才是真正的强大？那就让我们先给孩子做个好榜样吧，毕竟没有谁会永

---

① 维吉尼亚·萨提亚.新家庭如何塑造人[M].易春丽，叶冬梅，等译.北京：世界图书出版公司，2006.

远正确，不是吗？

道歉难不难？难！难是因为我们跨不过心里那道坎儿，如果能从另一个视角看待道歉这件事，也许会更容易接受一些。道歉不仅仅是沟通中的一道难关，也是掌控在我们手里的一个"法宝"。大家都是普通人，谁还没有个忍不住发脾气的时候？狠话已经说了，心里后悔不已，看着伤心的孩子，嗅着紧张的氛围，想不想改变这一切？那就使出这个"法宝"——道歉。只要这"法宝"一出，什么困难都可以迎刃而解。孩子大概是这世上最宽容的人了，他们会很快原谅父母所做的一切。

如果还是有点难，那就先从表示歉意开始吧。亲切地叫一声孩子的小名，故作尴尬地说一声"那个，刚才吧……"，或者用手指轻轻捅一下孩子，等等。总之你会有自己的方式表示歉意的。孩子对家长的态度变化是很敏感的，他马上就能知道你是来道歉的，那么他的状态也会随之改变。这样一种温馨又友爱的氛围包裹着你，是不是说出"对不起"这三个字就更容易了？

当你向孩子道了歉，他的情绪得到了你的认可，他也得到了你的关爱，他将不再纠结于"爸爸妈妈为什么这样对我"，而是完全沉浸在"爸爸妈妈对我真好"这样一个氛围里。你们之间的关系变得更加紧密，情感也更为深厚。

这样神奇的体验必定会让你印象深刻。只要您见过孩子那种溢于言表的喜悦与幸福，相信下一次发生同样的情况，您会毫不犹豫地向孩子道歉。

最后还想提醒大家一点，我们在道歉的时候一定要表达清楚，爸爸妈妈是因为发脾气这种不当的表达方式而道歉，我本可以用其他更好的方式来传达"我生气了"这件事。道歉的过程也是您自己练习情绪表达的一次机会，同时，您还可以告诉孩子，爸爸妈妈也是可以生气的，就像我们允许你生气一样，我们都可以练习用更好的方式去表达我们的情绪。这样，不仅和孩子修复了关系，亲子双方的情绪能力也得到了提高，

亦可管理
——孩子还可以这样教

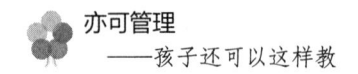

是不是一举两得？在这样的家庭氛围下，您和孩子的亲子关系一定会越来越好，那剑拔弩张的情绪矛盾也就会逐渐减少。

亦可故事

一壶好茶

周末，亦可的爸爸去加班了，我就带着亦可去看望姥姥和姥爷。

老人家年纪大了，喜欢热闹，一看到我们来开心极了，桌子上摆满了亦可爱吃的零食和水果。亦可也是个小机灵鬼，知道姥姥姥爷宠着他，这个时候就会有恃无恐地挑战我。

这不，姥姥给他准备了糖果，我平时很少让亦可吃糖，怕对他的牙齿不好，在家里他还能遵守规则，但是一来到姥姥家，他可就不管不顾了，仗着有姥姥姥爷撑腰，一会儿一块，吃起来没完没了。

一开始，我告诉自己要耐心，不能总是冲孩子发脾气。可是看他没有停下来的意思，我有点不淡定了，忍不住提醒亦可："差不多可以啦，别吃太多糖了。"亦可答应了，跑去找姥爷玩了。我坐在客厅里看着电视，心里庆幸自己刚才没有发作："哎呀，忍着不发火，也挺简单的嘛……"

正想着，亦可跑了回来，伸手就拿了一块糖放在嘴里，我的笑容僵住了，但还是忍着没说话，心想，也许他吃一块就会停下来的，结果……当他的手第三次伸向糖果盒时，我终于按捺不住爆发了，劈头盖脸地把亦可骂了一顿，姥姥听到亦可的哭声跑了过来，把亦可哄走了，话里话外还嫌我脾气大。

亦可的哭声和姥姥的指责让我心烦，一阵强烈的委屈感和挫败感涌了上来，我像往常一样，逃向了我在父母家的"避难所"——书房。

走进书房，一股茶香扑面而来，爸爸他老人家爱喝茶，正坐在茶桌旁研究他的茶叶。看我走进来，爸爸笑眯眯地示意我坐下，关心地问我："闺女，心里难受了是不是？"我一股脑地把委屈都说了出来，最后闷闷地说："您说我该怎么办呀？我怎么就是控制不住脾气呢？我已经使劲儿忍了，可还是忍不住呀……"爸爸打断了我："那你就别忍了嘛。"

"啊？"

我愣住了。爸爸看着我微微笑了笑，说："来！你先帮我泡个茶吧。"

小时候我就经常帮爸爸泡茶，这是我们父女俩熟悉的相处方式。我拿过热水壶，看了看茶桌，爸爸今天喝的是毛尖，我一边设置烧水温度一边问爸爸："绿茶，水烧80℃对吧？"爸爸平静地回答我："不，我要78℃。"

"啊？78℃？"

我看了看热水壶，说："您这水壶只能5℃5℃地调呀，哪能烧出78℃呀？"

爸爸仍然固执地说："不，我这茶叶嫩，80℃还嫌高，我就要78℃。"

我蒙了："您这是怎么啦？这根本做不到呀，干吗非要这样？"

爸爸忽然瞪大了眼睛看着我，两手一拍道："对啦，闺女，这回你说对了。"

"我？我说什么了？"

爸爸接过热水壶，把温度设定为80℃，接着说："你问我的事情也是一样，想彻底忍住不发脾气，这根本就做不到嘛。为什么做不到？原因很简单，因为我们都是凡人，要想完全没脾气，除非是他。"爸爸用手一指，指向书柜里的一个木雕。

我一看，"扑哧"一声笑了出来，但我还是不明白："可是，不发脾气是我的目标啊，不就不能实现了吗？"

爸爸加重语气说："不对，那不是你的目标。"

"啊？"

亦可管理
——孩子还可以这样教

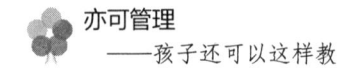

我又蒙了。

爸爸见水烧好了，慢条斯理地把茶叶准备好，我的心就跟着爸爸的手一上一下，巴不得他赶紧告诉我答案。

爸爸终于开口了："我想要的是78℃的水吗？肯定不是，我真正想要的是泡一壶好茶，水温只是我最初以为需要达到的条件。我要是纠结在水温上，永远也达不到最终的目标，是不是？同样地，不发脾气也只是你以为的需要达到的目标，而你真正的目标是……"

我抢着回答："是要跟孩子改善关系。"

"对啦，我的好女儿。"

爸爸说着，拿起水壶先往空茶杯里倒水，然后才拿起茶叶，轻轻地放进茶杯里，接着他对我说："水温的条件达不到，那我就事后弥补，先放水后放茶叶，就可以避免热水一下子把嫩茶冲熟了，一样可以泡出好茶。"

说着，爸爸把茶杯递到我的面前，我接过茶杯，一片片卷曲的嫩芽在通透的茶杯中缓缓地展开，像是在跳着优雅的舞蹈。我的心似乎也跟着这些嫩叶一层一层地舒展开了。"我明白了，您的意思是，对孩子我也可以事后弥补，如果发了脾气，就尽快道歉求和，以减轻对孩子的伤害，这同样可以保护亲子关系，对吗？"

"太对啦，真是我的好闺女！"

我放下茶杯，拥抱了一下爸爸："谢谢您，爸爸，我知道该怎么做了，我现在就去找亦可道歉去。"

故事解读

一向是家长的好榜样的亦可妈妈，在本集故事里却因为亦可没完没了地吃糖而大发雷霆。好在有充满智慧的姥爷借用泡一壶好茶的道理来为其指点迷津。

通过亦可妈妈的故事我们可以知道，要想不发脾气，光靠忍是没用的，忍一时也许还能做到，但是一直忍着，只会积蓄更大的能量，最终喷发而出，造成更严重的后果。即便是父母，也只是普通人，会生气，也会发脾气。所以，放过自己，允许自己也有控制不住脾气的时候。和孩子的相处法则不是不发脾气，也不是生气了忍着不表现出来，我们的目标是要保护亲子关系。如果对孩子发了脾气，那就去道个歉，用奇妙的三个字"对不起"去修复和孩子的关系就好了。

当然，如果您能尝试实践控制情绪的方法（觉察、掌控、调整），慢慢地减少对孩子发脾气的次数，那相信您和孩子之间的亲子关系一定会变得牢不可破。毕竟，每个孩子都渴望有情绪稳定的父母，而不是一直发脾气又一直道歉的爸爸妈妈，您说是吗？

孩子
还可以
这样教

第四篇
性格篇

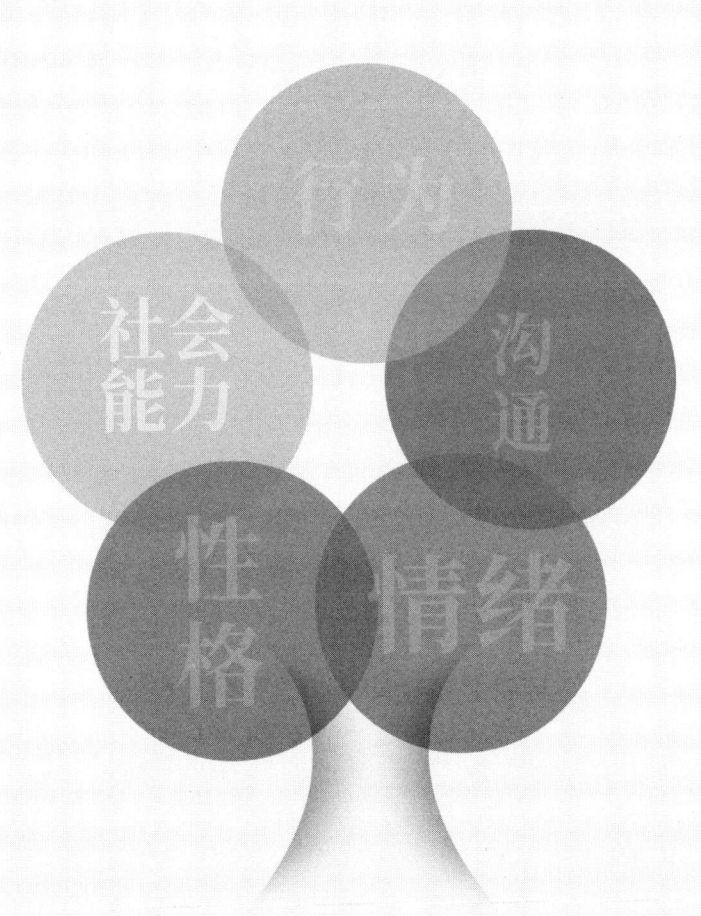

第 8 章
性格多样性

✦ 怎么就"扳"不过来他这个"臭毛病"

很多时候，孩子的性格会与我们期待的不同。比如，您可能希望儿子活泼张扬一些，将来在社会上八面玲珑，可是他偏偏内向喜静；或者您希望女儿静若处子，她却动如脱兔；还有些孩子是左利手；等等，都属于类似的情况。这可就是在考验家长了，面对孩子的这些先天形成的不符合我们期待的特质，究竟该如何面对？

家长经常会把孩子的一些问题看作是"臭毛病"，首先想到的就是"我一定要给他扳过来"。记得有一次我们在讲这堂课时，请家长谈一谈都看不上孩子的哪个"臭毛病"，当时讨论的气氛可热烈了，答案更是五花八门。比如，有的孩子天性活泼好动，这有助于交际，可是在学校需要严格遵守纪律，他反而不太适应，总是被老师"告状"，妈妈想了很多办法纠正也没有效果，让妈妈特别头疼。这边诉苦的话音刚落，旁边的一位妈妈接过话茬说："我儿子就没有这样的问题……"我们刚要夸奖她能看到孩子的优点，这位妈妈继续说道："可是我们家的孩子怂啊，可怂了，不喜欢跟人打招呼，见谁都不理，挨了欺负也不敢反抗，我真是没少因为这个跟他发脾气。"好嘛，原来也是一顿数落。这时第三位妈妈开腔了："我们家是个男孩子，他却不爱运动，一点男孩子的样子都没有，我就给他报各种体育课外班，篮球、足球、羽毛球，想让他改改脾性，结果他全都不喜欢……"我们不得不打断了这次参与度极高的讨论，不然继续让家长聊下去，我们这节课就不用讲了。可见，一说到孩子的"臭毛病",家长真是一肚子苦水。

家长的"使劲扳"往往效果不好,孩子的毛病怎么也"扳"不过来,还造成亲子关系出现巨大的裂痕,使得双方都非常难受。可是,不去"扳"又能怎么样呢?那些毛病对家长来说就像眼中钉、肉中刺一样,实在是看不惯啊。久而久之,就使得这个问题成为影响亲子关系的一个难以解决的深层次问题。

为此,我们需要先学习一些必要的心理学知识,才能进一步找到顺利解决这个问题的方法。

✦ 简单实用的性格类型

心理学研究认为,人们的性格以先天为主,是固定的,从很小开始就比较稳定了[1]。心理学对人类性格做了深入研究,有多种性格分类方式。《儿童发展心理学》一书从专业角度将性格分成五个维度来描述。对于普通家长来说,这种分类方式有些复杂且难以掌握。本书我们倡导的苹果树法则,始终以家长便于理解、在生活中方便使用为原则,所以我们推荐一种简化的性格分类方式,它有两个维度:一个是内向与外向,另一个是理智与情感[2],如图8-1所示。这样分类的好处是,可以化繁为简,又不失偏颇,便于大家理解性格差异的精髓。

---

[1] 丹尼斯·博伊德,海伦·比.儿童发展心理学[M].夏卫萍,译.北京:电子工业出版社,2016.

[2] 这种两个维度的性格分类方式,在心理学上称为"DISC人格类型"。

亦可管理
——孩子还可以这样教

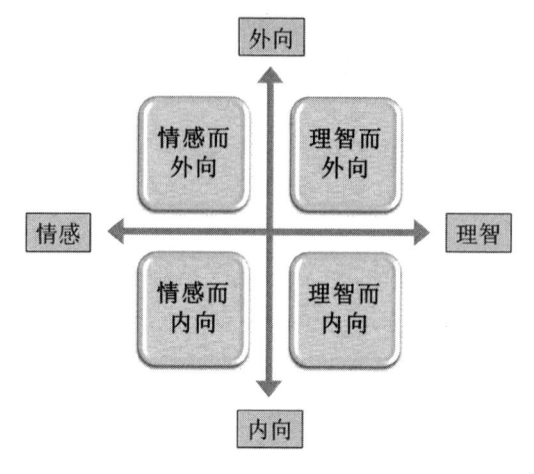

图8-1 性格类型

如图8-1所示，横坐标是"理智"和"情感"，纵坐标是"内向"和"外向"，两个坐标轴非常直观地将图形分成了四个象限，分别表示四种常见的性格类型。

- 右上角第一象限，理智而外向。这种性格的人统御力较强，既有理智的思考力又有行动力，擅决断，但缺乏细腻的感情。这种性格的人在工作中适合做管理者，但因在生活中较为强势，容易让身边的人感到不舒服。

- 左上角第二象限，情感而外向。这种性格的人活泼开朗，有丰富的情感和强烈的表现欲，但欠缺缜密的思考。这种性格的人天生适合舞台，但恐怕不擅长解答复杂的数学问题。

- 左下角第三象限，情感而内向。这种性格的人有着细腻而敏锐的情感，对感觉上微小的差异也能了如指掌，但较少有大刀阔斧的行动力。这种性格的人的强项是做艺术创作，不太适合做领导者。

- 右下角第四象限，理智而内向。这种性格的人最擅长一个人深入地思考，当程序员绝对是一把好手，一旦脱离本职工作，你就会发现他真的不是一般的内向。

通过以上总结可以看到，没有哪一种性格是完美的，有擅长的一面就必定有与此相对的不擅长的一面，每一种性格类型都有它的优势，都有它的用武之地。这些性格类型不需要记忆，您只需要从这个简单的模型中理解性格差异的精髓——性格没有好坏之分，是"特点"而不是"缺点"。

✦ 承认他，接纳他，欣赏他

对于孩子的性格、先天习惯等一些固有的特点，家长容易出现的错误做法就是生硬地纠正孩子，也就是所谓的"把他扳过来"；然而这些先天形成的特质往往异常牢固，根本就不可能依家长的心意随意塑造。其结果只能是两败俱伤，家长的期待无法达成，孩子更是因为无法做自己而极其痛苦。更可怕的一点是，这会深深地伤害亲子关系。

其实，对于孩子的性格，相较于去"扳"，家长更应该尝试去接纳，对于那个在您心中不够完美的孩子——承认他，接纳他，欣赏他。

从这一篇开始，我们又上升到一个更高的层次，开始面对孩子的先天性格等一些难以改变的现实问题。在这一层级中，"接纳"是核心理念。相比之下，行为也好，沟通也罢，都算是容易做到的，而"接纳"很难，需要家长具备更高的认知水平和内心力量，它可以帮助我们解决一些更深层次的困扰。"接纳性格"方法在苹果树理论体系中的位置，如图8-2所示。

亦可管理
——孩子还可以这样教

保护亲子关系

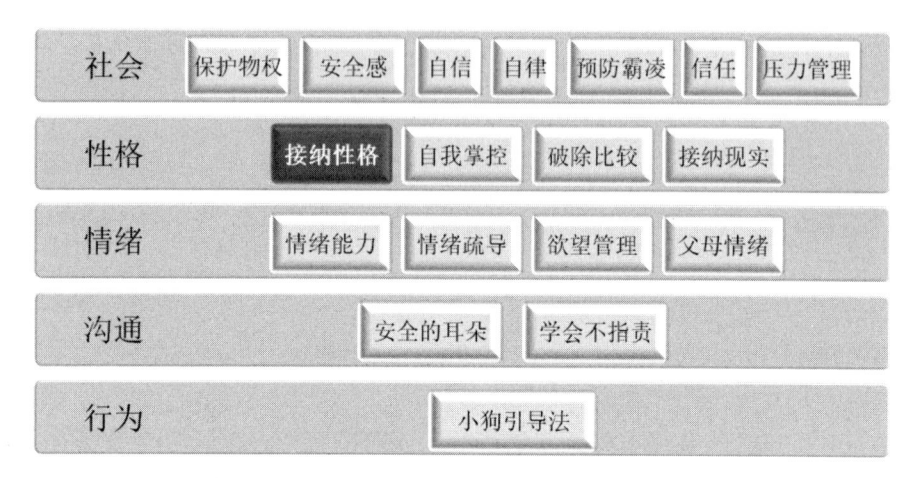

社会	保护物权	安全感	自信	自律	预防霸凌	信任	压力管理
性格	**接纳性格**	自我掌控	破除比较	接纳现实
情绪	情绪能力	情绪疏导	欲望管理	父母情绪
沟通	安全的耳朵	学会不指责
行为	小狗引导法

图8-2 "接纳性格"方法在苹果树理论体系中的位置

世上没有不好的性格。

在理论依据的部分我们讲到过，先天性格类型没有好与坏之分，但这不是一句话就能简单概括的，我们还需要深入剖析，真正讲清楚这句话的含义。那么，我们就以一种最常见的性格差异——内向与外向为例来展开说明。

大部分人都认为外向好，内向不好。理由很明确："你看社会上那些混得好的人，都是八面玲珑，一上台就妙语连珠，多风光。"相反，内向的人只会低着头一个人思考，一到大场面连句话都说不好。

了解了前面四个象限所代表的人格类型您应该就能了解，外向者充满活力，确实在一些方面有优势，但绝不是一个人所具有的唯一的优秀能力，能静下心来深入思考同样是一种值得肯定的能力。心理学上有过统计，诺贝尔奖得主绝大多数都是性格内向的人。就算不以著名科学家为例，在普通人的生活中也是一样，虽然与人交往的能力有助于一个人的成功，但深入思考、解决问题的能力，或者安静创作的能力，同样可以使一个人获得成就。

实际上，内向与外向的本质差别只在于：内向者在与陌生人相处时消耗能量，而在独处时补充能量；外向者则相反。这点差别完全不会影响一个人获得人生的成就和幸福，又有什么好坏之分呢？实际生活中有很多内向者被"看扁"，不被家人接纳，甚至不被自己接纳。在人前假装外向，背后苦练口才，即使因后天的不断努力可以胜任上台演讲，或者也能学着别人"风流倜傥"，但实际上内心深处是不舒服的，这种不符合其性格特点的社交活动只会不断地消耗他的内心能量。积极心理学的研究表明，与其把精力消耗在弥补劣势方面，不如用在充分发扬自身优势方面，这样才能获得真实的幸福[1]。

✦ 不被接纳会带来深层次的痛苦

不被接纳对一个人来说是非常痛苦的。"我妈嫌我脑门太宽，从小管我叫'大脑袋'"。"我一认真看电视就不由自主地张着嘴，像个傻子，从小可没少挨说"。"我吃饭太慢，后来妈妈就在桌子旁边挂了一把长尺子，随时准备打我"……恐怕每个人都能举出父母纠正我们的"臭毛病"的例子吧。孩子的先天特点不被接纳，很容易打击其自信心，造成自尊水平降低，内心充满纠结。

奥斯卡获奖影片《国王的演讲》中就有类似的精彩描述。剧中的主角是"二战"时期的英国国王乔治六世，他自幼患有严重的语言障碍，几乎无法当众发言。他的医生没有像别人那样强迫性地矫正他，反而是与他做朋友，不给他增加任何压力。直到有一天，医生发现他拿笔的姿势很别扭，就问他是不是从小就用右手，国王愣住了，他说："不是，我是被硬'扳'过来的。"医生说，他的很多"病人"都有类似的经历。接着，医生又问他还有什么是被强迫的，由此，国王才逐渐敞开自己的

---

[1] 马丁·塞利格曼. 真实的幸福[M]. 洪兰, 译. 杭州：浙法教育出版社，2020.

心扉，说出了更多童年时的痛苦经历。此后，两人配合得越来越默契，国王也终于重获自信，逐步改善了语言障碍的问题。最终，在战争爆发的时刻完成了动员全国民众的历史上著名的演讲。

现在人们不再把左利手视为缺陷，而是能够认识到左右手各有优势，习惯用哪只手都属于正常现象。性格特点其实也类似，先天形成，比较稳固，没有好坏之分而是各有优势。对于先天的性格特点，孩子越是抗拒就越是纠结，势必会造成内心深层次的痛苦；相反，只有接纳才能更好地发挥自身优势，获得内心的安宁舒适。

有一点需要特别说明，我们并不是要求家长对孩子什么都不管，什么都认同，不是的，小树总要时不时地修枝剪叶才能健康茁壮地生长，直至长成参天大树。关键是，您是在纠正孩子的某种错误行为，还是在"矫正"其一个先天特点？

小孩子总会有各种错误行为，不好好洗手，乱扔玩具，挑食，等等，这些都属于常见问题，家长需要不断地教给孩子正确的行为方式；但我们要区分清楚，不是家长看不惯的就都是错误行为，如果是孩子的先天性格特点，我们就不能总是想着要"矫正"它。比如，有的孩子特别能说会道，小嘴儿不停，有的孩子则相反；有的孩子喜欢整理，偏爱有组织、有计划的行为方式，有的孩子则不然；还有的孩子情感反应很强烈，对自己和别人的情绪体会深刻，也有的孩子与此不同。此外，孩子是喜动还是喜静，是否擅长逻辑思考，习惯用左手还是用右手，等等，这些都属于先天的性格特点或身体特征，不能归类为错误或是缺陷。

对于孩子的某些先天特点，如果我们看不惯，可能只是因为孩子与我们的期待有所不同。那很正常，每个人都在性格维度上有不同的坐标点，可能相近，也可能相去甚远，甚至完全相反。这可不是孩子的错，当然，这更不是您的错，因为这本身就不是错误。记得吗？各种性格类型各有优劣，是特点而不是缺点。

如果真的是孩子的错误行为，家长该怎么办？可以用"小狗引导法"

尝试教育和引导孩子改正错误行为。如果您能够不假思索地回答出使用这个方法，那么恭喜您，您学得非常好，赶快奖励一下自己吧！

✦ 关键的突破在于欣赏

　　知易行难，想要做到接纳可真不容易。我们写这本书的初衷就是希望对家长有实际的帮助，如果只是明白道理但无法实际应用，那我们的工作只能说做了一半。做不到接纳？没关系，我们就迎难而上，一起来解决这个问题。

　　首先要做的是，分析清楚我们做不到的原因。通常我们对一个事物无法接纳，如鲠在喉，难以下咽，一定是因为这个事物对我们来说是一个"苦果"。"安静地看看书多好呀，他怎么就那么爱疯闹呢？""他也太多愁善感了，以后会不会受欺负呀？"您看，之所以我们认为这是"苦果"，是因为我们把孩子身上某一个特点看作是缺点，而它又难以改变。如果空谈接纳，让我们自己强忍着不适往下咽，那当然是强人所难，反而更不容易做到。

　　孩子的先天特点是无法改变的，应该改变的是我们自己，进一步讲就是要改变我们自己的观念。通过学习，我们认识到性格是孩子的先天特点，而不是缺点，那它就不再是一颗"苦果"，这才是最重要的转变！"喜动不喜静也没什么不好啊，行动力强，以后行万里路、阅万种人，跟读万卷书殊途同归呀！""感情丰富也不错啊，能够对情感理解得更深刻，既有助于交到知心朋友，又有助于将来经营好家庭，也可以很幸福啊！"

　　"欣赏"是灵丹妙药。就像我们前面所讲的：先去承认它，不必假装不存在；进而改变自己的观念，不再把它看作缺点，逐渐接纳它。当您改变了视角就会发现，原来孩子的性格没有什么问题，每种性格都有它的好处。于是，您不再纠结于孩子与自己期待的不同，反而开始慢慢欣赏孩子。

这里，我想引用人本主义心理学大师卡尔·罗杰斯的一段话。

他不会因为水是湿的而抱怨水，也不会因为岩石是硬的而抱怨岩石……当孩童睁大自己的眼睛，不加批评地、天真无邪地瞭望外面的世界时，他只是聚精会神地观察情形的真相，而不去争论这种情形有什么实质，也不去要求它成为另外一种情形。自我接纳者观看自我及他人的人性时，亦是抱着这样的孩童心态。①

✦ 深层次的课题在于接纳自我

上面引用的这段文字中出现了一个关键词——"自我接纳"。如果我们不能很好地接纳孩子，其背后深层次的原因很可能是我们还不会接纳自我。如果不知道孩子的所谓"问题"是特点而不是缺点，那么我们也不会知道自己身上的某种特质是特点而不是缺点。

我们总是跟自己的一些"缺陷"过不去，自己跟自己较劲，这是使我们不快乐的一大深层次原因；而这些我们视之为问题的"缺陷"，往往是一些先天的或既成事实的、难以改变的东西。比如，有人嫌自己个子矮，有人因不善言辞而自卑……

我们对自己的不完美极其敏感。走在路上，哪怕陌生人只是看了你一眼，你也会觉得他一定是发现了你的"缺陷"。

我们不愿承认自己的不完美。在人前总是假装自己并非如此，却又忍不住暗地里反复端详自己，哪怕只是细微之处。一个人独处的时候，越看自己越不顺眼。

---

① 卡尔·R·罗杰斯.个人形成论：我的心理治疗观[M].杨广学，尤娜，潘福勤，译.北京：中国人民大学出版社，2002.

我们对自己的不完美感到无比羞愧，就怕别人"哪壶不开提哪壶"，被当众"揭老底"的悲惨经历我们谁没有过？

我们拿自己的不完美毫无办法。增高鞋、生发液、练口才，不遗余力地想要改变自己，可是费了那么大劲，居然全是徒劳！"我怎么就改变不了它呢？"

可是，你告诉我，谁又是完美的呢？走在路上，你以为别人是在看你的缺陷？别胡思乱想了，其实根本没人在意，每个人都是在盯着自己的缺陷呢。在这方面人人都一样，这是人性使然。

你再告诉我，我们几十年跟自己较劲，为了自己的"缺陷"耗费了多少精力，多少心血，多少生命活力？你还要跟自己较劲多久？

你最后告诉我，那是缺陷吗？"我这样怎么了？那只是一种性格特点，根本没有好坏之分啊！"

面对自己的不完美，我们能怎么办？这是我们走向幸福必须要冲过的"关卡"：世上只有一个我，我就是我生来的样子，是独特的花朵，对于那个不完美的自己，承认他，接纳他，欣赏他。

最后，我用自己很喜欢的一段歌词来结尾：不用闪躲，为我喜欢的生活而活；不用粉墨，就站在光明的角落；我就是我，是颜色不一样的烟火；天空海阔，要做最坚强的泡沫；我喜欢我，让蔷薇开出一种结果……

亦可故事

独特的花朵

周末，天气特别好，我约了"闺蜜"，带着孩子一起去公园野餐。"闺蜜"家的宝贝也是个男孩子，和亦可一般大，两个孩子的性格却大相径庭。

亦可管理
——孩子还可以这样教

"闺蜜"的儿子叫石头，不知道是不是受了名字的影响，他真的特别喜欢石头，从进了公园开始就不停地找小石头，然后收集起来；而亦可呢，从小就是个好动的孩子，他最喜欢的游戏就是跑，只要跑起来就会兴奋地大笑，摔跤了也没事，爬起来继续跑，没一会儿就灰头土脸了，这样弄得一身脏是他的常态。我看着旁边的石头，身上干干净净，安静地蹲在那儿玩石头，再看我们亦可，身上已经没一处是干净的了，我忍不住嫌弃起他来。

正在这时，"闺蜜"说话了："哎呀，看你们家亦可多可爱，活泼好动，多阳光啊！这才像个男孩子嘛。你看我们家石头，就爱研究石头，在家也是，买了一堆岩石标本，只坐在那儿摆弄这些石头，也不出去跑跑，他要是能有你们家亦可一半活泼就好了，我就想怎么好好给他'扳扳'这个毛病……"

我心里觉得好笑，原来传说中的"别人家的孩子"是真的，这不，我和"闺蜜"都在羡慕对方的孩子呢。

"闺蜜"接着对石头说："石头，你也去跑一跑嘛，你看人家亦可，运动运动多健康呀！"谁知石头头都没抬地回答："我不要，我喜欢玩石头，我好不容易才把这些石头按大小分开了。"我探头一看，哟，可不是，大石头、小石头，每一颗都整整齐齐地分开排列着，禁不住夸道："这孩子可真有条理！"可是，"闺蜜"明显没有注意到这些，而是有些着急地继续催着石头："行了行了，别在这儿蹲着了，快去跟亦可玩去！"石头不情不愿地站起来，撅着嘴，慢吞吞地向着亦可走去，还留恋地回头看了一眼他的石头……

"闺蜜"把石头赶去找亦可玩了，心满意足地开始玩起了手机，我的目光却一直追随着石头。他走到亦可身边，问他在玩什么，亦可刚才在踢球，跑得满头大汗，而他踢球的地方，因为昨天的大风，树上的好多花都被吹落到地上。石头一看可来精神了，他一下子蹲到地上，像收集石头一样，又开始整理起花朵来。亦可先是好奇地看了一会儿，然后也跟着忙活起来，还跑来跑去地捡来更多的花。这俩人，虽然是在一起玩，仍然是一个动一个静，真是本性难移。

我刚要喊亦可别跑了，他自己先停了下来，呆呆地看着石头把一些花瓣揪掉。

亦可不解地问他："干吗要揪掉花瓣呀？"

石头回答："这样每朵花的花瓣数量就一样了，就更好整理了呀。"

亦可挠了挠头，睁大眼睛盯着花瓣，大声说道："干吗要一样呀？每种花都不同，它们本来的样子就很好呀。"

"它们本来的样子就很好呀！"

亦可的这句话一下子触动了我。对呀，不只是花，孩子也是一样啊，他们与生俱来便个性都不同，与其揪掉他的"花瓣"，倒不如接纳他本来的样子，因为他"本来的样子就很好呀"！

我好像有点明白了，我要接纳亦可好动的特点，不再试图改变他。此时，亦可又开始到处跑着去捡花，一会儿就跑得满头大汗，再用手一抹，手上那点泥都蹭到脸上了……你好动就算了，还弄得这么脏，怎么这么不讲卫生啊！接纳真的好难，我做不到啊，怎么办？

我心里正在纠结，"闺蜜"的一声大喝吓了我一跳："我不是跟你说了让你去跑跑吗？石头，我告诉你，妈妈不喜欢你这么蔫儿的男孩子，妈妈最欣赏的是亦可那样阳光活泼的男孩子！"

我瞪大了眼睛看着"闺蜜"，她的嘴里还在说着什么，我已经完全听不到了，我的思绪还停留在刚才她说的那些话里，那里有我遍寻不见的答案——"欣赏"！

亦可好动，和我的喜好不一样，但是这也不是他的错啊，他生来就是这个样子的。我以为接纳是心里虽然反感但是嘴上不说，其实，真正的接纳应该是从内心真正地欣赏他。我明白了，该改变的不是亦可，而是我！

再看这两个孩子，好动、喜静是各有各的好处。亦可开心地跑来跑去，一笑起来就露出洁白的小牙，汗水在阳光的照耀下亮晶晶的，格外好看，连脸上的泥都像长了胡子一样可爱，以前怎么看怎么嫌弃，现在却只觉得可爱。

我蹭地一下站起来，冲远处的亦可喊道："儿子，来！妈妈陪你踢足球！"

故事解读

好动的亦可和好静的石头，在石头妈妈和亦可妈妈眼里都是"别人家的孩子"。两位妈妈都希望自己的孩子能拥有对方身上她们喜欢的性格特点，可惜两个孩子依然"我行我素"，释放着自己的个性。可见，孩子的先天性格靠家长一厢情愿地"扳"是没有用的，只会破坏亲子关系，不会有好的结果，甚至会给孩子带来一生的痛苦。

既然每个孩子都是"独特的花朵"，那么他们独有的个性就只是特点，而不是缺点。对那些我们看不惯的特点，接纳才是最好的应对方式，而接纳的诀窍在于欣赏。

好动的亦可，格外开朗，对所有运动都得心应手，是球场上的风云人物，虽然脸上总是脏兮兮的像个小花猫，却也滑稽可爱。

好静的石头，喜爱钻研，可以几个小时一直专心研究各种石头，对岩石的种类、特性如数家珍，俨然一个小地理学家，小小年纪能有如此心性，令人敬佩。

这两个孩子都在他们擅长的领域发光发热，他们都获得了符合他们天性的最简单纯粹的快乐。作为家长，我们要学会为了孩子的快乐而快乐！何况，可以不用拧巴地活着，这对一个人来说，是一生最大的幸事，何尝不是一种成功呢？

第9章
自我掌控

亦可管理
——孩子还可以这样教

✦ 孩子怎么闷闷不乐，毫无活力

当今社会竞争激烈，孩子早早就被课业负担压得喘不过气来。没有时间玩耍，休息时间不足，使不少孩子失去了应有的活力。很多家长并不了解个中缘由，看在眼里，急在心中，却是束手无策。还有些家长对此不以为然，并不认为这是给孩子增加负担，反而自作主张，将孩子的课余时间排满了各种课外班，学科类、艺术类、体育类、编程类……不只要学，还要参加各种大赛，在朋友圈炫耀孩子的各种证书。兴趣班跟兴趣无关，变成了家长用于满足自己虚荣心的工具。可是，这些真是孩子想要的吗？一个本是活泼好动的小孩子，所有的时间都被填满，玩耍的权利被彻底剥夺。

一段小女孩控诉父母的视频在网上广为流传。女孩儿大概八九岁的样子，在视频里，她声泪俱下地对着父母哭诉，大概的意思是：我已经听你们的话把所有要学习的东西都学完了，我怎么就不能玩一会儿呢？我干点儿自己喜欢的事情怎么就错了呢？你们到底在不在乎我呀？我心里难受呀……孩子虽然年纪很小，但她那紧锁眉头、无力抬起手臂、捧心哭诉的可怜模样，看着让人心疼。

这段视频在朋友圈不断转发。让人哭笑不得的是，朋友圈中自然分成了两派：一派是不懂心理学知识的朋友，都是在笑谈："这可真是个小人精，你看把她父母怼的都没词了。"懂得心理学知识的一派，则感叹："孩子对生活的掌控力被完全剥夺了，请家长尊重孩子玩耍的基本诉求。"

玩耍对孩子来说真的有那么重要吗？掌控力又是什么概念？别小看这个问题，坦诚地说，掌控力决定一个人的生活是否幸福，你我都不例外。

✦ 小老鼠和养老院实验

在今天，现代心理学最为活跃的研究领域就是积极心理学，而积极心理学非常重视掌控力的作用，强调对自己的生活有足够掌控力的人更可能拥有幸福的人生。对此有很多的实验依据来证明，我们举其中一些典型的例子来说明。

第一个实验对象是小老鼠。如图9-1所示，工作人员把小老鼠放在笼子里，笼子里有一个开关，可以控制实验室的灯光。第一天，工作人员把灯开着，之后发现，小老鼠触动开关，把灯关掉了，在阴暗处待着。工作人员想，老鼠大概是不喜欢灯光吧，于是第二天就把灯关掉了；可是，小老鼠通过开关把灯又打开了，待在灯下明亮的地方。工作人员迷惑了，老鼠到底喜不喜欢灯光呀？就这样，工作人员打开灯，老鼠就把它关掉；工作人员关掉灯，老鼠就把它打开。反复多次后，工作人员终于明白了，小老鼠既不是喜欢明亮，也不是喜欢黑暗，它喜欢的是所处地方的明与暗要由自己来掌控！就连小老鼠都要掌控自己的生存环境，更何况是人呢？

亦可管理
——孩子还可以这样教

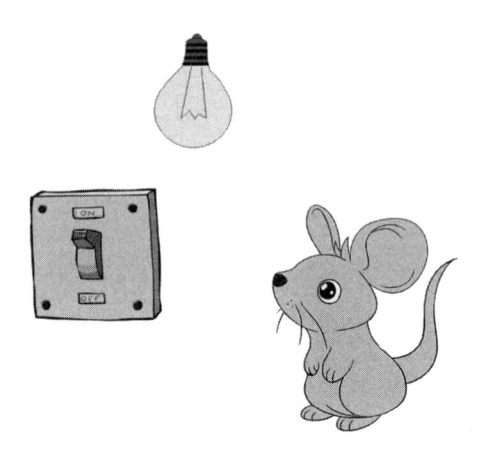

图9-1 老鼠掌控力实验

如果老鼠掌控力实验还不足以说明问题，我们再来举一个以人为对象的实验。这次的实验对象是养老院的老人，他们大都身体欠佳，自主能力很差，完全由工作人员来照顾。可以想见，他们对自己生活的掌控力非常弱了。实验开始了，工作人员向第一楼层的老人宣布，给他们每人提供一小盆植物，由他们自己来选择要哪一盆，自己浇水，并自己决定放在房间的什么位置；而对于第二楼层的老人，宣布的内容却不一样，虽然同样是给每人一盆植物，但是由工作人员指定植物种类，也由工作人员替他们浇水，并摆放在指定的位置。可以看到，第二楼层的老人没有从这件事中得到任何掌控力体验，他们只是被动地接受；而第一楼层的老人获得了一点点掌控力，可以按照自己的意愿稍稍改变生活的状态，哪怕只是一小盆植物。仅仅是这一微小的差别，实验结果却出人意料地产生了巨大的变化。心理学家惊讶地发现，第一楼层的老人明显比之前更活跃了，甚至轮椅的数据记录都可以证明他们的活动范围更广了，而他们的身体也更为健康且更加长寿。这是多么有说服力又令人振奋的实验结论。对此，积极心理学之父马丁·塞利格曼教授感叹："拥有控制权是一种基本的活力源泉！"[①]

[①] 马丁·塞利格曼.塞利格曼自传[M].庞雁，译.杭州：浙江教育出版社，2020.

✦ 掌控力是生命活力的源泉

上述关于掌控力的理论虽然很有用，但极容易出现理解上的偏差。积极心理学提倡的是每个人都能掌控自己的生活，可不是让家长控制孩子的生活哟！那样的话，孩子不就对自己的生活失去掌控力了吗？

在实际生活中，家长和孩子常常会在不经意间发生对控制权的"争夺战"，有一种特殊的现象却是我们生活中常见的。大家来想象一下，一位脾气暴躁的家长，动不动就对孩子大呼小叫，管教方式异常严厉，这也不许，那也不让。在这样的重压下，孩子等于完全失去了对自己生活的掌控力。那孩子会做何反应呢？如果您去观察现实中的例子就会发现，这样的孩子往往会故意违背家长的意愿，明知道会"惹祸上身"，仍执意要激怒家长。这是为什么呢？我们来尝试透过表象看本质：只要孩子这样做，家长就会发脾气。您看，这是谁在掌控谁呢？对了，这其实是孩子在控制家长。可怜的孩子是在以一种弱小而无奈的方式重新夺回掌控权，甚至于孩子一"加码"，家长就会发更大的脾气，那大发雷霆的样子在孩子看来大概跟一场表演差不了多少。您看，孩子对家长的控制游刃有余呢。这绝不是孩子有意识的计划，而是一种本能反应，为获得掌控权而做的最无奈的努力。

同样的问题还有其他表现形式。比如，当今特别常见的就是家长逼迫孩子把所有时间都用来学习，孩子没有时间玩耍，甚至连正常的休息时间都无法保证。孩子等于全然失去了对自己生活的掌控力，一切都是被迫的，于是孩子的活力越来越低，整天无精打采。那么，面对这种情况家长该如何调整呢？要将掌控权还给孩子！这里所说的"还"，不是孩子说什么都听之任之，而是要在合理的范围内尝试尊重孩子的意愿，给孩子提供选择的机会，让孩子对自己的生活有一定的自主管理权，使他获得拥有掌控力的感觉。这不仅有利于孩子的健康成长，对亲子关系的改善也大有裨益。本方法在苹果树理论体系中的位置，如图9-2所示。

保护亲子关系

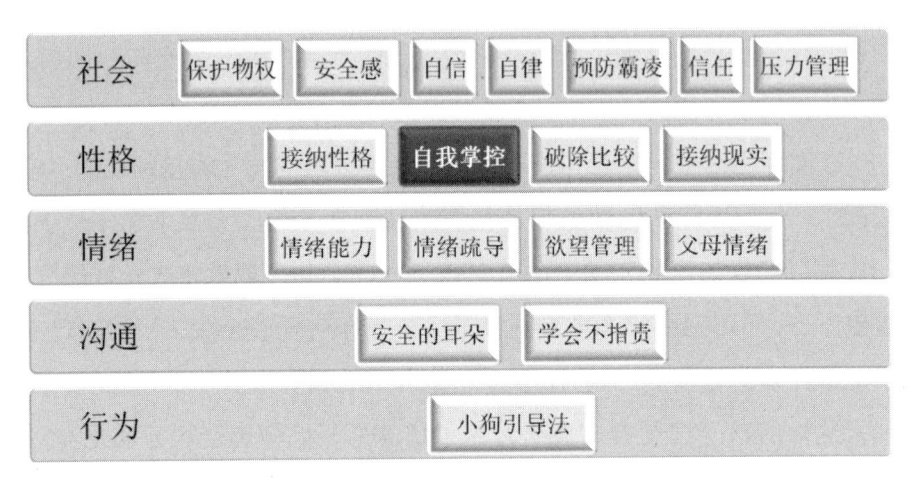

社会	保护物权	安全感	自信	自律	预防霸凌	信任	压力管理
性格		接纳性格	**自我掌控**	破除比较	接纳现实		
情绪		情绪能力	情绪疏导	欲望管理	父母情绪		
沟通			安全的耳朵	学会不指责			
行为				小狗引导法			

图9-2 "自我掌控"方法在苹果树理论体系中的位置

在当前这个层级，我们强调的核心理念是"接纳"，这已经上升到了一个很高的层次，解决的都是深层的问题。上一章讲的是接纳孩子的先天性格，这一章呢？讲的是让孩子对自己的生活有一定的掌控力，允许孩子有一定的自我管理的自由；我们强调掌控力，绝不是说去控制孩子或家人的生活，而是说每个人都应该对自己的基本生活状态有一定的掌控力。这就需要我们能够顺畅地表达出自己的真实意愿，这一点与我们在"沟通篇"所讲的父母要做孩子"安全的耳朵"有异曲同工之妙；同时，与"情绪篇"里"欲望管理"一章所讲的适当满足孩子合理的欲望也是一致的。如果需要简单定义何为良好的状态，那就是每个人都可以一定程度上做自己想做的事，而不必总是被迫做自己不愿做的事。由此，您也可以看到，整个苹果树理论体系是相辅相成、有机结合的整体。

掌控力理念在生活中非常有用，而处理得不好也很容易出现问题。这里，我们从内部和外部两个层面来对其进行梳理：先解决家长剥夺孩子掌控力的问题，这属于内部层面的问题；再来解决当外部压力损害孩子的掌控力时家长该如何应对的问题。在此基础上，把掌控力对我们生活的重要影响讲清楚，只有透彻理解了这个关键理念，才能够更好地处理与孩子有关的问题。

✦ 不要剥夺孩子的掌控力

一次课上，一位妈妈向我们抱怨："小狗引导法怎么不管用了？我使劲地夸奖孩子了呀，我变着花样地夸他，可是还是不管用啊，怎么回事？"我们详细地了解了情况。原来，这位妈妈希望孩子好好学围棋，孩子也确实认真学了一段时间，参加少儿围棋比赛还获得了前三名的好成绩。妈妈与孩子约定好，每天的练习任务是必须下三盘棋。这位妈妈呢，也确实充分使用了小狗引导法，只要孩子做到了就夸奖他，于是孩子即使很累了，还是会在妈妈的鼓励下继续完成每天的任务。渐渐地，妈妈遇到的阻力越来越大，孩子对围棋的兴趣越来越小。妈妈实在没办法，把每天的任务减少到只下一盘棋，妈妈心想："我都这么照顾你了，你总该领情了吧？"可是孩子就连这每天一盘棋也不愿意再下了，最后甚至发展到，在去参加比赛之前，孩子大哭着抱着柱子不撒手，无论如何也不愿意再进场去比赛。

我们现在想对这位妈妈说的是，之所以孩子的反应那么强烈，是因为他被剥夺了基本的掌控力，这对孩子的伤害是非常大的。从每天下三盘棋减少到每天一盘棋，看似是妈妈对孩子的照顾，实际上孩子仍然没有选择的权利：即使只下一盘棋也必须得下，每天都要下棋这一点是雷打不动的。可见，孩子在下棋这件事上是完全丧失了掌控力的，不论自己多么不情愿也没有任何办法，无论如何都必须进场去比赛，孩子完全是被迫的。

"掌控力是生命活力的源泉！"与丧失掌控力的痛苦相比，任何夸奖鼓励都显得苍白无力。我们在讲小狗引导法时就强调，它几乎可以解决孩子任何常见的行为问题，但把它用在解决什么问题上是有本质差别的。当目标是双方商定的或者孩子愿意的，是孩子的能力可以达到的，那么小狗引导法用起来就得心应手；相反，如果目标是家长打着"为你好"的旗号，实际上把自己的意愿强加给孩子，那么效果就会大打折扣，如果完全剥夺了孩子的基本掌控力，那么使用再好的方法也是徒劳无功的。问题不是出在孩子身上，也不是出在方法上，而是出在家长设定了错误的目标。这就是我们一直强调的，小狗引导法是治标的方法，适用于单纯的行为引导问题，而一旦涉及情绪、接纳、掌控力等深层的问题，则需要学习更多深层次的知识才能更好地解决问题。

✦ 帮助孩子重获掌控力

能做到不去剥夺孩子的掌控力，已经是做得很好的父母了，但在当前的社会环境下，这远远不够，因为孩子除了父母，还需要去面对外界的压力。当学校等外部环境"挤压"孩子的掌控力时，就需要家长有意识地帮助孩子重获掌控力。这是当今家长要面对的现实考验。

有一部轻松治愈的韩国电视剧《非常律师禹英禑》，其中讲述的故事令人深思。剧中讲到韩国由于社会竞争激烈，家长普遍很焦虑，经常在放学之后把孩子交给各种校外辅导机构，而这些机构为了迎合家长的要求，甚至会把孩子锁在屋子里强制他们学习，连晚饭都不能吃，到了晚上十点多才打开锁，孩子蜂拥而出，跑去便利店买吃的、喝的，然后奔向下一个补习班。剧中的男主人公极力反对这种做法，把孩子"劫持"出来，带他们到附近的山上去玩。孩子尝到了久违的快乐，可是男主人公却被告上法庭。善良的女律师听从了男主人公的恳求，把孩子带到了法庭上。在最后陈词阶段，他带领孩子再一次喊出在山上玩耍时一起喊过的口号："儿童应该在此时开心玩耍！儿童应该在此时注重健康！儿童应该在此时保持快乐！孩子们，来玩吧……"那场面实在令人震撼！

学到更多的知识，掌握更多的技能，是学校、家长所期望的，但要考虑儿童的天性。在学校已经安排了满满的课程，更不要说放学以后还要去各种形式的课外辅导班，以及家长额外安排的学习任务。在这样的层层"压榨"之下，孩子完全失去了掌控力，活力被消耗殆尽。

我们当然不是建议您与学校作对，我们只是想请您深入思考，在能力范围内，我们怎样才能有意识地帮助孩子重获掌控力？最简单的是，在孩子回到家之后，只要完成了正常的课后作业，就给孩子安排适当的玩耍时间，这是我们应该也是比较容易做到的，却是一件非常重要的事情。不要小看孩子的玩耍，那是他们重获掌控力、补充活力的重要形式。按照自己的意愿玩耍，就是这个年龄段的孩子掌控自己的生活、表达自己的意愿的一种形式。家长一定要认识到，允许孩子玩耍，不是您的恩赐，更不是在溺爱孩子，是孩子自由生长、健康生长的权利。

✦ 我们自己呢

掌控力对一个人的生活具有重要的现实意义，它不仅对孩子来说不可或缺，对成年人一样至关重要，可以说对我们每个人是否能获得幸福起着关键的作用。不仅如此，从必要性上来说，掌控力也是一个心理学概念，只有我们自己掌握好了，才能更好地教给孩子。如果只根据小老鼠和养老院实验就直接给出结论恐怕读者朋友理解得还不够透彻，接下来我们就邀请您一起，来一场酣畅淋漓的科学心理学之旅，由此打开一扇幸福人生的大门。作为"导游"，我们保证这个过程既有趣又温暖。

本次"旅程"有一个主线，那就是积极心理学之父马丁·塞利格曼教授一生跌宕起伏的研究历程。

1. 发现"习得性无助"

我们所强调的掌控力，与马丁·塞利格曼教授的一项重要的心理学研究有重要的联系，那就是心理学领域熟悉的"习得性无助"。我们简单地讲解一下实验过程，这个实验也是用小狗完成的，但是这次实验中的小狗非常可怜。

研究人员首先把小狗关在笼子里，每隔一会儿，亮起红灯。红灯一亮，就对笼子通电，小狗无论做什么也无法躲避电击。反复很多次之后，这些可怜的小狗不再做任何努力，只趴在原地忍受电击，非常痛苦。在实践的第二阶段，使用另一种特殊的笼子，里面有个很矮的横梁，小狗只要跳过横梁就可以躲开通电的区域，从而躲避电击。这次，研究人员又找来几只小狗，在尝试几次之后，这些小狗都能顺利地跳过横梁以躲避电击。然后，研究人员让那些经历过第一阶段，也就是无法躲避电击实验的小狗，进入这种笼子。实验开始前，它们也在笼子里到处走动，可以轻松地跨过那根横梁，四处探索；但是，当红灯亮起之后，它们又恢复了在第一阶段中的状态，什么也不做，默默地趴在铁笼子里，忍受着一次又一次电击的痛苦。

心理学家由此得出结论：这些经历了第一阶段实验的小狗已经认定，我做什么都没用，痛苦不可避免；而这种行为反应不是先天就有的，是人为灌输给它们的。因此，这个发现被命名为"习得性无助"。后来，进一步研究发现，这是人类抑郁症的一大成因，而且抑郁症的几大症状中，几乎都与习得性无助的症状重合。

需要特别注意的是，习得性无助实验的一个关键点是，小狗在第一阶段中无论做什么都无法躲避电击，这不就是完全丧失了掌控力吗？研究人员明显地看到，小狗在这之后全然失去了活力，只是趴在原地一味地忍受。这一发现对于现实世界努力生活的人们同样具有启示意义。每个人的一生都不可避免地遇到各种不如意，让你感到痛苦、无奈。具体到家庭和孩子，也有太多难以解决的难题。想一想，这像不像那些无法避免的电击，久而久之，我们不再做任何努力，只剩下无可奈何默默地忍受，不会再表达自己的意愿，也看不到任何希望。这时的我们就是无助的、抑郁的，就像那些可怜的小狗一样。

"习得性无助"正是马丁·塞利格曼教授早年的重要研究成果。虽然事业有成，但他自己的生活非常坎坷。这位大师常年研究负面情绪，自己也长期沉浸在负面情绪中，在家庭破裂后，他得了重度抑郁症。

2. 推翻习得性无助

几年后，马丁·塞利格曼教授遇到了自己一生的至爱，在第二段婚姻中，他体会到了真正的幸福。有一天，妻子问他："你干吗不研究点儿积极的东西？"于是，这位心理学教授凭一己之力，在2000年左右开创了一门崭新的学科——积极心理学。他对此解释道："心理学不能只研究病人，也要造福于普通人；不能只研究负面情绪，也要研究如何获得更多的积极情绪；不能只研究为什么不幸福，更要研究如何才能获得真正的幸福。由此，积极心理学成为当今心理学界活跃的研究领域，也是心理学发展的新方向。

在后来的研究中，他特别强调掌控力的重要性。前面提到的小老鼠和养老院实验，就是他在《塞利格曼自传》中花大篇幅描述的重要实验。在他数百页的自传中，只有一句话是用巨大的黑体字呈现的，那就是前面我们所引用的那句重要的名言——"拥有控制权是一种活力源泉！"

马丁·塞利格曼教授的故事还没有讲完，最重要的研究成果在他晚年时才得到，这是一项对我们每个人的生活都极富意义的重大发现。在发现习得性无助50年之后，马丁·塞利格曼教授推翻了他之前这项著名的研究成果，找到了习得性无助问题的真正的解决之道。

在习得性无助实验的最后阶段，有一点引起了马丁·塞利格曼教授的注意：明明笼子里的横梁很矮，小狗完全有能力跨过去，它们为什么不去试试呢？有什么办法可以帮助它们呢？这个问题一直困扰着马丁·塞利格曼教授，直到几十年后，随着科技的进步，他和合作伙伴使用了最先进的脑神经成像技术，才有了突破性的发现。

在我们的大脑中，存在一种特殊的机制，我们暂且叫它"停止尝试"机制。在初始状态下，当我们遇到困难时，自然会尝试各种解决办法；但是，当尝试一定次数后仍无法解决时，大脑的这种"停止尝试"机制就会起作用，它会发出指令强制人体停止一切尝试，改为默默忍受痛苦。我们的大脑为什么会做这种"傻事"呢？马丁·塞利格曼教授解释说，这是原始进化所造成的。在资源极度匮乏的原始时代，人类的祖先要面对各种严峻挑战，其中很多困难对于他们来讲都是根本无法解决的。在这种条件下，如果无节制地尝试下去，只会浪费体力、精力以及食物、水等宝贵的生存资源，而结果依然是根本无法解决难题。于是，在漫长的进化过程中，大脑进化出这种"停止尝试"机制，目的就是节省生存资源。如果尝试多次还是无法解决难题，大脑就会下令停止徒劳的尝试，转而默默忍受痛苦，这是最节省生存资源的模式。从某种形式上讲，也是"适者生存"，因为虽然痛苦，但至少活下来了。

至今，我们人类的大脑中依然保留着这种"停止尝试"机制，仍然会对我们的生活产生巨大的影响。上面的习得性无助实验就是一个典型的例子，而这种"停止尝试"机制很好地诠释了小狗不会跨过低矮横梁躲避电击的根本原因。由此，马丁·塞利格曼教授推翻了自己早年的研究成果，他郑重宣布："'无助'不是习得的，'无助'是生物体缺省的状态，正是大脑的'停止尝试'机制使得生物体在多次尝试失败后必然进入'无助'状态，长期忍受痛苦。"那么，解决方案在哪里？希望在哪里？他进一步指出："'尝试'才是习得的，这种'停止尝试'的原始机制已经不再适合现代人，我们至今仍受其所累。要打破这种模式，唯有突破内心的不适，有意识地重新'站'起来。开始新的尝试，不断努力去寻找，必定能找到新的解决措施，从而摆脱无尽的痛苦！"

为了验证这一结论，马丁·塞利格曼带领团队又做了一项了不起的实验。他们先重复前述实验过程，小狗果然都习得性无助了，一味趴在原地忍受电击，而不会跨过横梁躲避。从这一刻起，心理学家开始了新的努力，他们使劲地拖拽小狗，把它们拉过横梁，让它们明白还是有希望的。一次不行两次，两次不行三次……科学家一直坚持着。渐渐地，小狗开始动起来了。一只，两只……最终，每只小狗都学会了跳过横梁躲避电击，所有的小狗都被治愈了！

亲爱的读者朋友，现在您明白寻求新的尝试、拿回我们的掌控力有多么重要了吧？那么，您跟我们学习新的知识、掌握新的方法，不就是在开始新的尝试吗？不就是在重燃希望吗？在您的努力之下，一定可以找到更好的解决方案，一定可以跨过那道低矮的横梁，摆脱痛苦，获得真正的幸福！

亦可故事

孩子，放学了你可以尽兴地玩（亦可爸爸篇）

亦可刚上一年级的时候，老师说，入学后的首要目标是要让孩子从幼儿园的小朋友尽快过渡成为一名小学生。我和妈妈都明白，亦可好动，肯定刚开始不太适应学校的制度，果然，小家伙回家以后变得越来越不快乐，我和妈妈有些担心，是不是在学校里太拘束了？

这天，我一边开着车，一边想着该怎么帮助儿子放松放松。脑子里想着，手里可不能停，挂挡，打方向盘，信手拈来。我最喜欢这辆车了，当初特意买的手动挡的车，就是因为我喜欢这种一切尽在掌握的感觉。途中路过一家玩具店，我停好车，进去给亦可买了个玩具。

一回家，我就开心地对亦可说："爸爸妈妈知道你在学校很辛苦，想让你在家轻松一点。你看，我给你买了什么？说着便把藏在身后的玩具

亦可管理
——孩子还可以这样教

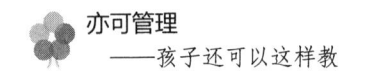

举到亦可面前，亦可高兴地跳了起来。

"儿子，你看，这是一个高级数位器，可好玩了。你把这些小珠子摆到每一个数位上，这是个位，这是十位、百位，这样你就可以一边玩一边熟悉数学啦！还有彩灯和音乐呢，你喜欢吗？"

儿子的表情僵了一下，有些迟疑地回答："喜欢。"

过了两天，我难得有时间接儿子放学。在学校门口等他的时候，看到孩子排着队，一个个"小不点"严肃地走了出来。儿子上了车，坐在后座上一声不吭。这哪像我们家一直活泼可爱的亦可啊！我一边开着车，一边从后视镜看着儿子无精打采的样子，心里直纳闷："不是已经给他买玩具了吗，难道是我买的玩具不合他的心意？也许当时应该买拼音卡片……"

我正想着，从后视镜里看到亦可屁股拧来拧去。小孩子就是毛病多，我忍了忍，还是没忍住，没好气儿地问他："你屁股到底怎么了？"

亦可皱着眉说："好像是有点疼，也好像有点痒，反正不舒服。"

"怎么屁股还出问题了？又没让你一整天都坐着！"

亦可瘪着嘴，小声地说："今天上了好多课，都没有玩，下课的时候老师让上完厕所就回座位。"

"……"我愣住了。"那中午休息的时候可以出去玩吗？"

亦可摇了摇头。

我想了想，学校有自己的考量，也不是我能控制的，还是先照顾好亦可的情绪吧。

"玩具也给他买了，还是没有精气神儿，看来效果并不好……"我一边想着用什么办法让儿子开心，一边熟练地踩离合换挡。从挡把处传来我熟悉的舒适感觉，一瞬间，我好像明白了，就是这个感觉！是自己掌控的感觉，儿子现在最缺乏的，就是这个掌控力！

我试着问亦可："如果让你自己选，回家玩数位器和去公园玩，你想选哪个？"

亦可猛地瞪大了眼睛，试探着回答："我想去公园。"

我一脚油门，直接向公园开去。

到了公园，亦可兴奋地跳下车，朝着跷跷板跑了过去。这个时间人不多，亦可可以随意地玩。一会儿，他撒了欢地奔跑；一会儿，他捡起一根特别长的木棍，玩起孙悟空耍金箍棒。忽然，亦可的木棍举在半空，他停住了动作，回过头用询问的眼神看向我，大概是想起了学校的要求。我明白了他的意思，那是在问我："这样也可以吗？"

我肯定地点了点头："儿子，你随便玩！"

亦可高兴地把手中的木棍高高举起，像擎着一杆大旗，一会儿放下来轻轻敲打地面，一会儿又学着孙悟空的样子摇晃着打"白骨精"。就是这样简单的动作已经让亦可开心得不得了，他咯咯地笑着，玩得不亦乐乎。

看着儿子阳光的笑脸，我明白了，此刻他拥有了掌握"世界"的能力。

妈妈打来了电话，问我们怎么还没有回家。我跟妈妈商量，以后虽然不可能天天来公园，但是孩子回家写完作业之后，就让他自己选择最喜欢的休息方式，只要没危险，我们就尽量支持。

故事解读

我们一向活泼开朗的小主人公亦可居然变得无精打采？这可太少见了。爸爸想帮助小家伙恢复活力，先是买了玩具，效果不好。随后通过自己喜爱开车，享受那种一切由自己掌控的感觉，联想到亦可现在最缺的就是这样的掌控力。

于是，放学后爸爸带着亦可去公园玩耍，让他尽兴地玩。虽然只是简单的跑跑跳跳，玩跷跷板、抢木棍，亦可也玩得不亦乐乎。孩子太需要这样完全放松的时间了。经过爸爸的努力，亦可恢复了活力，绽

亦可管理
——孩子还可以这样教

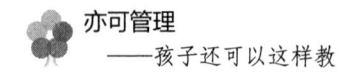

开了笑脸。

孩子在学校紧张地学习了一天之后,是非常需要一段自我放松、重获活力的时间的,这是保证他第二天还可以精力充沛地去上学的动力源泉。作为家长,我们配合学校,要让孩子学会遵守纪律,但是回到家里,您可以尝试充分尊重孩子的意愿,甚至是鼓励孩子选择自己喜欢的方式去重获掌控力。即便是在学习紧张的阶段,这样的时间也是值得花费的,否则孩子一直紧绷着一根弦,对生活失去了掌控力,也就失去了生命活力,这对于学习本身也是非常不利的。孩子是被动的,指挥棒在家长手里,是让孩子一味地以学习为重,失去掌控力,还是让孩子劳逸结合,重获掌控力,全由您掌控!

第 10 章
破除比较

亦可管理
——孩子还可以这样教

✦ "比较"时代的人人自危

"我们家孩子作文不好，不爱看书，我就给他买好多作文书，给他报作文班，作文占好多分呢，现在不补补怎么行？"

"我们家孩子，考试必须在95分以上，有一门没在95分以上这周就别想玩了，现在必须严格要求他，他们班有的孩子次次都是满分，我这又没让她考满分，够不错的了……"

"孩子班上的同学一到寒暑假都报各种补习班，提前学习下学期的内容，我们要是不学，一开学就被比下去了，所以也得跟着一起学！"

不论是出于被迫还是自发，"比较"时代，人人自危，家长都使出了浑身解数，想弥补孩子学习上的短板。孩子逻辑思维差就上补习班，孩子不爱运动就报兴趣班，孩子性格内向不爱交际，家长就把他推出去参加各种比赛，美其名曰"锻炼锻炼"……家长带着孩子在弥补劣势的道路上一去不复返，"补"完性格"补"特长，"补"完成绩"补"梦想，似乎每一个孩子都只能在一条被规划好的道路上不断地精进自己，一旦偏离了轨道，就会踏入万丈深渊。

费尽心力去弥补劣势，和别人比较，再继续弥补劣势，再比较……这样周而复始地循坏，真的就没有问题吗？如果没有问题，为什么现在的人越来越难以体会到幸福感了呢？为什么孩子越来越不快乐了呢？我们的孩子来到这个世界，就只能朝着弥补短板、和别人比较这一个方向努力吗？这，是唯一的道路吗？

✦ 获得幸福的关键在于发挥优势

要分析清楚该如何指引孩子努力的方向，就有必要了解一些关于优劣势对人生成功、获得幸福所起作用的研究。

在管理学上有一个著名的"木桶原理"，也叫"短板原理"，是说木桶的容量是由最短的一块木板决定的。于是人们都忙于弥补自己的短板，却往往收效甚微。积极心理学经过审慎的研究，提出了完全不同的观点，它强调人们应该把时间和精力用在发挥自己的先天优势上，而不是耗费在改变劣势上。短板原理也许适合于提高团队效率，但是对于个人发展而言则恰恰相反，人生的成就在于扬长避短。

正如马丁·塞利格曼教授在其著作中所说的："即使经过训练，在不擅长的方面也能做得有模有样，但是当事情结束后，人们就会觉得身心俱疲、元气大伤，那样不可能获得长久的幸福；而当人们发挥自己的优势，做自己喜欢和擅长的事情时，会觉得如鱼得水，不仅能给予自己活力，更能带给自己真实的幸福感[1]。"

同样需要理解的是，有优势就会有劣势，我们要学会发挥优势，也要正视存在的劣势。举一个典型的例子，一个人在社交场合八面玲珑，被很多人认为这是有本事的表现，认为这种本事是获得成功所必须具备的技能。其实，这只是人的一项优势，即"社会智慧"。心理学界总结出来的优势有九大类别、24项之多，分别是：获得智慧与知识类，包括好奇心、热爱学习、判断力、创造性、社会智慧、洞察力；勇气类，包括勇敢、毅力、正直；仁爱类，包括仁慈、爱与被爱；正义类，包括公民精神、公平、领导力；节制类，包括自我控制、谨慎、谦虚；精神卓

---

[1] 马丁·塞利格曼.真实的幸福[M].洪兰,译.杭州：浙江教育出版社,2020.

越类，包括对美的感知力、感恩、希望、灵性、宽恕、幽默、热忱[1]，如图10-1所示。

获得智慧与知识：好奇心、热爱学习、判断力、创造性、社会智慧、洞察力

勇气：勇敢、毅力、正直

仁爱：仁慈、爱与被爱

正义：公民精神、公平、领导力

节制：自我控制、谨慎、谦虚

精神卓越：对美的感知力、感恩、希望、灵性、宽恕、幽默、热忱

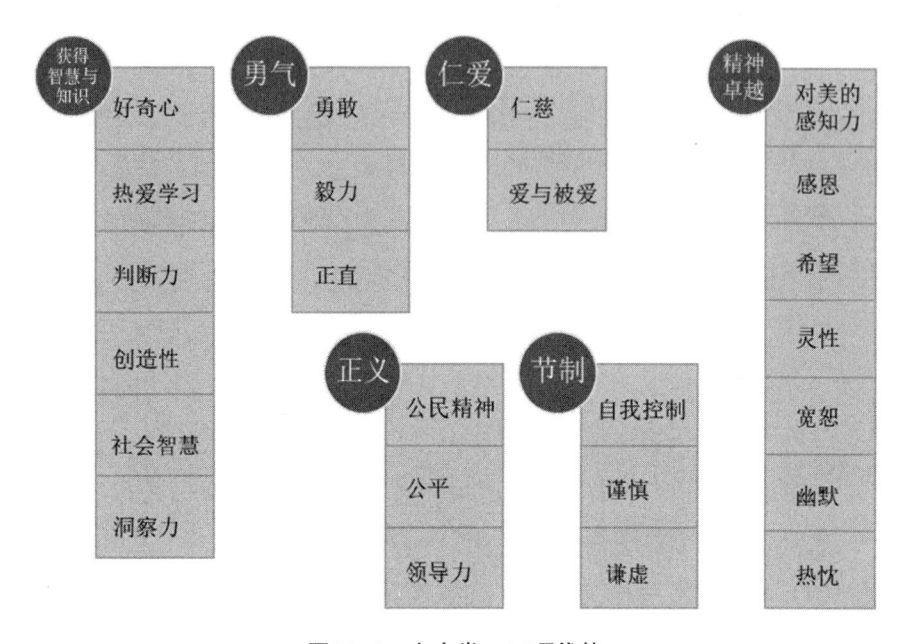

图10-1 九大类、24项优势

每个人一般都会有几项突出的优势，而不同的人会有不同的优势。当然，每个人也都会有几项劣势，这很正常，而且存在的劣势并不影响人们通过发挥优势获得成功和幸福。就像上面的例子中，虽然有的人缺乏社交能力的优势，不能在社交场所应对自如，但是可能拥有对美的感知力、好奇心、热忱等优势，很可能在艺术领域有所建树；或者拥有热爱学习、创造性、毅力等优势，在研究领域更得心应手；而拥有仁慈、公平等优势更容易成为助人者，拥有判断力、领导力优势更容易成为管理者，拥有谨慎、洞察力优势更容易成为法律工作者，等等，他们都可以在自己擅长的领域获得成功。"条条大路通罗马"，缺少哪一项优势都不可怕。所以，了解自己的优势和劣势，接纳真正的自己，积极发挥自身优势，才能获得更多的幸福体验。

[1] 马丁·塞利格曼.真实的幸福[M].洪兰,译.杭州：浙江教育出版社,2020.

✦ 真实的幸福体验

在上面的论述中出现了一个重要的概念，即"真实的幸福感"，其中"真实"二字格外突出。它提示我们，只有真实的积极情绪才是有益的，而装出来的虚假感受是无效的。当今的心理学格外重视积极情绪对幸福感的作用，心理学家芭芭拉·弗雷德里克森用严谨的科学实验证明，虚假的欢愉不仅对人体健康无益，甚至是有巨大害处的。

在一项著名的实验中，心理学家对一位心脏病患者进行访谈，同时用成像技术记录他的心脏活动，并对其表情进行录像。这位患者非常易怒，在访谈过程中，心理学家的一些问题让他越来越愤怒，成像技术记录下他的心脏经历了多次短暂的心肌缺血。事后，研究人员详细分析了同步录像，虽然被访谈者的表情不断发生变化，但研究人员发现，在成像技术记录的各次心肌缺血发生的同时，录像中只有两种表情与此相关：一种是愤怒，这原本就被认为是该患者心脏病的重要诱因；但令研究人员意想不到的是，另一种表情竟然是——微笑。

原来这位患者出于礼貌，会时不时地用装出来的"微笑"来掩饰自己的坏情绪。学者对录像中这种虚假的微笑进行了细致入微的描述，简单来说就是，只有脸部两侧的肌肉拉起嘴角，而面部其他肌肉没有任何活动，这与综合面颊多处肌肉所展现的真实的笑容是有根本差别的。当被访谈者做出这种虚假的微笑时，他的心脏正在经历着致命的威胁[1]。

这项实验和与此类似的多项研究有力地证明了，虚假的积极情绪不仅无益，甚至和危险的消极情绪一样有害，身体也会因此受到"惩罚"。这与上一节所讲的不要试图用劣势去强撑虚幻的成功相似。这些研究都给了我们至关重要的人生启示，那就是发挥自己的优势，从自己真正喜

---

[1] 芭芭拉·弗雷德里克森.积极情绪的力量[M].王珺，译.北京：中国纺织出版社，2021.

欢的事情中体验真实的积极情绪，进而加强自己的优势，由此形成一个向上的螺旋，这才是获得真正的成功、体验真实的幸福的人生真谛。

别人的成功是别人的，我们真心祝贺就好，但不要试图弥补自己的劣势去走和别人一样的路，因为我们每个人都有自己的成功途径。"战胜别人获得的短暂欢愉不是长久的幸福，真实的幸福来自提升你自己的精神层次，人生不是用来跟别人做比较的[1]。"这是人生的大智慧，了解这些知识也可以指导我们正确地引导孩子。

✦ 探索优势，接纳短板

有了人生优势的理论支撑，就可以指导我们如何在生活中应用它。具体来说，应该包括发现孩子的优势和接纳孩子的劣势两个方面。这两方面是相辅相成的，有很大的实用价值。

发现孩子的优势需要家长有一双慧眼，关注孩子在日常活动中所展现出来的强项。比如：孩子不厌其烦地做某件喜欢的事情，不怕累，也不怕失败，那就是孩子有毅力的表现；或者孩子对某方面知识特别感兴趣，在家长的引导下查资料，参观博物馆，可以给别人讲得头头是道，那我们就识别出了孩子有热爱学习的优势。具体的优势项目，可以对照上面讲到的24项优势。

发现优势之后，就需要我们引导孩子加强自己的优势。"帮助孩子强化"优势，这不就是小狗引导法吗？在这里怎么用？当孩子表现出某种优势的时候，我们就帮他指明这是哪种优势，并夸奖他，鼓励他。这就帮助孩子识别和强化了自己的优势项目，并因此获得积极情绪。

发现孩子的优势是家长比较喜欢做的事，但是应对孩子的劣势就比较困难了，特别是当自家孩子被别人家孩子的光芒掩盖的时候，或是当

---

[1] 马丁·塞利格曼.真实的幸福[M].洪兰，译.杭州：浙江教育出版社，2020.

人们普遍认为孩子应该具有某种优势而我们的宝贝却没有时，比如，男孩子应该勇敢，女孩子应该爱美，等等。实际上这只不过是人们的刻板印象，从24项优势我们可以知道，勇敢和对美的感知力都只是其中一项优势而已，并不是必不可少的。在当前这个层级我们所强调的，接纳才是正确的做法。对于孩子的优势和劣势，承认它，接纳它，欣赏它。"破除比较"方法在苹果树理论体系中的位置，如图10-2所示。

保 护 亲 子 关 系

社会	保护物权	安全感	自信	自律	预防霸凌	信任	压力管理
性格		接纳性格	自我掌控	**破除比较**	接纳现实		
情绪		情绪能力	情绪疏导	欲望管理	父母情绪		
沟通			安全的耳朵	学会不指责			
行为				小狗引导法			

图10-2　"破除比较"方法在苹果树理论体系中的位置

本书始终强调"以保护亲子关系为前提"，对待孩子的优势和劣势又是一个很好的例子。如果强迫孩子弥补劣势，限制其优势，必然会破坏亲子关系；而想要爱孩子，保护亲子关系，现实问题又摆在那里，不能不解决。我们找到了24项人生优势理论，了解到原来发挥优势对孩子一生的发展更为有利。这就在保护亲子关系的前提下解决了现实问题。

谁都想要爱孩子，"保护亲子关系"本就是对"爱孩子"的具体化，便于更有的放矢地行动。"爱"是一个很模糊、很抽象的概念，为了避免类似"对他凶也是为了爱他"这种争论，我们一直在用比较清晰准确的"保护亲子关系"这样的术语。接下来我们就抛开术语，用"爱"来做诗意的表达。家长都爱自己的孩子，这一点没什么争议，但是迫于现实的无奈，很多时候家长想要爱孩子却不知道该怎么解决实际存在的困难。明明"依恋关系"理论告诉我们，只要保护好亲子关系就对孩子有根本性的益处，对他将来获得长期的成就有很好的预测，包括学业成绩更好，较少做出异常行为，等等。作为家长，我们当然想要达到保护亲子关系的目标，可是实际生活中有太多的问题摆在眼前，包括孩子的各种行为偏差，总是哭闹不止，怎么说也不听，毛病"扳"不过来，等等，使得我们不得不用批评惩罚、冲孩子发脾气、弥补短板等不推荐的方式来应对。这种理想与现实的矛盾，使得保护亲子关系成了一个被现实阻挡的遥不可及的目标。本书要解决的就是这些矛盾，探讨的就是如何在爱孩子的前提下解决各种实际的育儿困扰。当您站到一个更高的位置以宏观的角度去思考，就可以得到一个重要的结论——保护亲子关系不仅是目的，更是途径。

也许用一个略带神秘色彩的寓言故事来表达您更好理解。在海的对岸有一个石碑，上面写着"爱孩子，保护亲子关系"，我们当然希望以到达彼岸为目标。可是，在去往对岸的路上，惊涛骇浪阻拦着我们，这些海浪就是孩子的行为、情绪、性格等实际存在的困难，如果为了应对这些困难而不得不破坏亲子关系，那就会使得到达彼岸的目标永远无法实现。直到有一天，您学会了小狗引导法，明白了原来在保护亲子关系的前提下也可以解决孩子的各种行为问题，这就像在海面发现了一处浅滩，我们一个箭步迈上去就避开了一些现实问题的大浪。接着，您又学会了情绪疏导法，情绪难题也可逐个击破，这就是另一处浅滩，我们大步迈了上去，离对岸就又近了一步。就这样，"安全的耳朵"、学会不指责、接纳性格、发现优势，一个又一个方法，带我们跨过一个又一个浅滩，帮着我们通过爱孩子的路径，破除无数现实的风浪。当我们回头一看，会惊讶地发现，那根本不是什么浅滩，在看似凶险的波涛中，海浪四散避开，出现了一条平坦的通路，我们可以沿着这条大路直达彼岸！

当我们仔细审视这条神奇的通路，就会发现在这条大路上镌刻着六个大字——"保护亲子关系"。我们终于顿悟，爱孩子不仅是目标，更是途径。

✦ 破除比较的关键

我们提倡"人生不是用来跟别人比较的"这样的理念，是因为仅仅通过战胜别人或者"我也能行"来获得短暂的成就感，并不是真正的幸福，论其实质，只能说明人生的无意义感；但也需要澄清一点，我们并不是提倡"与世无争"，更不是倡导所谓的"躺平"。真的需要竞争比拼的时候，那就放手一搏，努力拼搏也会使我们获得积极的情绪体验，对人生也是非常有益的。我们想要强调的是，我们不可能什么都不比，也不要什么都比！

在孩子还小的时候，我们经常带着他在小区里和其他小朋友一起玩，此时这里就成了家长拼娃的"战场"。总有人会有意无意地炫耀自家孩子又学会了多少本事，要么是"他都会从1数到100啦"，要么就是"我们家孩子都认识很多字啦"，等等。我们当然是不比的，只是礼貌地夸奖"孩子真棒"，内心不会因"比不过"而焦虑，反而会美滋滋地想：我们家孩子还不会这些，他每天说的最多的一句话就是"我爱你"。

后来孩子长大一点了，我们发现他在家时每次去洗手间或去屋子里拿东西的时候，都要先喊一句"爱你们"，我们也会积极地回应他"爱你"。次数多了，我们就好奇地问他："宝贝儿，为什么你每次都要这样喊一句呢？"孩子回答说，因为他怕黑，在开灯前喊一句"爱你们"，就什么都不怕了。随后，我们的小哲学家讲出了一句令人震撼的至理名言："爸爸妈妈，我觉得，爱能穿越一切恐惧！"

不要为了家长的面子去逼着孩子什么都比，孩子不是家长用于炫耀、满足自己虚荣心的工具，那只会耗尽孩子有限的能量，对他没有任何好

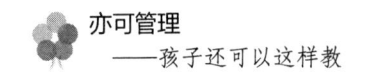

处。我们应该从小教给孩子的，是让他受用一生的各种重要能力，那才是真正的人生起跑线！

结合前面所讲的24项优势，这个理念就具备了理论支撑。我们不必让所有孩子都盲目地朝着一种固定的模式努力，而应该发挥每个孩子不同的优势，引导其探寻最适合自己的人生发展方向。别人的成功是别人的，我们衷心祝贺就好，而我们自己，有专属于自己的精彩人生。这就从根本上摆脱了比较的旋涡。

关于"比较"，我们可以这样来理解。对于一家公司的长远发展来讲，很重要的一个目标就是要避免"同质化竞争"。所谓同质化，就是指行业内的各家企业产品都差不多，没有本质上的差别，没有突出的特点，那最后的竞争结果只能是比谁的加班时间长，或是打一场惨烈的价格战。说回孩子也是一样，大家都朝着同一个模式发展，短板必须弥补，别人"加班、降价"倒逼着我们也不得不紧跟潮流，这不就是比较吗？那么，在公司管理上破除同质化竞争的关键是什么呢？那就是寻找并强化公司的"核心竞争力"——我的产品有独到的特点，在这方面我比别人做得更好，有固定的客户群，别人降价我就不需要跟风，喜欢我的客户还是会选择我的产品。那么，对于孩子来说，核心竞争力不就是24项优势吗？发挥优势，规避劣势，这样不就融会贯通了？

✦ 优势理念在生活中的实践

理念理解起来很容易，但是实际应用时总是会有各种疑惑，而且发现优势的范畴可以很宽泛，接下来我们就从孩子与家长的不同、爱好、梦想三个方面，来具体谈谈该如何发现优势，忽略短板。

1.接纳孩子与家长的不同

从我们自己的体会，包括对学员家长的观察，生活中比较难处理的是当孩子的特点与家长不同的时候，如果是恰恰相反，那就更让人抓狂了。家长很擅长的事情，孩子却一窍不通，甚至完全不感兴趣，或者是较深层次的想法不同，都给家长带来了很多困扰。和家长交流的时候，我们经常听到诸如"他是我的孩子，我当然希望他跟我一样""我就希望我儿子成为我的翻版"之类的话，这些都是可以理解的想法，但不可强求，因为这很容易造成亲子关系深层次的隔阂。

家长如果要求孩子跟自己的喜好或想法一致，就是在规定孩子"应该"喜欢什么，或"应该"怎样想。这种所谓的"应该"是心理学工作者明确反对的，因为它完全剥夺了一个人的独立性和自主性。家庭治疗大师萨提亚女士曾指出，人有五种天赋的自由。

- 有自由去思考自己所想的，而不是"应该"怎么想。
- 有自由去感觉自己真正的感受，而不是"应该"的感受。
- 有自由去听和看此时此刻发生的事，而非只能听和看"应该"关注的事物。
- 有自由去渴望以及选择自己想要的，而不是"应该"要的。
- 有自由去幻想自己想要达成的目标，而非永远扮演安全而固定的角色。

可以看到，上面五条中最刺眼的一个词就是"应该"了。所思所想、所看所做，一切都被各种各样的"应该"束缚着，像是一道道枷锁，生命失去了原本应有的活力。只有把"我应该"变成"我想要"，才能释放出巨大的潜能，不再是把精力耗费在自我纠结中，而是全部放在解决问题上，最终达成自我实现的巅峰[1]。

结合前面讲到的24项优势理论，就更好理解了。每个人的优势都不

---

[1] 约翰·布雷萧.家庭会伤人：自我重生的新契机[M].郑玉英，赵家玉，译.成都：四川大学出版社，2007.

同，孩子虽然遗传了家长的基因，优势却可能与之不同。即便家长的优势恰好是孩子的劣势，那也并不是什么罕见的现象。对此，我们唯有欣然接纳，承认孩子与我们不同，允许他有自己的特点，再进一步，去欣赏孩子独特的优势。

还是以我家为例。在我家，爸爸是个特别喜欢思考的人，他很喜欢拼乐高积木，他觉得那种严格按照说明书拼搭获得的严丝合缝的感觉特别好；但是呢，我儿子玩乐高的方式完全不同，他不喜欢按照说明书拼搭，只按自己的想法随意拼搭。这一点就让爸爸很抓狂："不按照说明书会拼错的，那就拼不出来这套玩具原本设计的样子了。这个玩具不就是应该这样玩的吗？""应该"这两个字同时击中了我们，多年的心理健康工作已经让我们足够敏锐地意识到，这个时候需要平静地思考。从这个玩法的差异可以看出，父子俩的优势是不同的。爸爸的优势是审慎，深入思考；虽然儿子的优势不在这方面，但他展现了极大的创造力，天马行空，这也是非常重要的优势！这一点并不妨碍他在游戏中获得乐趣。后来，儿子花了几天的时间，完全按照自己的设计，拼出了一艘巨大的飞船，送给爸爸当生日礼物。他还兴高采烈地告诉我们，哪里是爸爸敲电脑做研究的地方，哪里是妈妈做美食的地方，哪里是他自己驾驶飞船的地方，还有他的妻子和孩子的房间……我们惊喜地发现，儿子的优势中还有满满的爱与被爱的能力，这对体验幸福的人生实在是太重要了！

2. 允许孩子有自己的爱好

孩子的兴趣爱好，也是特别容易与家长起冲突的地方。如果孩子和父母有共同的爱好，那真是皆大欢喜。闲暇了下盘棋，跟爸爸手谈一番，或是陪妈妈玩会儿拼图，一家人其乐融融，多惬意。不过，如果孩子与我们的爱好不同，要不要督促孩子跟自己培养一样的爱好？还有一种情况，与父母的爱好无关，而是家长认为孩子应该培养某种爱好。比如，"男孩子就应该打球，篮球班必须得上！""学钢琴多好啊，我当年想学但是家里没钱呀，现在再贵也要学，你一定要坚持下来。"

到底什么是爱好？实际上，所谓爱好，一定是自己很擅长做的事，这与我们所说的发挥优势是息息相关的。在自己喜欢的事情中品尝乐趣，体会得心应手的舒适感受，这本身就在建构一个人的心理资源。相反，如果被迫放弃自己的爱好，不得不培养家长指定的"爱好"，那一定是一件非常痛苦的事情，自然也就没有任何乐趣可言。在一个人眼中再有趣的事情，另一个人做起来可能也是完全不同的感受，毕竟每个人的优势都有差别。

不仅是在生活中，即使是经典电影里也常有父母要求孩子必须与自己一致，剥夺孩子兴趣爱好的例子。有一部非常好看的奥斯卡获奖电影《国王的演讲》，在第8章"性格多样性"中我们曾经提到，这部电影堪称心理成长片的典范。男主角虽然贵为王子，却背负着常人难以承受的巨大压力，因为语言障碍的问题在公开场合无法发表演讲。他是因为各种悲惨的儿时遭遇才产生严重的语言障碍。其中一个典型的例子就是，他小时候特别喜欢制作飞机模型，但是他的父亲老国王喜欢集邮，于是就要求所有的孩子都必须也只能喜欢集邮，不许他们有其他爱好。其中有一句台词令人印象极为深刻："他（老国王）很害怕自己的父亲，所以他觉得他的儿子必须也要怕他。"

另一部美国经典电影《风月俏佳人》中也有爱好被剥夺的例子。男主人公高学历，高收入，事业有成，但他长期生活在父母的否定与控制之下，孤独而压抑，对什么都没有兴趣，只会工作和赚钱。直到女主人公出现后，他的生活中才重新有了阳光和绿草。当他的商业伙伴催着他去赚钱时，他却一个人坐在办公室里发呆，拿来一个个空杯子，小心翼翼而饶有兴趣地一层层垒高，自言自语地说道："我都忘了，我小时候最喜欢的是搭积木。"从儿时的爱好中，男主人公意识到，"建造些什么"才是自己真正想做的，而不是目前在做的将收购来的公司再转手卖掉，虽然这能给他带来巨大的利益。于是，他勇敢地做出了事业上的重大转

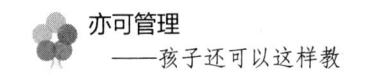

变，从而获得了生活中真正的幸福。

3.欣赏孩子的梦想

小孩子经常会将各种梦想挂在嘴边，什么飞行员啊、赛车手啊，很容易被家长泼一盆冷水。年龄小的时候影响不大，但是孩子终会长大，是追求自己的梦想还是服从家长的安排，不可避免地就成了一个大问题。这本书适合3~10岁孩子的家长阅读，虽然对这个年龄段的孩子来说，对人生的规划并不是迫在眉睫的事，但我们不妨未雨绸缪，对梦想有一个合理的认识，以免将来出现严重的家庭矛盾。另外，这也是与本章发现优势的主题直接相关的。

接纳孩子的梦想，也就是让孩子对自己的人生有掌控力。在第9章"自我掌控"中我们就讲过，当一个人对生活拥有足够的掌控力时，就会充满动力。头脑中会不断涌现创造力，身体也充满活力。拥有这样良好的状态，也许真就能把看似不可能的路给走通。如果从这个角度来说，这世上没有不好的梦想。

相反，当缺乏掌控力的时候，一个人的活力将会大大降低，一切都只是应付，得过且过。做着自己不喜欢的工作，对什么都没兴趣，浑浑噩噩地生活。

当然，一些所谓的"好工作"比较稳定，极具吸引力，毕竟人的生存是很重要的。要想帮助家长接纳孩子的梦想，首先要减少家长内心的焦虑，不必过于担心孩子将来的生计问题。

当今时代职业越来越细分，并且不断有新的职业涌现，调酒师、导盲犬训练师、游戏竞技职业选手、旅游博主等，新兴职业层出不穷。时代已经不同，以前看起来像是"玩物丧志"，现在也可以作为事业大放异彩。孩子因为可以做自己喜欢的事情而爆发出来的那种能量，大概率是可以帮助他获得一定的成功的。家长放下对孩子未来的焦虑，接纳他的梦想就会更容易一些。

一说起"梦想"这个话题，我们就很喜欢讲一个小故事。在将近一百年前，曾经有一个小男孩，用家具和各种零小物件摆满了客厅。他的妈妈本来在厨房里做饭，听到他弄出来的各种动静，好奇地跑出来看，见他把客厅弄得乱七八糟，用被单蒙着脑袋转圈，嘴里还发出"呜噜噜"的声音。妈妈又好气又好笑地问他在干什么。小男孩信心满满地说："妈妈，我的飞船就要发射了，我要去探索宇宙！"妈妈并没有生气，也没有嘲笑孩子异想天开，她略带宠溺地对孩子说："那你可别忘了回到地球来吃饭呦，饭就快做好了。"这个小男孩的名字叫阿姆斯特朗，多年之后，他成了第一个登上月球的人。

生活的路并不是平坦的，家长就不必再当孩子成长路上的"拦路虎"了。想想我们自己，每个人小时候都会有很多梦想，长大后，现实告诉我们，不是每个梦想都能成为现实的。我们可爱的孩子也不得不经历这个过程。那么，就让现实来当这个大反派吧，家长就给孩子多留几条路，谁知道将来哪条路就走通了呢？

✦ 你的孩子不是"你的"孩子

孩子是独立的，还是家长的附属品？近年来，这个话题的讨论度居高不下。令人欣喜的是，越来越多的家长接受了"孩子不是家长的私人物品"这样的理念，越来越多的孩子获得了一个独立的人本该拥有的尊重。如果您能接受这样的理念，那么对于孩子的特点、兴趣爱好、梦想等属于个人特质的部分，即便和您所期待的不同，相信您也能欣然地接纳。

家庭教育的意义在哪里？这个问题的答案就见仁见智了。我们理解的教育的真谛，是引领着孩子去探索"我是谁"，帮助他慢慢地了解自己，从而对人生有规划、有设计，找到自己合适的位置，最终获得令自己满意的人生体验。那么，发现优势就是一个帮助孩子认识真实自我的很重要的途径，了解自己的优势，发挥它，享受因自身优势所带来的快乐和满足感，当然，也包括荣誉！作为家长，我们一定会引以为傲！

最后，附上纪伯伦的一首诗《先知·论孩子》（冰心译）。

你们的孩子，都不是你们的孩子，
乃是"生命"为自己所渴望的儿女。
他们是借你们而来，却不是从你们而来，
他们虽和你们同在，却不属于你们。
你们可以给他们以爱，却不可给他们以思想，
因为他们有自己的思想。
你们可以荫庇他们的身体，却不能荫庇他们的灵魂，
因为他们的灵魂，是住在"明日"的宅中，
那是你们在梦中也不能想见的。
你们可以努力去模仿他们，却不能使他们来像你们，
因为生命是不倒行的，也不与"昨日"一同停留。
你们是弓，你们的孩子是从弦上发出的生命的箭矢。
那射者在无穷之中看定了目标，也用神力将你们引满，
使他们的箭矢迅疾而遥远地射了出去。
让你们在射者手中的"弯曲"成为喜乐吧，
因为他爱那飞出的箭，也爱那静止的弓。

亦可故事

黑白之间（亦可爸爸篇）

我喜欢围棋，是个超级棋迷。我觉得围棋的世界特别奇妙，蕴含了

很多的人生哲理。有句话说得好——"学围棋的孩子不会学坏",所以我特别希望亦可也能跟我一样喜欢围棋,于是,我下定决心,一定要教会他下围棋。

这天,亦可让我陪他玩,我拿出了棋盘棋子,正好让他接触围棋。

我们端坐在棋盘两侧,我拿着棋子在棋盘上摆弄了一番,对亦可说:"你看,这个走法叫'点方'。为什么这么叫呢?因为呀,这是一个非常关键的位置,在围棋里,走在关键的位置上就叫'点'。你再看,这个形状,是不是像一个方块?走在这个方块的关键位置上,就叫'点方'。记住了吗?"

亦可闷闷地"嗯"了一声。

我接着巩固这个概念道:"这个叫什么?"

亦可胸有成竹地回答:"叫'方块'!"

"不对,那是我打的比方,你再想想,走在关键的位置叫什么?"

亦可愣了一下:"走关键的?叫'齐步走'。"

"这都什么跟什么呀?满嘴胡说八道,这个叫'点方',走在这个方块的关键位置叫'点方',这有什么难的,怎么就记不住呢?"

亦可一看我急了,瘪着小嘴就要哭。

我心软了,开始转动脑筋。对呀,亦可这个年龄的孩子都爱玩,我也得让他对围棋感兴趣才行,不就是让他觉得好玩吗?我也会呀!

我先安抚好亦可的情绪,然后开始了我第二轮的"作战计划"。

我指着棋盘上刚摆好的棋子,对亦可说:"你看,你这样把我整个包围住,你再一走这里,嘭!我的棋子就全都死了,都归你了。"

亦可手里攥着吃到的棋子,高兴极了:"耶,太棒了,这个好玩!"

我一看有门儿,心里乐开了花。

亦可接着说:"这回我可以拿着棋子搭城堡喽!"

我刚刚咧开的嘴角僵在了那里,心里抑制不住地失望:"唉……原来不是那么回事啊……"

181

没关系，屡败屡战，为了能让儿子和我一样喜欢围棋，我不会被打倒的！不就是搭城堡吗？我陪你搭！

就这样，我陪着亦可拿棋子搭城堡，又分拨打仗，又对着弹棋子……把能想到的玩法全玩了一遍，这回可以学围棋了吧？我刚开始摆棋子，亦可抬头看了看表，站起来就跑："哎呀，我该下去踢足球了，我跟小树约好了的……"

我的天！我彻底败下阵来……

我垂头丧气地去找妈妈诉苦："你说我想教他下围棋怎么就那么难啊？围棋多好呀，我这么喜欢围棋，他怎么就跟我不一样呢？"

妈妈正忙着做饭，随口回了我一句："他为什么非得跟你一样呢？"

我被问得张口结舌："因为他……因为我……"

妈妈接着说了一句："你跟你爸爸也很不一样呀。"

这一下，我彻底"哑巴"了。对呀，我爸爸特别喜欢乐器，曾经有一阵子也很想让我跟他学乐器，可是我就是提不起兴趣，后来就不了了之了……

妈妈见我一直没说话，停下手里的活儿问我："哎哟，我是不是说错话了？"

我赶紧摇了摇头，说："没有没有，你没说错，你说得太对了！"

是啊，亦可虽然是我的儿子，可他是个完全不同的人，他会有独立的思想以及自己的喜好，我可以把自己喜欢的东西介绍给他，可如果他实在不感兴趣，我也只能欣然接受了……

虽然道理都想明白了，但是……

吃晚饭的时候，我还是有些闷闷不乐。我领悟到的那些好东西，对亦可全无用武之地，还是让我心里有点不舒服。

这时，亦可指着妈妈做的鸡肉土豆丁说："这个菜真好吃，我们给它取个名字吧，爸爸你看，都是小方块，我们叫它'点方'，好不好？"

我一下子愣住了，不可置信地看着亦可。原来我教给他的东西，已

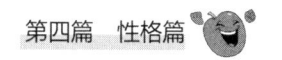

经潜移默化地影响了他呀。这回我释然了,这顿饭吃得真香!

故事解读

本集故事的主角,变成了我们热爱围棋的亦可爸爸,他是多么希望自己的儿子也能和他一样爱上围棋,闲暇时父子二人能手谈一番。可惜,亦可对围棋完全不感兴趣,亦可爸爸虽然尝试了各种不同的教学方式,还是没能让亦可爱上围棋,最终悻悻然败下阵来。

兴趣爱好和先天优势紧密相连,只有符合先天优势,可以由此获得乐趣,才可称为"爱好",这和性别无关,和父母的爱好更是没有半点关系。亦可的先天优势显然和爸爸不同,他无法从围棋里找到乐趣,但是这不会阻碍他找到属于自己的乐趣,比如和小伙伴一起踢足球。

家长对孩子的影响是潜移默化的,虽然一时可能看不出来,但是这种影响会深入孩子的内心,一点一滴逐渐成为孩子价值判断体系中的一部分,甚至会影响他的一生。在我们的故事里,亦可也灵活理解了爸爸教的"点方"。所以,爸爸妈妈不必过于追求外在形式上的一致,我们的人生观、价值观,多多少少、早早晚晚都会传承给孩子,您可以对此保持足够的信心。虽然看似无形,但是生命的传承会一直无声地延续下去。

第11章
拥抱变化

亦可管理
——孩子还可以这样教

✦ 都是这件坏事害苦了我

一次公益课堂上，一位向来活泼开朗的妈妈一直闷闷不乐，出于关心，我们向其询问原因。原来，本来这个周六是她们的家庭日，一家人已经商量好了要一起去看展览，然后去吃一顿丰盛的大餐，孩子也特别期待。结果好巧不巧，这位妈妈周末突然有了新的工作安排，她努力地想了很多种办法，怎么也不可能既完成工作又和家人一起活动，只好和孩子道歉，周六的活动只能取消了。孩子当然非常失望，因为年龄小，他无法理解妈妈的无奈，在家里又哭又闹，逼着妈妈一定要推掉工作，而妈妈自然是做不到的，一开始还能好言好语地哄孩子，但是孩子不停地闹，妈妈也烦了，最后一家人鸡飞狗跳地度过了一晚。

"其实我心里也不好受，答应孩子的没做到。"这位妈妈眼泪汪汪地说，"可是我真是没办法啊，怎么偏偏是这个周六呢！老天就好像是专门跟我作对！唉……真是被这坏事害惨了！"

这样的意外情况在生活中并不少见。每到过年的时候，我们常常会说一些吉祥话——"万事如意""事事顺心""所得皆所愿"，等等。之所以说是吉祥话，是因为大家都明白这只是美好的祝愿，现实往往是"人生不如意事十之八九"。

很多时候我们都拼尽全力想要改变现实，但终归是徒劳无功，并会因此陷入负面情绪中无法自拔，抱怨为什么会发生这样的事？都是这样的坏事害苦了我。

既然世事不能尽如人意，我们是不是就只能被裹挟，毫无办法？

✦ 开启人生崭新大门的ABC法则

说到该如何面对不尽如人意的现实，就需要介绍心理学界赫赫有名的"ABC法则"。它所揭示的道理，可能会让很多人惊呼："我中招了！"什么意思？我们先来看看图11-1。

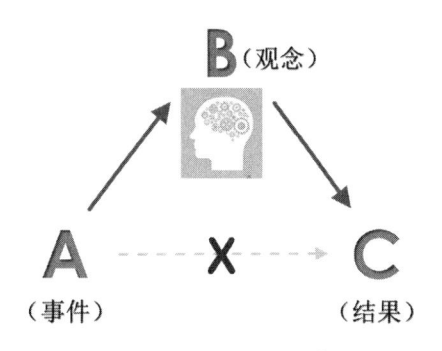

图11-1 ABC法则示意图

从图11-1中可以看出，当发生了一个不好的事件A（Affair）时，会让人心里不舒服，并得到一个情绪结果C（Consequence），人们往往会认为，是这个事件A使得我们有了这个负面情绪C，如图中下面的虚线箭头所示；但是心理学研究发现，真相并非如此，并不是事件A直接造成了情绪结果C，这中间还有一个关键节点——观念B（Belief），即我们头脑中的认知观念集。也就是说，我们如何看待这个事件A，以及我们的大脑对它如何认识和加工，才使得我们产生了情绪结果C，如图中两个实线箭头所示。

ABC法则非常重要，因为如果按照错误的逻辑，以为事件A直接引发情绪结果C，那么我们会认为只要事情发生，就必然会产生那样的情绪，而要想得到更好的结果，只能努力去改变这个外部事件A；但我们都知道，很多时候外部事件很难改变，即使我们付出自己最大的努力，效果也微乎其微，更何况对于那些既成事实，是根本无法改变的。这种时候，人们往往会责怪自己努力不够，或者错误地认为自身能力不足，又或者不停地抱怨为什么这种倒霉事让我遇到了，更严重的，是绝望。这些想法无一例外会对身心健康造成极大的伤害。

ABC法则教会了我们：不必付出全部努力盲目地改变事件A，因为实际上让我们那么难受的并不是它，而是我们自己的观念B。恰好这些观念就存在于我们的脑子里，可以完全由自己掌控。同样一个客观事件A，要想得到不同的情绪结果C，我们只要改变观念B就可以了。这简直像哥伦布发现了新大陆，您这是打开了人生一扇更广阔的大门！

当我们明白了这个道理，意外的伤害就会降低。外部事件通常不会按照我们的意愿发生，但这些坏事对你的影响不是必然的，而是随着你的观念改变的。即便是面对同一事件，观念不同，就会产生完全不一样的情绪结果。更重要的是，面对同一事件，我们完全可以通过改变自己的观念来改变自己的情绪结果。这是从根本上扭转了局势——我们不再被动地受外部事件摆布，而是发生了180°的大转弯，一切由我们自己掌控。

"TED演讲"里有一段内容，恰好是对"生活不受外部事件摆布"的精彩诠释。演讲者是哈佛大学的一位心理学家，他问了现场观众一个奇怪的问题：如果让你选，你更愿意从两种事件中选择哪一个——彩票中大奖还是截瘫？观众都笑了，答案显而易见。心理学家接下来用确凿的实验数据揭示：经历过这两种天壤之别的重大事件的人们，在一年之后，他们的幸福感竟然相同！观众笑不出来了，正如我们第一次读到这个故事时一样，他们开始沉思。这位心理学家接着用更多的科学研究证明，除去个别例外，"发生在三个月之前的重大挫折，对你现在的幸福几乎没有任何影响！"[①]

---

① 克里斯·安德森.演讲的力量[M].蒋贤萍，译.北京：中信出版集团，2016.

✦ 接纳现实的不完美

世上唯一不变的是变化本身。事情已经发生，既成事实，与其懊恼、苦闷、自怨自艾，或者拼尽全力想去改变事实，倒不如接纳现实的不完美。这一章我们把"接纳"这个重要理念又推向了一个新的高度，从前几章接纳孩子的先天性格到接纳自我，再到这一章的接纳现实，如果能掌握个中要领并实际应用起来，生活会更游刃有余。这个方法在苹果树理论体系中的位置，如图11-2所示。

保护亲子关系

社会	保护物权	安全感	自信	自律	预防霸凌	信任	压力管理
性格	接纳性格	自我掌控	破除比较	**接纳现实**		
情绪	情绪能力	情绪疏导	欲望管理	父母情绪		
沟通	安全的耳朵	学会不指责				
行为	小狗引导法					

图11-2 "接纳现实"方法在苹果树理论体系中的位置

在学过的众多心理学理念中，我们认为ABC法则格外实用，也是我们极为推崇的法则。心理学于我们，犹如人生境遇的"分水岭"，将心理学理论应用到实际生活中，是我们的强项，也因此受益良多。比如，"接纳现实"理念就对于帮助我们摆脱束缚、缓解焦虑、享受现实生活起到了极其重要的作用。

ABC法则本身就已经非常有价值了，而后心理学家总结出的多条常见错误观念更是字字泣血，如果对这些错误观念深信不疑，那真是害人不浅。在这里我们仅举出我们体会最深的其中一条来探讨。

"这件事做不成我就彻底完了",或者"失去了这一切我就什么都没有了"。

这是非常典型且常见的错误观念,有多么常见呢?心理学工作者甚至给它起了一个代名词叫"非黑即白"。不成功则成仁,只有两个极端,不能失败,等于只有成功这一条路可以走。只有一条路,那不就等于是绝路吗?

实际上,现实世界中有大量的灰色地带,并且从浅灰到深灰,更是有许多不同层级,绝大多数事物都处在这些中间地带,绝不是只有黑或白两个极端。人的身心有广阔的适应范围,有的位置很不错,有的还可以,有的不太好但尚可接受,这些都是不同的灰色,这才是真实的世界;而把事物归类于不是纯白就是纯黑,那其实是我们自己的想象,是给自己套上的枷锁,而并不是现实。

"考不上大学我的人生就全毁了"。可是我们现在回头看,十八九岁的年纪,人生才刚刚开始啊。

"失去了这份爱情我就再也得不到幸福了"。其实好男人好姑娘多的是。

"得不到这个职位我就彻底完了","挣不到这份钱我根本没法向家人交代",等等,类似的错误观念每个人都可以想出很多。这些都属于非黑即白的错误观念,一直以来对人危害极大。

我们当年学到ABC法则的时候如受到当头棒喝,过去的几十年,我们自己就被这些错误观念伤得体无完肤。当时心里的想法是,要是能早点学到就好了,可是学校里没有教过,父母长辈也不懂,这么重要且有用的知识得不到传播,真是太可惜了。心理学大师马丁·塞利格曼教授认为,应该在孩子青春期之前教会他们ABC法则[1],对此我们深以为然。那么,就请各位家长跟随我们的步伐,自己先掌握好这个方法,再把它

---

[1] 马丁·塞利格曼.活出最乐观的自己[M].洪兰,译.杭州:浙江教育出版社,2021.

教给孩子吧。

✦ 现实并非眼见为实

在现实生活中，当发生难以接受的消极事件时，该怎么"接纳"？对此，心理学的建议是——引导我们的大脑少关注消极方面，多关注积极方面；少关注失去了什么，多关注自己还拥有什么。

您可能想，坏事情已经发生了，明显地摆在那里，跟我关注哪个方面又有什么关系？其实有很大关系！研究表明，我们的大脑是很容易被左右的，注意力在被引导之下，根本不是眼见为实，而是只能看到被引导关注的方面。对此，有一个非常有力的实验依据，叫作"看不见的大猩猩"。

当年学到这里的时候，老师对我们说："我给大家放一段视频，视频里有几个人在舞台上来回传球，你们一定要仔细看，数清楚他们到底传了多少次球，最后我会看看有多少同学数对了。"于是我们所有人都全神贯注，仔细盯着屏幕数。视频放完了，大家说："16次。"老师说："没错，是16次。有多少同学数对了？请举手。"绝大多数同学都举手了。没想到老师又问："有多少同学注意到，视频半截少了一个人，离开了舞台？"我当时一愣，啊？还有人离开舞台？没看见啊。果然只有少数同学举手说看到了。老师又问："有多少人看到，舞台的幕布颜色变了？"这次有更少的同学举手。最后老师问："有谁看到大猩猩了？"同学都惊呆了，啊？还有大猩猩？只有一个同学举手了，而这位同学是因为迟到了，没听到老师开场时强调要我们仔细数传球次数，因此没有因受到引导而只盯着球看。这时，老师又放了一遍视频，且事先不做任何引导，这一次，我们清楚地看到，一个人离开了舞台，幕布颜色变了，还有一个人穿着大猩猩的道具服装，堂而皇之地走上舞台，甚至还对着镜头做

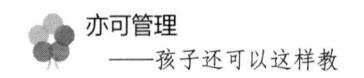

了捶胸的动作。所有人都陷入了沉思，这么明显，我们竟然真的会视而不见！老师适时地教给我们："现在明白了吧？大脑关注什么是可以被有意识地引导的。"[①]

如果不去有意识地调整关注点，在缺省的状态下，我们的大脑会选择关注什么呢？在第一章的时候我们就讲过，人类的大脑总是本能地去关注不完美，因为从原始人进化开始，只有善于发现漏洞的人才能更好地活下去。即使100分里面已经得到了99分，我们仍会缺省地只去关注没得到的那1分。我们总盯着失去的东西看，以至于失去的这部分被不断放大，最后我们的内心感受就好像是什么都没有了一样。那该是多么的痛苦！可是，我们明明还有99分呢，由于缺少关注，我们拥有的这些美好，就好像不存在了一样，这像极了舞台上的大猩猩。

现实遭遇并不是不可悲，但是继续惯有的消极关注模式，我们没办法感受到幸福。要想获得高质量的生活，只有努力改变。面对不完美的现实，尝试打破惯有的消极关注模式，有意识地多去关注我们已经拥有的美好，学着去接纳不完美，进而欣赏那些美好而真实的生活。如此这般，人生才会变得鲜活而有滋味。

✦ 拥抱颤抖

人生难免会遇到各种难关，有的时候灾难大到真的能把人击垮。您是不是怀疑，要是真的遇到了天大的祸事，又有谁能真的做到接纳呢？其实不然，如若真的遇到了重大挫折，恐怕接纳才是唯一的

[①] "看不见的大猩猩"是一个著名的心理学实验，其实验结果是有一半以上的人看不到大猩猩。这里描述的本次学习经历中，看不到大猩猩的人数远远超过正常比例。之所以我们绝大多数同学都没有注意到大猩猩，可能是因为我们过于信任和崇拜导师，他要求我们仔细数传球数，这个引导对我们的作用非常大。

"救命稻草"。

这里我们就举一个比较极端的例子。尼克·胡哲天生没有双臂和双腿。如果说我们可以对他的痛苦感同身受，那绝对是言过其实。这已经远远超过常人所能遇到的灾祸了，接纳？谈何容易？可是，他不仅活了下来，并顽强地长大，居然还活得很乐观！他会游泳（用他唯一的"小肢"），爱打高尔夫球（用头和脖子夹着球杆），还能敲键盘（用"小肢"上仅有的两个脚趾），甚至娶妻生子，如正常人一般生活。

他不仅过好了自己的生活，还致力于帮助他人活出精彩的人生。他到世界各地演讲，激励了无数人。他在讲台上故意摔倒（象征遭遇挫折）再顽强地站起来的情境，让人无法忘怀，难以想象一个没有四肢的人还可以凭着一己之力重新站起来。很多听过他演讲的人都要排着队跟他拥抱，就是因为他给了那些在痛苦中挣扎的人们难以名状的巨大力量。他让人们认识到，人类的适应范围极其宽广，潜力无限，我们自己的遭遇远不如他，生活中没有什么过不去的沟坎儿。

其实不必非要像尼克·胡哲那样极端的遭遇，接纳现实的例子可不止这一个。有一位艺术家，他的画法比较特殊，是不停地在画布上画点。由于他过于疲劳，双手开始出现轻微的颤抖。为了不影响作画，他用了很多办法强制自己停止颤抖。您可以看到，这和我们在本篇开篇所讲到的不要硬"扳"孩子的"臭毛病"是类似的，显然是不合理的应对，只不过这里的压力来自艺术家自己。经过一番努力，果然适得其反——他的手颤抖得更厉害了，而且变成了持续不断地颤抖。这时他慌忙去医院检查才得知，由于他自己错误的"矫正"措施，对双手的神经造成了不可逆的损伤，他的颤抖再也无法治愈了。想到自己再也不能作画，他非常绝望。这时，他的医生对他说了一句改变他人生的话："为什么你不试着拥抱颤抖？"

"拥抱颤抖"，这句话让他愣了很久。痛定思痛，他渐渐意识到，现实既然已经无法改变，自己唯一能做的就是尝试接纳，进而他的思想得到了升华，他意识到，艺术的精髓不在于某一种具体的表现形式，而在于内心的创造力。他认识到自己确实不能再使用所擅长的点画法了，于是开始尝试各种新的表现形式，由此，他又打开了另一扇通往艺术之都的大门。经过多年努力，他终于成为一位成功的艺术家。在"TED演讲"结束时，他获得了所有听众的掌声，而此时，他的手依然在控制不住地颤抖。[①]

✦ 对ABC法则的活学活用

我们已经讲了很多对ABC法则的深入理解，那么在亲子课题中，我们又该如何应用它呢？实际上，在整个苹果树理论体系中，在多个章节都能找到本方法的影子。

首先，在本书第一章介绍小狗引导法时，就讲过要有意识地减少对孩子错误行为的关注，从而起到弱化错误行为的作用。这实际上就是对ABC法则的一种践行——不是一味地去改变事件A（孩子的错误行为），而是通过改变家长的错误观念B（做错了就要被惩罚），从而达到转变情绪结果C的效果（家长不再因孩子的错误行为而气愤，相对更容易接纳孩子）。这样，孩子的错误行为一次一次地被弱化，再结合通过夸奖等方式强化其正确行为，孩子的行为模式会越来越向家长引导的方向靠近。您看，从本书的一开始，您就已经在接触ABC法则了，只不过那时还不到把它理论化的时机。现在，我们讲清楚了ABC法则，更有助于您把理论应用于实践。实际上并不止这一处，其他章节也有对此方法的具体应用。

在"情绪篇"，由于是对支配外在表现的内心情绪的探讨，更是有多处对接纳现实这个理念的应用。

[①] 这一段所讲述的两个例子都有相关的视频资料，在各大视频网站搜索"尼克·胡哲"和"拥抱颤抖"就可以找到相关精彩视频。

在"情绪疏导"章节，讲到过满足事情和满足情绪孰轻孰重的问题。很多时候事情很难满足，比如该章节所举的例子，工作安排临时改变造成无法如约带孩子出去玩。不明智的想法和做法是，不惜代价从事情上满足孩子，比如拼命完成工作或者试图改变工作安排，其实这都被归类于难以改变的外部事件A，而一旦事情实在无法满足，就变成难以面对孩子的情绪，不许他哭，要求他必须打消出去玩的念头，等等。这些都与我们提倡的做法背道而驰。实际上，满足情绪比满足事情更重要，而且更容易实现，所以我们的建议是，不必去勉强改变事件A，即不要把努力都花在改变工作安排上，而应该去改变自己的想法B，接纳工作安排发生改变的事实，允许孩子有不满的情绪，而且要帮助孩子把情绪疏导出来，告诉他"我也和你一样觉得很遗憾，你要是想哭可以哭出来，到我怀里来哭吧"；由此，我们抓住了满足情绪的重点，就可以得到完全不同的结果C——孩子的情绪得到疏导，心情很快得到缓解，我们自己也可以安心地去工作了，一场危机由此烟消云散。

在情绪管理模块所讲的通过积极关注来调整情绪，就更是对ABC法则的直接应用了。一个事件已经发生了，人们的缺省模式往往只关注负面影响，必然会产生负面情绪。我们需要有意识地去调整观念和视角，多关注事件还有哪些积极的作用，以及我们仍拥有的美好方面，从而在不改变事件的情况下彻底转变自己的情绪结果。这不就是一幅完整的ABC法则标准图示吗？

到了本篇"性格"这个层次，本身就是在重点讲解接纳的核心理念，这几乎就是对ABC法则的普遍实践。包括接纳性格、接纳孩子的短板等在内，其实都离不开接纳现实的理念。可见，ABC法则是可以灵活应用到现实生活中的方方面面的。

下一篇，我们将进入"社会篇"的内容。这是整个苹果树理论体系的最高层次，同时，它更是对各个层次、各种方法的综合应用。相对来说，行为、沟通、情绪、性格，还都是在家长与孩子之间就可以解决的问题；而随着孩子年龄的增长，上幼儿园，进入学校，孩子就慢慢地离开家长的掌控范围，进入小社会了。由此，家长也就需要面对更多的现实问题，包括学习难题，保护物权，预防霸凌，等等。在接下来的讲解中，我们将灵活应用已经学会的各种方法，将这些难题逐个击破，从而将整个苹果树法则从理论到实践融会贯通，使其真正成为帮助家长全面应对孩子的各种日常问题的整体解决方案。

亦可故事

生日惊喜

亦可的生日快到了，他以前总说想要一个惊喜，所以我和爸爸商量了一下，决定用特别的方式把生日礼物送给他。我们给他准备的礼物是他一直想要的电话手表，虽然没有买到他最喜欢的红色款，但是没关系，我们有精心准备的"惊喜计划"！

在他生日的前一天晚上，等亦可睡着了，我和爸爸躲在卧室里，一边调试电话手表，一边计划着明天该怎么送给他。我们想，明天一早，趁亦可还没睡醒，把手表偷偷地放在他的枕头旁边，然后到另一个房间里给他打电话，让铃声叫醒他。睡眼惺忪的亦可看到枕头旁边的电话手表，一定会感到非常惊喜。想到亦可开心的样子，我们也抑制不住地笑了起来。

第二天一早，我们早早起床，拿着电话手表来到亦可的卧室，小家伙儿睡得正香呢。我们悄悄靠近他的小床，爸爸刚要把电话手表放到他的枕头旁边，亦可忽然翻了个身，嘴里还嘟嘟囔囔的，吓得我们赶紧跑了出去，弄得木地板都发出了"嘎吱嘎吱"的声音。

我和爸爸像做了坏事的小孩子一样，一边捂着嘴偷笑，一边跑回卧室，把门关上，一动不动地听着那边的动静。亦可好像并没有醒，只是翻了个身而已。我对爸爸说:"两个人进去动静太大了,干脆你一个人进去放电话手表,我在这边等着拨电话。"

我站在卧室门口,只见爸爸蹑手蹑脚地走到亦可房间的门口,突然,电话手表"丁零"响了一声。爸爸捂着电话手表赶紧往回跑,我也吓得赶紧跑到卧室里来。爸爸跑到半路,突然没声音了,我探出头去,只见他像做贼似的站在那里。我小声问他:"怎么了?"他也小声回答我说:"短信,天气预报。"原来是虚惊一场。爸爸小心地走进亦可的卧室。他进去了好一会儿,我焦急地等待着,终于看爸爸笑着一路小跑着回来,小声冲我喊道:"快!给他打电话!"

终于到了我们最期待的环节——用铃声叫醒他。多好玩,多惊喜呀!我赶紧拿起手机拨号,可就在这时,忽然听到亦可那边有了动静——他醒了。亦可"咦"了一声,我低头一看,手机还在等待连接呢,孩子已经在喊爸爸妈妈了,我只好不情愿地按掉了电话,和爸爸一起跑了过去。

我走进亦可的房间,看到小家伙呆坐在床上,手里拿着电话手表愣愣地看着,我的心情更低落了——没能给他惊喜,电话手表不是红色的……

我正在胡思乱想,突然,亦可兴奋地大叫起来:"是蓝色的耶!我都不知道蓝色的电话手表这么好看!哇!爸爸妈妈,你们快看,这个表带上面还有好多小孔呢,真好玩!这个电话手表好棒呀,我真是太喜欢了!"

亦可就这样呜哩哇啦地说个不停,还拉着我们一起看他的电话手表,他开心的样子深深地感染了我,虽然计划赶不上变化,现实和我们当初的想象不太一样,但是亦可的兴奋程度胜过了千言万语,原来我们的"惊喜计划"已经成功了呀!我心中的那点失落感瞬间烟消云散,一家人沉浸在喜悦和幸福中。

亦可管理
——孩子还可以这样教

故事解读

虽然本集的故事主题设定的是"接纳现实",但我们没有选择人生中的大事件,而仅仅是送生日礼物这样的小事情。我们想表达的是,现实生活中没有那么多天翻地覆的大变化,即便是一些琐碎的日常细节,也可以随时使用ABC法则去调整心态,接纳现实的不完美。这个方法用得越熟练,我们就活得越通透。

在故事里,亦可妈妈精心设计的"惊喜计划"总是遇到各种障碍,最期待、最精彩的部分也没能实现,怎么办?那就以孩子的感受为先吧,孩子开心最重要,送他生日礼物不就是为了让他开心吗?多关注孩子的笑脸,其他的不完美自然就被缩小、被忽视了。

电话手表是红色亦可,是蓝色亦可;铃声叫醒亦可,自己发现亦可;做这项工作亦可,做那项工作亦可……

此亦可,彼亦可,亦可,亦可……

您一定发现了,这就是我们的小主人公名字的由来。此亦可,彼亦可,给孩子多一条路,一切都变得从容不迫了,不是吗?

孩子
还可以
这样教

第五篇
社会篇

第12章
保护物权

✦ 我让孩子与小朋友分享玩具他偏不干

小朋友在一起玩，互相分享玩具很常见，你玩玩我的，我玩玩你的，既增进了感情，也是培养社交能力的过程。这一点成年人都很清楚，但是小孩子不愿意，自己的玩具凭什么要给别人玩呢？遇到这样的情况，又有多少好面子的家长能够无视尴尬，尊重孩子的意愿呢？只能硬把玩具抢过来，满面笑容地递给别人的孩子，还要"凶神恶煞"地教育自己的孩子不要那么小气。面子是暂时保住了，可是"捅了马蜂窝"，心爱的玩具被抢走，无助的小朋友只能伤心大哭，在旁边的您看着，心里是不是也很困惑："'分享'这么好的理念，小孩子怎么就学不会呢？"

一个看似简单的分享玩具的事情，其实背后反映的是孩子的社交问题，这也是家长通常很关注的话题。在公益课堂上，也经常会有家长问我们该如何引导小孩子社交。本章是"社会篇"的第一章，我们先以一个简单的分享玩具的问题入手，逐渐展开对孩子进入小社会后可能遇到的各种问题的探讨。

✦ 儿童的认知水平随着年龄增长而变化

要探讨小孩子为什么无法理解"分享"这样简单的"道理"，首先，我们需要补充一些与此相关的心理学知识。著名心理学家皮亚杰提出的认知发展理论告诉我们，随着年龄的增长儿童的认知水平是有明显差异的，并且这种规律是普遍存在的。心理学家到不同发展水平、不同文化背景的国家重复相同的实验，得到了一致的验证结果。他们甚至到非洲的原始部落进行实验验证，发现只要是相同年龄的儿童，也可以观察到同样的结果。

　　有一项非常有意思的实验，对上述规律揭示得极为清楚。皮亚杰发现，给一个孩子看一块外表像石头的海绵，让他摸一摸，孩子就知道这其实不是石头而是海绵。然后问他："如果你的某一个小伙伴看到了这个，他会觉得这是什么呢？"年龄大一些的孩子能正确回答"别人也会误以为是石头"，但年龄小一些的孩子基本上都会回答"别人知道是海绵"。这是因为，"小孩子会以为自己知道了，别人也就都知道了"。有意思的是，科学家到非洲喀麦隆的部落，向孩子提出了类似的问题：如果部落的一个成员把鱼放在碗下面扣着，他走了以后同伴跟他开玩笑，把鱼藏到了锅里，那前面这个人回家以后，会到哪里去找鱼呢？年龄大一些的孩子能正确回答，而年龄较小的孩子会说"去锅里找"。因为只要他知道了，他就以为别人也都知道了。这是关于儿童认知水平的一个例子，这个经典实验证明了，儿童的认知水平会随着年龄增长而变化的规律是普遍的、客观的和固定的，它只与儿童的年龄相关，而与经济条件、教养方式等无关。图12-1就是该实验的研究结论统计图，这个图恰好可以直观地表明上述普遍存在的规律[①]。

---

① 丹尼斯·博伊德，海伦·比.儿童发展心理学[M].夏卫萍，译.北京:电子工业出版社，2016.

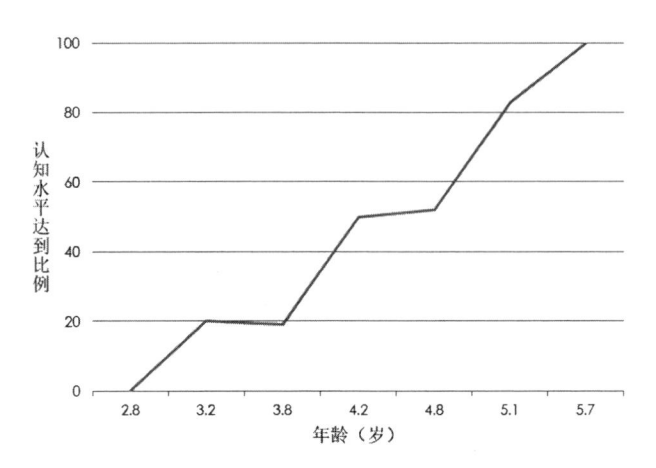

图12-1　儿童认知水平随年龄变化趋势

皮亚杰做过一个儿童"自我中心"实验。在这项实验中，心理学家在桌子上摆上立体的小山模型，让儿童从一个方向观察小山，并在儿童对面的桌子上摆一个布娃娃，然后让孩子从一些照片中选择布娃娃看到的小山是什么样子的。结果有意思的是，年龄大一些的孩子可以选对，而年龄较小的孩子选择的都是和自己所看到的小山一样的照片。心理学家对此的解释是——他们还不能以他人的视角来看待问题[1]。

孩子之所以还不懂得"分享"，并不是因为小气，很可能只是因为他的认知水平还停留在"以自我为中心"的阶段。

✦ 尊重孩子的物权

我们都知道苹果树法则的根基在于"保护亲子关系"。分享玩具的理念虽好，但是如果强迫孩子分享，甚至直接把玩具抢过来给别的小朋友玩，对孩子而言是巨大的伤害，这显然是在破坏亲子关系。那么，该如何对待孩子的私人物品呢？我们的建议是：尊重孩子的意愿，保护孩

---

[1] 丹尼斯·博伊德，海伦·比.儿童发展心理学[M].夏卫萍，译.北京：电子工业出版社，2016.

子的物权。这个方法在苹果树理论体系中的位置，如图12-2所示。

保护亲子关系

社会	保护物权	安全感	自信	自律	预防霸凌	信任	压力管理
性格		接纳性格	自我掌控	破除比较	接纳现实		
情绪		情绪能力	情绪疏导	欲望管理	父母情绪		
沟通			安全的耳朵	学会不指责			
行为				小狗引导法			

图12-2 "保护物权"方法在苹果树理论体系中的位置

孩子的认知水平受限于年龄，很多对成年人来说平常的道理，孩子接受起来却需要很长的时间，这不是他们的问题，正如上一节所讲的，这是儿童正常的心理发展规律。作为父母，我们首先要明白一点，我们的孩子并没有那么不懂事，他只是还没到"懂道理"的阶段。

我们来举个关于分享零食的例子吧。小区里，一位妈妈给周围的小朋友每人分了一片海苔，您的宝贝正在远处挖着土，看到这边有好事赶紧往回跑，结果还是没分到。别的小朋友都开心地吃着海苔，您的宝贝馋得不错眼珠地盯着人家，这在大人看来，是不是觉得这孩子怎么那么没骨气呀，不就是海苔吗？自己家里也有，一会儿回家吃不就完了吗？可是，对于一个小孩子来说，这片小小的海苔无异于就是全世界。别人都有，就我没吃上，孩子只能看到这个角度，这绝不是家长教育得不好，也不是孩子故意让我们出丑，这只是孩子的认知水平跟我们不同。两三岁的孩子跟五六岁的孩子相比，认知差异很大，跟成年人就更没法比了。这是普遍规律，就像前面所说的，与经济条件和文化背景无关，即使是

亦可管理
——孩子还可以这样教

一个教养良好的贵族小王子,只要年龄差不多,估计那盯着海苔的小眼神也差不了多少。

掌握了儿童认知水平的发展规律,可以帮助家长更好地理解和包容孩子的言行,而不至于过于反感孩子的做法。在学习了前面的众多方法之后,您是否能体会到,我们的这套苹果树理论体系中,有不少方法都是在帮助家长更好地理解孩子。比如,倾听而不要预判,事情和情绪分开处理,性格是特点而不是缺点,等等,这些方法有异曲同工之妙。它不是一味地劝人"你要耐心,要多理解孩子",而是用科学知识把家长"武装"起来,从而减少对孩子的不理解、不接纳,缓解对孩子错误行为的反感、厌烦情绪,达到保护亲子关系的目标,如此家长也就真正领悟了苹果树法则的精髓。

✦ 孩子之间的社交就交给孩子吧

孩子友谊的小船真是说翻就翻,上一秒还亲密无间,下一秒就争得面红耳赤了,您刚想去拉架,没一会儿两个人又和好了……相信这样的画面对家长来说一定不陌生,孩子之间的社交问题到底要不要干预?干预到什么程度比较恰当?这可能也是很多家长的困惑。

我们的建议很简单,就是"尽量不管"。孩子的世界和成年人不同,他们有自己的社交法则,与其家长去管增加事情的复杂程度,不如交给他们自己解决,但是要注意,一定是要在确保孩子安全的前提下。

遇到别的孩子想要玩自己孩子的玩具的情况,最好的解决办法就是询问孩子自己的意愿。能不能给,能给多长时间,都由玩具的小主人自行决定,这都属于孩子之间正常的社交。即使两个孩子抢一个玩具,只要没有危险,家长还是应该尽量忍住不出手干预,大部分时候他们会找到专属于孩子的独特的解决办法。我们只要保持几米的距离,静静地看着就可以了。这几米的距离不远不近,恰好够我们在必要的时候一个箭步冲上去，比如孩子拿起手里的玩具要打对方的时候，那我们就要果断制止了。

把社交还给孩子，这也是给了孩子重要的培养社交能力的机会。一些重要的社交技巧，家长是很难通过语言教给孩子的，最好的办法就是让孩子自己去实践。如果孩子做得不好，家长也不需要因此而批评他，那样就把小问题扩大成亲子关系的大问题了，还会使孩子错失学习社交技巧的机会。与其那样，还不如让他在孩子的小社会里受点小惩罚。当他知道不懂得分享就会没有小朋友愿意和他玩时，他就学会了这项重要的社交技能。伤害很小，效果又好，家长还省事，何乐而不为呢？

✦ 做不到该怎么办

有时候，孩子的东西真的是非常小，非常破，非常不起眼。收拾屋子的时候要不要顺手扔掉？在外面玩的时候要不要替他守护这些"垃圾"？当家长不知道该如何选择的时候，有一个很实用的办法——想想自己小的时候。

孩子妈妈可以想想小时候自己最喜欢的一颗玻璃珠，孩子爸爸就想想6岁那年从工地上捡回来的半块吸铁石。还记得您曾经多么珍爱这些宝贝吗？谁没做过小孩子？谁没有过把"破烂"当宝贝的时候？它重不重要？何况回想小时候，多多少少都会有一些不愉快的记忆，可能就是自己珍视的"破烂"被扔掉了。现在不同了，您可以让自己的孩子不再经历这些。

当然，成年人的世界没有那么简单。既然是社交类型的课题，这里就还有一个成年人的面子问题，这是很现实的事情。一群孩子在一起玩的时候，你让我保护他的物权，不去分享，我这面子往哪儿搁呀？别的家长都催着孩子把玩具分享给别人玩呢，就我们特殊，还不得被别人笑

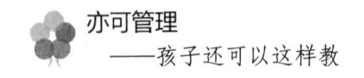

话没教养啊?

确实,我要是只跟您说,不要在意别人怎么看,要做自己,面子不重要,等等,这些也太苍白了,根本没用,对吧?但是您现在是有理论依据傍身的人了,您知道了,强迫孩子分享只会破坏亲子关系,非常不利于孩子的成长。那些不懂的家长再阴阳怪气的话,就妥妥地怼回去——这是认知发展理论,儿童心理学里面教的!

清楚地知道自己所做的是对的,是不是就更有底气了呢?

✦ 儿童认知发展理论的更多应用

在理论部分我们介绍了儿童认知水平随着年龄增长而变化的重要理论,它不仅可以用于本章的"保护物权"的理念,在生活中还有诸多其他用处。

1. 不是孩子笨

认知发展理论是儿童发展心理学的重要组成部分,影响了几代心理学家,揭示了儿童发育成长的科学规律。认知发展理论的代表人物就是被誉为"儿童发展心理学之父"的瑞士心理学家让·皮亚杰,他的这一理论可不是空想出来的,而是通过长期对各个年龄段的孩子进行客观的观察和评估而得出的实验结果,这使得他的理论格外坚实,以至于后来的心理学家到世界各地做跨文化研究,仍可以不断验证皮亚杰理论的准确性。

孩子的认知水平是随着年龄的增长而变化的,年龄没到,那他就理解不了一些概念,这不是孩子聪明不聪明的问题。我们举一个很有趣的例子,就可以把这个事情讲得更清楚明白。

皮亚杰发现,当把水从一个又粗又矮的广口杯中倒进一个又细又高的瓶子里,如果问一些三四岁的孩子,他们会觉得水变多了,因为水面的高度增加了；而同样的问题如果问7岁的孩子，他们就能很自然地明白，水的总量没有改变。

这就给了我们一个重要的提示，一些数学概念、逻辑推理等对家长来说简单易懂，孩子却想不明白，这可能只是因为他年龄还小，尚未达到相应的认知水平，而不是因为孩子笨。

家长对孩子的评价很重要，千万不要把"你可真笨"挂在嘴边，这会从内心深处给孩子刻上"我很笨，我不够好"的痛苦烙印，仅这一点对孩子的危害，就足够写成一本书了，更何况这种所谓的"笨"，还只是因为孩子年龄小未达到一定的认知水平而造成的假象，若是因此被家长嘲笑，岂不是害苦了孩子？

人的大脑善于形象记忆，那我们就用一个经典剧集中的形象来描述。在美剧《老友记》中有一集，姑娘们晚上聚会，决定不减肥了，于是点了外卖，结果送外卖的小伙子送错了订单。本来这不是很大的错误，可是小伙子的反应极其强烈。他呆立在门口，一脸痛苦的表情，用力砸着自己的头，大声喊道："骷髅脑袋，没脑子！"这是他自己的话吗？不是！是他的家人从小对他的讽刺挖苦，如今已经成了他的口头禅，深深地影响了他对自己的评价。

2.超前没好处

皮亚杰的理论还有一个非常重要的现实作用，那就是提醒我们，让孩子超前学习往往没什么好处。超前学习的现象在当今社会中绝不少见，一些家长甚至以此为荣，乐此不疲地向人炫耀自己的孩子已经提前学会了很多知识。

认知发展理论告诉我们，孩子认知能力的变化规律是非常固定的，最好的方式就是让其随着年龄的增长自然发展。观察孩子的小学数学课本就可以发现，教学过程是一点一点缓慢推进的。一些对家长来说很容易理解的知识，孩子要用好几节课来逐步学习。这就说明，正规的课堂教学已经充分借鉴了孩子认知水平的客观发展规律，课程设计是有科学依据的。所以，超前学习或超纲学习完全没有必要，甚至是错误的。

为什么是错误的？首先，超前学习可能会打击孩子的自信心。对高于认知水平的知识，孩子很可能掌握不好，自然会觉得自己太差，反而损害了孩子的自信心。其次，盲目地超前学习还会打乱原本的知识体系，使孩子脑中对新旧知识出现认知混淆，反而造成了对课堂内教学内容学习的不利影响。最后，超前学习必然要花费孩子额外的学习时间，减少了休息娱乐的时间，造成更多的疲劳，这带来的坏处就像"自我掌控"一章所分析的那样，会降低孩子的掌控力，因而害处多多。

说到底，超前学习是为了孩子还是为了家长呢？恐怕多半只是顾全了家长的面子，对孩子来说却是得不偿失。所以，改变还需要从家长做起。"人生不是用来跟别人比的"，这在"破除比较"一章中已经详细阐述过了，这里不再赘述。

3.且等他成长

我们把孩子随年龄增长获得的成长再扩展一下，认知水平的发展遵循这一规律，肌肉成长等其他方面不也是一样的吗？孩子还小，一些动作做不好，只是肌肉还没长好而已，不是孩子有意的，也不能说是孩子不努力。

有一次我们夫妻二人走在路上，看到旁边一位老人骑车带着孩子，小女孩坐在后座上开心地靠着努力骑行的老人，画面特别美好，我们不禁多看了几眼。老人一边骑一边似乎在教孩子说话，只见那个小女孩一边甜甜地笑着，一边发出稚嫩的声音："喔圆密布"。老人大声驳斥道："不对，是'乌云密布'。"小女孩的笑容少了一些，努力地校正着，但还是发不好音："喔岩密布"。老人不耐烦地说："不对不对，怎么这么简单的话都说不好呢？"小女孩脸上没有了一丝笑意，委屈巴巴的，还在继续练着口型，带着哭腔说："喔，喔岩……"老人骑远了，我俩陷入了沉思，脑海里全是那个委屈地学习新词的小女孩。

　　因为年龄小，孩子在很多方面确实能力有限，我们不要过于强调细节，只需要保持孩子前进的动力，注重保护他们学习的兴趣，这比任何具体的知识点都重要得多。给孩子成长的时间，她长大以后怎么会说不好"乌云"的发音呢？也许她还能看到"both sides of the clouds（云朵有阴暗和光明两面）"呢[①]，那可是很多成年人都无法企及的境界啊！

亦可故事

一片树叶

　　家里有个娃无异于有个拆迁队，玩具、衣服扔得到处都是，几天不收拾屋里就乱得不行。到了周末，终于有时间了，一阵忙活，又扫又擦，好不容易收拾干净了。我觉得累了，坐下来休息，顺手给自己冲了一杯咖啡，享受着我的岁月静好……

　　这时，亦可从他的屋子里跑出来，着急地问我："妈妈，我的警察队长找不到了，你看见了吗？"

　　"我哪知道什么警察队长。"刚说完这话，我忽然想起来："哎？是不是一个小人儿，只有一只胳膊？"

　　"对，那是他保护城市受的伤。"

　　我又问："是不是身上还划了好几个道子，漆都掉了？"

　　"对对对，那是他抓坏人的时候弄的。"

　　"哦！"我无所谓地回答说："刚才扫地的时候从沙发底下扫出来一个，可能是你说的那个什么警察队长，我一看都破成那样了，直接给扔了。"

　　"啊？你给扔啦？"亦可一下子哭了出来："我还要呢！没有队长我

[①] 引自英文歌曲《Both Sides Now》，歌词大意是,云朵有阴暗和明亮两面,寓意现实世界中有伤痛也必有恬淡的生活智慧。

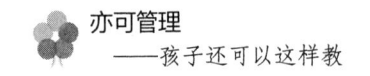

怎么打仗啊!"

我看着他哭闹的样子,有点儿不耐烦:"你的东西你自己不收拾好,到处乱扔,我怎么知道都那么破了你还要啊?扔了就算了,你不是还有那么多玩具吗?"

这之后,亦可虽然不再提这件事,但是一直闷闷不乐,我看他不太高兴,下午就提出陪他去小区里玩一会儿,他总算是有点笑意了。

每到下午,小区里到处都是孩子,邻里关系融洽,孩子们经常在一起玩。

亦可拿着小铲子在小区里的游乐场地挖土,让我帮他拿着玩具装卸车,这时,一个小朋友跑过来,指着我手里的玩具装卸车说:"我想玩这个。"我微笑着刚要把玩具车递给他,上午亦可大哭的样子突然浮现在我的脑海中,我愣住了,递玩具车的手也停在了半空,心里想:"我把一个破得不能再破的小人儿丢了他都哭成那个样子,这个装卸车是他最喜欢的玩具,万一给弄坏了他还不得更伤心呀?"虽然我不是很清楚应该怎么做,但是出于妈妈的本能,我不想让亦可伤心,所以不能再像上午那样问也不问就把玩具车给别人玩。

我尴尬地对面前的小朋友说:"你等一下啊,阿姨问问哥哥能不能给你玩。"我转头看看一旁正埋头挖土的亦可,克服了内心的忐忑,问他:"这个小朋友想玩你的装卸车,嗯……行吗?"亦可抬头看了看我,很爽快地回答:"可以呀!"经过亦可允许后,我把玩具车给了小朋友,亦可开心地对我说:"妈妈,你真好!"

亦可突如其来的告白震撼了我,他的眼中闪现着幸福、满足的光芒,和上午伤心委屈的样子判若两人,只是一个小小的改变,孩子的情绪对比竟然如此强烈。原来,孩子这么在乎自己的东西啊!接着,我又觉得自己的想法很可笑:这不是很正常吗?谁会不在乎自己的东西呢?要是我喜欢的东西被别人拿走,我也会很伤心、很痛苦呀!

孩子虽然还小,但是在这件事情上,他和我们成年人的情绪是相通的啊……

我正想着，亦可举着一片树叶向我跑了过来，对我说："妈妈，你帮我拿着。"我答应着接过树叶，亦可又笑着跑去玩了。站在我不远处的一个小朋友好奇地看着我手里的树叶，跑过来想要拿走，这一次，我不再感到尴尬，非常确定地对他说："宝贝儿，你是想看看这片树叶吗？等一会儿我问问亦可哥哥哈，这是他的东西，我不能随便给你玩哦。"小朋友呆呆地看着我，好像听懂了又好像没有听懂。

我看着手里像宝贝一样被捧着的树叶，觉得自己很滑稽——哈哈，我居然在保护一片树叶。

正想着，亦可跑过来问我："妈妈，树叶还在吗？"

我回答："在啊在啊，刚才那个小朋友想看看，我还说得先问问你呢。"

亦可开心地"嗯嗯"了两声，接着说："妈妈，我们学了'梧桐树叶像手掌'，我觉得这片树叶就像你的手掌，特别好看，我把它送给你，让它保护你！"

听了亦可的话，我感动极了，原来这不仅仅是一片树叶，更是孩子对我满满的爱呀，幸亏我好好地呵护了它……

故事解读

本集故事里，亦可妈妈出于对孩子的爱的本能，没有跳过亦可直接把玩具给别的孩子玩，接着，她又通过观察和思考，领悟到了要"保护孩子的物权"的理念。想想她如珍宝一般捧着一片树叶，微笑着回绝对面的小朋友的样子，是不是内心涌起一阵温暖？她呵护的可不仅仅是一片树叶，是比一片树叶要珍贵得多的孩子的爱和信任。

我们只是在保护一件东西吗？当然不是，我们保护的是对孩子应有的尊重，是珍贵的亲子关系，是孩子对爱的感知。我们的这份爱，孩子

亦可管理
—— 孩子还可以这样教

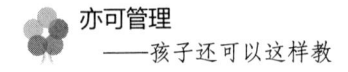

一定能够真切地感受到。

对孩子来说，这种感受是实实在在的。爸爸妈妈连我的一个小东西都这么保护，这给孩子传递的信息是：我是值得被珍惜的。这无疑会提高孩子内心对自己的评价。可以想见，孩子在这种氛围中长大，将来一定也会更珍惜自己的生活，减少了轻易犯险的可能。相反，如果让孩子感受到家长不重视他的小宝贝，那给孩子的感觉就是：爸爸妈妈好像不是很爱我。久而久之，就可能演变成：我不值得被爱。这种观念是造成很多严重的儿童问题的根源。

现在您还觉得那只是一个破破烂烂的小玩意儿吗？让我们和亦可妈妈一起来保护这片"小小的树叶"吧。

第13章
保护安全感

亦可管理
——孩子还可以这样教

✦ 吓唬管用吗

小孩子嘛，总是玩不够的，说得好好的再玩一会儿就回家，可是到了时间孩子就是不肯走。小区里随便转一转，家长劝孩子回家的各种声音直往耳朵里灌——"再不走我可走了啊，妈妈不要你了"，"大灰狼来了啊，把你叼走喽"，等等。老一辈人爱用的招数，如今被很多年轻的家长沿用了下来。

随着人们认知水平的不断提高，越来越多的父母意识到，这些所谓的"招数"好像有些不太对劲，吓唬、欺骗，再不行就发脾气，这样真的没问题吗？仔细想想就能发现，这些方法都有一个共同点，那就是只着眼于达到当下的目标，不惜一切代价，只要当时能达到目的就好，至于会不会对孩子造成不利影响并不在家长的考虑范围内。这些招数并不总是有效的，更重要的是，会破坏孩子的安全感，这比当下能否说服孩子回家可重要得多。

即便家长不会去主动破坏孩子的安全感，也难免会遇到小孩子害怕什么的情况。比如，孩子一不小心看到了有恐怖画面的视频，听了有点吓人的故事，等等。如果孩子出现了恐惧的情绪，我们又该如何保护他们的安全感呢？

保护孩子的安全感是很重要的，这一点很多家长都清楚；可是在面对实际问题的时候，家长还是有很多疑问，这种情况该怎么应对？那种情况该怎么处理？本章我们就围绕"保护安全感"的话题进行深入的探讨。

✦ 极有价值的陌生情境实验

有一项著名的心理学实验可以清晰地体现出孩子安全感的重要性。之所以著名，是因为它对于定义"依恋关系"这个儿童心理学中的核心概念具有极其重要的价值，它就是陌生情境实验。

在这项实验中，工作人员随机邀请多对母子参加，一般都是年龄较小的孩子。在实验的第一阶段，妈妈带着孩子加入一个陌生环境，与其他大人和孩子一起玩耍。在暗处有多名观察员仔细评估孩子与妈妈以及和他人的互动模式。实验进入第二阶段，妈妈有意离开现场，由观察员观察孩子的反应，以及母亲离开后孩子的状态。在实验的第三阶段，妈妈回到现场，观察员观察孩子再见到妈妈时的反应。

如果孩子与妈妈之间是安全型依恋关系，孩子在妈妈离开时不会过于依依不舍，在妈妈离开后仍然能与陌生人正常互动，当妈妈回来时，孩子会显得很愉快，与妈妈很亲密；而另一些孩子，在妈妈离开时显得非常焦虑，完全无法与陌生人正常互动，而在妈妈回来后，像是终于见到了救星，抱着妈妈大哭；还有一些孩子，对于妈妈离开没有什么反应，而在妈妈回来后也并不显得高兴。后两者都属于不安全型依恋关系。

在本书的"前言"中我们就说过，心理学中有大量的研究表明，安全型依恋关系的儿童，在各种场合表现得更合群，更少攻击性和破坏性，更有同情心，情绪上更成熟；到了青少年阶段，他们的社会交往能力更强，拥有更高的自尊水平，更有可能成为领导者，学习成绩更好。相反，不安全型依恋关系的儿童，容易表现出偏离正常的行为模式，如远离同龄人，有古怪的行为，被动或多动，攻击性强，过早进行高危行为，等等[1]。

---

[1] 丹尼斯·博伊德，海伦·比.儿童发展心理学[M].夏卫萍，译.北京：电子工业出版社，2016.

从"安全型"或"不安全型"这样直观的名称中我们也可以感受到，安全感是良好亲子关系的基础。在充分的安全感的保护下，孩子可以安心地去探索外部世界，不会把精力耗费在无用的自我纠结上。当孩子进入幼儿园或学校等新环境时，父母日常为其所建立的安全感，可以帮助他更快地适应新环境，从而能更好地享受幼儿园或学校生活。

✦ 随时注意保护安全感

以把孩子叫回家为例，我们来看看传统方法中的三大"法宝"——吓唬、欺骗、发脾气，究竟会对孩子造成哪些不利影响。

首先是吓唬孩子，这种方法直接伤害了孩子的安全感。

- "再不走我可不要你了啊"。孩子理解的是，爸爸妈妈随时可能会抛弃我。难道这不是在严重地破坏孩子的安全感吗？

- "你还不走，大灰狼来了把你叼走啦"。孩子理解的是，我居住的地方有大灰狼。想想看，自己生活的环境中居然有猛兽，对孩子来说，这是一件多么可怕的事情啊！恐怕吃饭、睡觉都会受影响的。

- "再不回家，警察叔叔把你抓走啦"。"背锅侠"警察叔叔不仅要抓坏人，还要充当吓唬小朋友的"恶人"。孩子总是贪玩的，这是天性，不是什么弥天大错，并不是要被警察叔叔抓走的"坏人"啊。

当然，除了上述例子以外，家长还有很多吓唬孩子的手段，在这里就不一一列举了。家长一定要知道，一个孩子从那么弱小一点点成长起来，安全感是极其珍贵的，这关乎他对自己、对爸爸妈妈，甚至是对这个世界的认知。对孩子来说，他们最大的安全感就来自你们——最亲爱的爸爸妈妈，所以作为父母，一定不要主动去破坏孩子的安全感。缺乏安全感对一个孩子的影响是巨大的，小到可能会影响他吃饭、睡觉、长身体，大到会损害他的身心健康，甚至可能使他一生都无法得到内心真正的安宁。

欺骗同样不可取。父母与孩子之间的信任感是一点点建立起来的，也是被一点点摧毁的。欺骗孩子管用吗？有时确实是管用的，特别是在孩子还小的时候，但是随着孩子逐渐长大，他们的认知水平也会慢慢提高，他们能从眼神、表情等细节敏锐地发现家长在骗人。我们都告诉孩子要诚实。诚实、守信、正直、善良是多么可贵的品质，可是，如果连我们自己都去欺骗孩子，那又怎么能要求孩子不撒谎呢？毕竟"言传身教"，父母的一言一行都在孩子的"严密监视"下啊！

吓唬不行，欺骗也不好，那还能怎么办？发脾气行吗？我们特别喜欢一种说法，就是站在孩子的角度看待问题。

- 我不会说话，你教给我。
- 我不会写字，你教给我。
- 我不会正确的游泳姿势，你教给我。
- 我不会做出正确的行为，你……为什么冲我吼？

对孩子来说，做出正确行为的能力并不是与生俱来的，像是吃饭、说话、写字一样，需要家长反复地教给他们。我们明白，对很多父母来说，冲孩子发脾气也是不得已而为之，以至于在对孩子发完脾气后，家长也会陷入深深的愧疚和自责中。让人感到困惑的是，虽然采用发脾气的方式在当时似乎是震慑住了孩子，但长期来看这种教育方式是无效的，孩子还是做不出正确的行为。"我都那么严厉地批评他了，下次他还是那样，怎么就不管用呢？"我们讲过了小狗引导法，您现在就会明白，对孩子的批评惩罚，反而是在强化他错误的行为，这就是惩罚无效的原因所在。

吓唬、欺骗、发脾气，都会极大地破坏孩子的安全感，显然都是不

亦可管理
——孩子还可以这样教

可取的。我们更提倡要随时随地保护孩子的安全感,并且要把它放在非常高的优先级。以叫孩子回家为例,综合使用前面学过的方法就好了。行为上可以用小狗引导法,明确目标,发现进步,夸奖强化;如果孩子因不愿回家而闹情绪,就运用"情绪管理"和"情绪疏导"两章中介绍的方法,小孩子在情绪疏导出来之后很容易就能恢复如常;如果孩子玩的兴致正高,那就用"欲望管理"一章中学过的"缓坡下山"的方法,适时地帮助孩子把热度降下来,自然有助于他收拾心情结束游戏。您已经是学过苹果树法则的优秀家长,请记住,任何时候也不要以破坏孩子的安全感为代价来达到眼前的具体目的,那绝对是因小失大。"保护安全感"方法在苹果树理论体系中的位置,如图13-1所示。

保护亲子关系

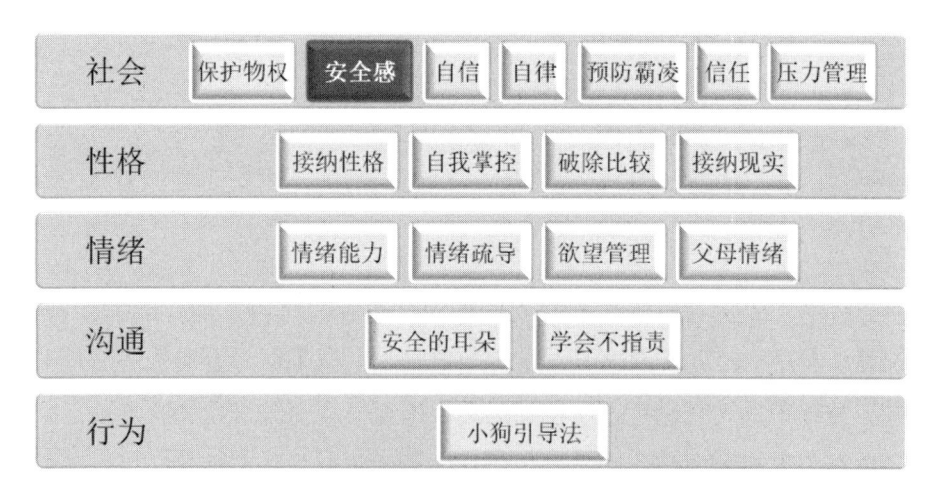

社会	保护物权	安全感	自信	自律	预防霸凌	信任	压力管理
性格		接纳性格	自我掌控	破除比较	接纳现实		
情绪		情绪能力	情绪疏导	欲望管理	父母情绪		
沟通			安全的耳朵	学会不指责			
行为				小狗引导法			

图13-1 "保护安全感"方法在苹果树理论体系中的位置

现实生活远比想象中要复杂,即便是家长知道要保护孩子的安全感,也会遇到一些可能破坏孩子的安全感的意外情况。接下来我们就具体讲讲如何应对恐惧。

✦ 合理应对恐惧

小孩子会时不时地对一些事物感到害怕、恐惧。比如窗帘上晃动的树影、楼外小野猫奇怪的叫声，孩子怕黑那就更常见了。对于年龄尚小的孩子，这些都属于正常情况，即使这在大人眼里根本没什么可怕的，甚至这种恐惧会让人啼笑皆非，那也要尽量去理解小孩子的心理，帮助他缓解恐惧的情绪，以免影响到他正常的睡眠、玩耍等活动。

心理学界对如何应对恐惧也有诸多研究，下面我们会介绍其中一种非常有效的方法。走出实验室环境，在生活中应用这些方法，一直是我们夫妻的强项，对待恐惧情绪当然也不例外。

1.消除恐惧的心理学方法

心理学中有一个治疗恐惧症的有效方法，值得我们借鉴。简单地说，这个方法的应用过程就是，先教给被试放松的方法，帮助他达到全身放松的状态；然后，从被试可以坦然接受的状态开始，向着其恐惧的目标只靠近很小的一步，马上再帮助他放松；如果他可以承受，那就再尝试靠近一小步，再放松，如此反复。通过建立这样的良性循环，最终可以达到完全接受原本恐惧的对象、彻底消除恐惧的神奇效果。在众多的心理学方法中，这是治疗特定病症的一个格外成功的方法。

国外曾经有一个著名案例。有一位恐惧症患者，她害怕的是猫。心理医生让她坐在沙发上，放松全身每一块肌肉。因为深度放松是一种与恐惧完全相反的运动行为，一个人在放松的时候就不会感到害怕。当准备工作做好后，从何处开始治疗呢？要从一点也不会引起患者恐惧的事物开始。于是，心理医生引导她想象一个名叫卡茨的普通人（"卡茨"是英文"Cats（猫）"的谐音）。患者表示可以做到，对此她不会感到害怕。心理医生确保患者仍处于放松的状态，并略微提高刺激程度，让患者想象"Katz"这个词("卡茨"的英文拼写)。就这样,一点点逐步提高刺激程度,并确保患者始终处于放松状态,没有出现恐惧情绪。最后,医生直接把一只真的猫带到诊疗室里,甚至把它放到患者的身上,患者对猫的恐惧已经消失得无影无踪了[1]。

需要注意的是,上述治疗恐惧症的方法需要专业人士来操作,我们可以领悟其精髓。一般情况下,小孩子也不至于到患上恐惧症的地步;但是您如果身边真的有恐惧症患者,不可自行模拟应用,一定要到专业医院进行诊治。

2.生活中不要压抑或逃避恐惧

作为家长,我们一定不要漠视孩子的恐惧情绪,即使在成年人眼里这不算什么,也要努力地站在孩子的角度尝试理解他;尤其是当孩子反复提及的时候,更是要格外引起重视。

在生活中,家长很容易否定、不接受孩子的恐惧情绪。比如常见的回答有:"这有什么可怕的?别闹了!""你不去想它不就行了?快睡觉吧。"这些压抑或是逃避孩子恐惧情绪的做法,会让孩子求助无门,问题不但没有消失,还会在积累中不断加剧恐惧情绪,更有甚者会害怕得躲在被子里发抖。

那么该如何正确地应对呢?我们先来回想一下苹果树理论体系,这个问题属于哪个类别?恐惧也是一种情绪,可见这属于情绪类别的问题,那么使用情绪层级所学过的方法即可。首当其冲的就是情绪疏导,我们应该帮助孩子把恐惧情绪顺畅地表达出来,而不要否定、压抑、逃避真实存在的情绪。

鼓励孩子把具体因为什么害怕表达出来,是消除恐惧的第一步。比如我们可以说:"宝贝儿,你具体害怕什么呢?"我们温和、平静的语气本身就给孩子吃了一颗"定心丸",既表示我们愿意理解孩子,也在

---

[1] 马丁·塞利格曼.塞利格曼自传[M].庞雁,译.杭州:浙江教育出版社,2020.

告诉孩子这没什么可怕的。

如果是轻度的恐惧，孩子在表达出来之后就可以得到很好的缓解，家长再给予他一些安慰、爱抚就基本可以消除孩子的恐惧了，这远比压抑、否定或是逃避恐惧情绪要强得多。如果是程度稍强的恐惧，我们就可以参考上一节介绍的方法，帮助孩子缓解恐惧。在具体设计阶段性目标时，可以假设恐惧的事物在一个较高的位置，我们就从平地建一些"台阶"，每一阶都不是很高，五阶不行就细分到十阶，直到能够顺利达到高处的目标。整个过程要时刻关注孩子是否处于放松的状态，不强求，以孩子能够适应为准。切不可以"你怎么那么胆小"来指责孩子，或是以"你一定要勇敢"来强迫孩子，那样只会适得其反。当然，如果孩子的恐惧过于强烈，您也不要大意耽搁，还是要尽快到正规医院请专业人士诊断治疗。

说到帮助孩子缓解恐惧的情绪，我们家就有一个真实有趣的例子和大家分享。

3."猪猪侠"的例子

有一天晚上，我家宝贝说害怕，睡不着觉，这种情况有些反常，因为他一向是沾枕头就着的。我们尝试着问他具体原因，原来他下午去小朋友家玩的时候，正赶上那家的大人在看恐怖电影，其中一个画面把小宝贝吓到了（顺便提醒一下，大人看不适合儿童观看的内容时，一定要注意避开孩子）。与其让一种模糊的恐惧感觉笼罩孩子，还不如把它具象化，让孩子看清到底是什么，他也就不那么害怕了，任何现实都不如想象来得可怕。于是，我们用平静、自然的语气，询问宝贝具体的画面是什么。因为孩子太小，还说不太明白，但我们努力地理解他描述的内容，大概是有一个男人在飞机里，他进了卫生间，显得很痛苦，突然他的身体开始变形，还长出了翅膀……

听了孩子的描述，我们对视了一眼，充满默契。妈妈安抚着孩子，帮助他放松身心；爸爸想出了一个好办法，开始引导他想象。"宝贝儿，你很喜欢猪猪侠（一部儿童动画片里的可爱角色），是不是？你现在来想象一下猪猪侠的样子，你觉得怎么样？"孩子欣然答应，很轻松地就想到猪猪侠的卡通形象。爸爸接着平静地说："你现在想象，猪猪侠正坐在飞机里，这你不害怕吧？"孩子表示没问题。爸爸又说："猪猪侠坐在飞机里要去干什么呢？原来呀，他要去参加一场竞球比赛。"这个场景对孩子来说一点也不陌生，他每天都看《猪猪侠竞球小英雄》动画片呢。看到孩子状态依然很正常，爸爸又一次加强了刺激程度："飞机快到比赛地了，猪猪侠进到了卫生间里，要为比赛做准备，于是，他开始变身……"这时孩子兴奋地接过话："对，对，猪猪侠每次比赛都要变身成铁拳虎的，有时还会长出翅膀呢。爸爸妈妈，我给你们表演他是怎么变身的啊……"就这样，恐惧的情绪在一片欢声笑语中化于无形，孩子的睡眠也恢复正常了。后来，他还开心地告诉我们："我一想到猪猪侠的样子就一点也不害怕了，这个办法真好！"

方法教给您了，具体的应用还需要您根据实际情况灵活掌握。我们做家长的越是坦然面对，越能帮助孩子缓解恐惧；相反，如果给孩子的印象是这事连提都不能提，那不是成了《哈利·波特》里众人怕到连名字都不敢提的伏地魔了吗？

✦ 告诉孩子"这不是你的错"

我们再把保护安全感提升到一个新高度——帮助孩子建立深层次的安全感。

说到深层次的安全感，就不能不说说心理学界的一个重要话题——防御。每个人都有自己的防御模式，以应对来自外界的有形或无形的指责及伤害。不过每个人的防御模式可能不同：有的人是嘴硬，心里忧虑，表面上却装得若无其事；有的人是顾左右而言他，逃避问题的存在；有的人是色厉内荏，先发制人以免被他人伤害；有的人是用一个谎言去掩盖另一个谎言，用谎言编织一张大网来掩盖真相；有的人则是逆来顺受，把所有的问题都归结于自身，其实潜台词是：我都这么可怜了，你就别再说我了……所有这些防御，其实都是在用不同的方式呐喊："这不是我的错！"

如果凡事只停留在表面，人与人之间只不过是在用不同的防御模式相互对抗，既无法实现深层次的交流，也解决不了实际问题。如果一个人长时间深陷在防御模式中，难免会形成无意义的内耗，浪费掉了时间、精力等有限的生命资源，人生缺乏意义感、价值感，还平添了无尽的烦恼。多少人纠结半生，想要的无非就是一句"我没做错什么"。

可见，抛却无谓的防御才是人生的大智慧。如果可以在孩子小时候就帮助他卸下防御的包袱，那么他的人生该是多么怡然自得！所以，我们要有意识地多对孩子说出那句动听的话："宝贝儿，这不是你的错。"

在生活中，家长往往会把事情怪到孩子头上，比如，"你老是不听话，给我添了多少麻烦啊！""你怎么总是那么不懂事！"懂事、乖巧、听话，这些期待的背后，无非是家长希望能更好地控制孩子，让自己更省事；但是现在我们已经学习了一系列的好方法，培养孩子的正确行为习惯不再是一件难事。何况，这些错误的说法、做法只会让孩子小小年纪就不得不锻炼被动防御的能力，给孩子增加了没必要的负担，对他的成长真是没有半点好处。真正智慧的家长，要懂得帮助孩子宽心，减轻他们的负罪感。

- 足球踢到水沟里了，别忘了说上一句："这事儿常有发生，不怪你。"
- 亲戚聚会，年龄小的孩子见了那么多不熟悉的面孔可能会怯场，

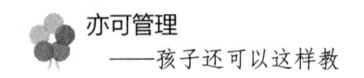

招致亲戚、长辈的微词,那就把孩子搅在怀里安慰:"宝贝儿,你没做错什么,不用理会那些话";而不是埋怨孩子:"你怎么那么胆小?"

- 父母吵架了,老人要是跟孩子说:"你看,都是因为你平时不听话,惹爸爸妈妈生气了!"这个罪名可太大了,简直会压得孩子喘不过气来。他很可能会哭着说:"爸爸妈妈别吵了,我以后一定乖乖的,再也不闹了。"明智的父母这时应该把孩子抱起来,温柔地告诉孩子:"宝贝儿,这不是你的错,爸爸妈妈之间确实有一些矛盾,但是我们一定会解决好的,你不用害怕。"

帮助孩子卸下不必要的包袱,让他们轻松地做自己,快乐地成长。不必担心会犯错,有助于孩子放心地去探索世界,顺畅地与外界交往。做错了就勇于承认和改正,没错的时候我们就要把"你没做错"挂在嘴边,这样可以帮助孩子建立起深层次的安全感,使宝贝活得更自在、更通透,那他必将受益一生。

亦可故事

没有大灰狼的世界

亦可四五岁的时候,有一次,我陪着他在小游乐场玩。当时人特别多,亦可很想荡秋千,但是一直有小朋友在玩,我就带着他先去滑滑梯。

这时,一位妈妈想要带孩子回家,她的孩子还很小,看上去只有两三岁的样子。小家伙在摇椅上玩得正高兴,不愿意走。他的妈妈一点也不着急,特别自然地跟孩子说了一句:"那妈妈走了啊。"然后,她真的转身径自往出口走去,走了几步,又回头加了一句:"我可不要你了啊!"

这一幕恰好被亦可看到了,他坐在滑梯上半天没动,一直看着那母子俩,看到那位妈妈走了,他一下子滑了下来,着急地跑过来问我:"妈妈，那个阿姨为什么不要她的宝贝了呀？"

我抚摸着亦可的小脸温柔地回答他："宝贝儿，你别着急，你看！"亦可朝我手指的方向看去，原来那位妈妈正躲在出口附近的大柱子后面，偷偷地看着她的孩子。亦可放心了，接着，他又扬起小脸问我："那她为什么要那样说呀？"我想了想，回答他："阿姨是为了让那个小弟弟快点跟她回家，故意吓唬他的。"

我们正说着，那个小弟弟跟跟跄跄地从摇椅上下来，一边喊着"妈妈，你在哪儿"，一边急切地朝出口跑去。这时，他妈妈带着胜利的微笑从柱子后面出来，拉着孩子走了。

亦可看得开心："嘿嘿，那个阿姨可真有办法！"

我没说话，心里却很不赞同，这种看似"聪明"的做法对孩子安全感的伤害有多大，恐怕那位妈妈自己也不知道吧。

我按下思绪，看了看手表——哦，我们也该回家了。我便跟亦可预告说："再玩5分钟我们也该走了"，这样让他有个心理准备。

亦可答应了，他已经能够很好地适应我们之间的这种小约定。不过，我还是一如既往地抓住时机鼓励他："答应妈妈啦？很棒，那你去玩吧，走的时候我叫你。"亦可开心地朝跷跷板跑去。本来一个人坐在跷跷板上的小男孩看到亦可过去，特别高兴，两个人很自然地一起玩了起来。

刚玩儿了一会儿，那个小男孩的奶奶就过来催他回家，小男孩正跟亦可玩得开心，自然是不肯走的，于是，奶奶也使出了"撒手锏"："我走了啊，你再不走，一会儿大灰狼来把你叼走啦！"

亦可跳下跷跷板扑到我的怀里，害怕地说："妈妈，有大灰狼。"

我赶紧搂住亦可，安慰他说："不怕不怕，没有大灰狼，奶奶是为了催那个小朋友回家才骗他的。"

亦可抬起头来到处看看，看真的没有大灰狼，就睁大了眼睛看着我说："骗人不好！"

我肯定地摸了摸他的头。

那个小男孩看着比亦可要大一些，显然已经对奶奶的招数应对自如。他看都不看奶奶一眼，坐在跷跷板上就是不肯下来，还大声喊道："你骗人！根本就没有大灰狼！"

老人只能悻悻地败下阵来，嘴里嘟囔着："唉！孩子大了，不管用啦……"然后无可奈何地看着孩子继续玩。

约定的5分钟时间差不多过了一半，我再次提醒亦可："还有两分钟啊。"

亦可答应了我一声，又跑去玩滑梯了，5分钟到了，我一看，亦可正好排队到了滑梯上头，我等他滑下来，正好在间歇的时候告诉他时间到了，该回家了。亦可有些沮丧，孩子总是玩不够的，但他还是走到我身边。我赶紧夸他："你能遵守约定，特别棒啊！"

亦可听到夸奖，感觉好多了，他主动牵着我的手往出口走去，一歪头，发现小朋友们一直排队等候的秋千居然空了下来，亦可眼巴巴地看着。我知道，孩子想去玩秋千的欲望有多强烈，与其强压下去不如适当地释放一下。于是，我拉着亦可往秋千那儿走去，一边走一边说："哎呀，秋千居然空出来了，那可不能浪费，咱们去荡几下再回家！"

亦可听了，开心坏了，他飞奔向秋千，坐在上面，满脸期待地看着我，我带着笑意推着他一前一后地荡着，亦可发出了"咯咯咯"的笑声。一会儿，亦可主动停了下来，满足地对我说："好了，妈妈，我们回家吧。"我再一次地夸奖他，然后我们手拉着手一起回家了。

故事解读

本集的故事正是每一位家长都遇到过的"叫孩子回家"的问题。故事里，一位妈妈用了吓唬的手段，顺利地带孩子回家了，并为此沾沾自喜；而那位奶奶可没她这么"幸运"了，用了多年的吓唬和哄骗的手段，却被孩子识破伎俩，再也不管用了。传统方法中的三大"法宝"可能一时有用，但不会一世有用，焉知故事里的那位妈妈不会在孩子长大后同样败下阵来？

那如何用正确的方法叫孩子回家呢？亦可妈妈非常出色地运用了小狗引导法和欲望管理中的"缓坡下山"方法，从设定目标（到时间后要回家），给孩子一个缓冲（提前5分钟提醒），到及时肯定孩子的努力（亦可答应回家，这对一个小朋友来说可不容易哟），整个过程中，亦可妈妈都没有使用欺骗、吓唬或是发脾气的手段，却不吵不闹将孩子带回家。可见，用科学的方法确实可以保护好亲子关系，还能达到引导孩子的正确行为的目的。

更可贵的是，亦可妈妈知道孩子玩秋千的欲望有多强烈，所以破例让他荡了一会儿秋千才回家，这种适当地让孩子释放欲望，使亦可的内心获得了满足感，他更是主动地停了下来，心满意足地跟着妈妈回家了。

妈妈实实在在地"看见"了亦可的努力和渴望并选择尊重，孩子的安全感得到了很好的保护，这种做法弥足珍贵。相信亦可在未来的人生里，一定可以带着父母为他构筑的层层坚实的"壁垒"，勇敢地迈出探索未知世界的步伐！

第14章
激发学习动力

亦可管理
——孩子还可以这样教

✦ 学习难题令人发愁

孩子慢慢长大，从他进入学校就代表着开始走向了社会，而"成绩"就成了家长和孩子避无可避的话题。当今社会中，对"鸡娃"和"佛系"的争论愈演愈烈，想必您也很困惑，到底哪种教育方式更好呢？既然这个问题让家长焦虑万分，那我们就一起来具体探讨一下。

"鸡娃"和"佛系"到底哪个对？我们先给出答案：都不对。为什么不对？接下来我们会仔细分析清楚，但是如果只是阐述问题，无异于隔靴搔痒，作用不大，只有提出解决措施，并且是既符合科学道理又可操作的措施，便于家长理解和应用，这才是对孩子、家长乃至整个社会有意义的。这其实并不容易，但是如果能够帮助孩子重获快乐的童年，又不影响家长对其学业成就的期望，改善全家人的生活状态，帮助其重新找回应有的幸福，那我们必欣然奔赴，向前探索着拨开迷雾，找出一条现实可行的道路。

本篇"激发学习动力"和下一篇"培养学习习惯"，就分别对"鸡娃"和"佛系"两种教育方式进行探讨，从而整体解决学习这个难题。

✦ 分析"鸡娃"的危害

所谓"鸡娃"，是指家长苛求孩子的学习成绩必须优异，为了达到这个目的，将孩子的所有时间都填满了学习任务，不许孩子玩耍甚至让他少休息，认为只有这样孩子才能出人头地，否则将来就没有出路。

"鸡娃"的危害究竟有多大？不夸张地讲，轻则影响亲子关系，重则给孩子造成严重的心理疾病。这绝不是危言耸听，作为心理工作者，我们有责任也希望让所有的家长了解到"鸡娃"的危害。

1.孩子失去对生活的掌控力

在"自我掌控"一章中我们曾经讲过，一个人对自己的生活有足够的掌控力，是其重要的活力源泉。试想，孩子没有玩耍的机会，不能从事自己的爱好，甚至没有足够的休息时间，所有时间都被迫用来学习，那岂不是失去了对自己生活基本的掌控力？长此以往，很容易造成孩子缺乏应有的活力，抑郁，乃至影响孩子的身心健康。

玩耍是孩子生活的重要组成部分，这可不是简单的孩子贪玩的问题。孩子的玩耍，和我们成年人认为的"玩物丧志"不同，他们在玩耍中认识世界，锻炼与人交往的能力，恢复内心的动力，重获掌控力。一旦被过度控制甚至被完全剥夺游戏时间，就等同于内心的能量不断地被消耗却没有得到及时的补充，怎么会不出问题呢？

2.追求完美害处多

苛求成绩，往往连带着会有追求完美的倾向，比如，考试要考100分，单词要全部背熟，数学题一点也不能马虎，等等。要知道追求完美有百害而无一利，是心理学一直以来明确反对的错误观念。还记得在"拥抱变化"一章里我们讲过的ABC法则吗？该法则总结了数条常见的错误观念，而"追求完美"就是其中一条。它是给人们带来极大困扰又非常常见的典型错误观念。

追求完美的一大害处是过于关注缺陷。就算其他方面做得再好也没用，只盯着不完美的那一点点错误。如果长期处于这种状态之中，缺陷的作用将会被不断放大，以致所有付出的努力、所有获得的成功、所有拥有的美好，都被急剧缩小，似乎不存在了一样。显而易见，这和心理学所推崇的积极关注完全是背道而驰的。

追求完美的另一大害处是额外耗费了人们的很多精力。管理学中有一个著名的80/20原则，意思是说实现产品80%的功能，使主要功能可用，一般只需花20%的制作时间，而要完成那剩余的20%，达到100%的完美效果，则还要付出80%的时间和成本。这种规律具有普遍适用性，学习也是如此。学会一个知识点，做到基本掌握，需要花费孩子一定的精力，而要做到熟练掌握，就要耗费孩子更多的精力；但是，要做到完美，达到极其熟练的程度，需要耗费巨大的时间和精力，这无疑会给孩子造成过多的负担与压力。

追求完美还有一大害处是，绝对不能马虎出错，这简直是"泯灭人性"的要求。学过初中物理，做过物理实验的人应该都知道，"随机误差是无法避免的自然规律"。就像用天平称重，即使再精密的仪器，每次实验也难免会有微小的差别，原因可能是托盘上有灰尘，砝码有磨损，受气流影响，等等。那么考试也是一样，就算事先已经准备得非常充分（精密仪器），也难免在考试中有一点小瑕疵（随机误差），这都属于正常现象，任何人都难以避免（自然规律）；尤其是对于年龄还比较小的孩子来说，要求他一点不出错实在是太强人所难了。"一定要细心，细心，再细心，千万不能马虎啊，一点点也不行！"这无异于是唐僧的紧箍咒，太摧残孩子了！

3.言语的伤害更致命

为了达到成绩优异的目标，家长难免会对孩子恶语相加，比如，对成绩不好的批评斥责，对不如别人的贬低奚落，甚至是"你怎么这么笨"这种对自我认知的毁灭性打击，等等。

在讲解沟通层面的问题时，我们已经仔细分析过语言暴力的各种危害，这里只提纲挈领地给出结论：言语伤害比体罚更严重，它的伤害更深重、更持久、更隐性、更致命。正如《荀子》中所言："与人善言，暖于布帛；伤人以言，深于矛戟。"家长仔细想一想，"深于矛戟"啊，用言语伤人比用长矛戳人伤得还要深！向孩子说那些极其伤人的话语，就等于是在向我们的宝贝身上挥大刀啊！

4.自信心受到打击

本章的重点就是要通过建立孩子的自信心来增强其学习动力，而"鸡娃"则恰恰会打击孩子的自信心。综合前面三条危害，我们可以一起来想象一下：在高压之下一直不断努力学习的孩子，牺牲了几乎所有的游戏和休息时间，本来内心状态就不佳，结果在考试中哪怕只是犯了一点错误也不会被谅解，还要受到严厉的指责，永远不如传说中完美的"别人家的孩子"。孩子付出了这么多的努力也得不到好的结果，他的自信心怎么会不受打击呢？而自信受到打击之后，孩子的心态只会更差，从而又影响了学习的动力和成绩，就这样形成了恶性循环，问题变得越来越严重。

5.青少年心理问题激增

近年来，"鸡娃"的现象非常普遍，从前面的分析我们可以得知，这会对孩子的心理健康造成负面影响。那么，实际情况到底有多严重呢？我们来看一组权威数据。根据媒体报道，《儿童蓝皮书：中国儿童发展报告》指出，儿童身体素质虽然在持续提升，但是，"儿童心理健康问题日益严重，需要特别注意"。6~16岁儿童青少年情绪和行为问题发生率为17.6%，14~18岁的青少年有7.7%存在抑郁症高风险；而且儿童、青少年抑郁状态（注意"抑郁状态"不等同于"抑郁症"）的发生率逐年上升，近年已高达26.3%。

以上这些危害不容小觑，家长不能因为自己的孩子尚未出现严重问题就认为可以继续错误的做法。要知道心理学是研究人类共通规律的，是科学的、对每个人都适用的规律，不论您是否清楚，是否认同，它都是客观存在的。沿着错误的方向走下去，必然会在某个时间出现本来可以避免的问题。

✦ 对背后原因的深入分析

既然"鸡娃"有那么大的危害，那为什么还有很多父母趋之若鹜呢？是他们不好，对孩子太狠了吗？怎么会！我们一直坚信：没有不好的家长，只有不知道正确方法的家长。所以，绝不是这些家长不好，只是他们以为只有"鸡娃"孩子才能获得好成绩，因而迫不得已如此行事。究其原因，是家长自身焦虑导致的。

1."鸡娃"对家长的危害

值得深思的是，"鸡娃"可不仅只对孩子有很大的危害，身陷其中的家长更是有苦难言。

（1）压力急剧增加。

在现代社会，家长本来就有很大的压力，要应对职场中的激烈竞争，或者需要承担繁重的家务，还要处理复杂的家庭关系。随着"鸡娃"现象日盛，家长的压力更是直线上升。要买学区房，要报各种辅导班，还要让孩子学钢琴、学马术，等等，家长是"压力山大"。

（2）被迫与其他人争夺有限的资源。

有人说这是一个"拼资源"的时代。为了孩子的前程，家长不得不拼尽全力争夺有限的资源，名校名额、名师档期、抢手房产等，全都要跟各方精英拼个你死我活。因为大家都要"鸡娃"，水涨船高，资源争夺永无止境。

（3）自身健康"亮红灯"。

在这样的高压之下，身体怎么可能承受得了呢？有些老年疾病越来越年轻化，很多年龄尚轻的父母身体已经"亮起了红灯"，同样不容忽视的还有心理健康问题，焦虑、抑郁这些常见的心理问题也越来越普遍。

这样的生活毫无幸福感可言，"鸡娃"的尽头又遥不可及，传说中的"岁月静好"怎么就那么难呢？

2."鸡娃"思潮爆发的根源

在"鸡娃"的问题上，孩子是被动的一方，压力是源自家长的焦虑，再由家长把压力施加给孩子。我们不能一味指责家长，而要看到之所以这种现象普遍存在，那一定有其合理性。只有深入地把问题分析清楚，才能找到解决的办法。

（1）首先要承认那是人之常情。

谁都希望自己的孩子将来能够出人头地，过上安稳、幸福的生活，望子成龙、望女成凤是人之常情。羡慕别人功成名就，渴望物质极大丰富的生活，这也是人之常情。从另一个角度来看，家长努力拼搏的精神还是很值得肯定的。一个"鸡娃"的家庭，家长所承受的压力，一定不会比孩子少。很多时候，家长宁愿自己受苦也要成就孩子的未来，这样的舐犊情深是非常难能可贵的，是我们中华民族的优良传统，不应被全面否定。

（2）眼前成绩更直观。

紧盯成绩也有其现实原因。要想孩子将来能够获得成功，比起什么自信心、动力、活力这些虚无缥缈、需要很长时间才能看到效果的东西，成绩则是更直观的、近在眼前的，这也符合普通人的认知习惯；但是，如果家长能掌握一些心理学知识，了解到自信心与学习的动力比一时的成绩对孩子的影响更长远，就可以很好地避免这个问题。遗憾的是，心理学知识的普及，在我国仍然任重而道远。

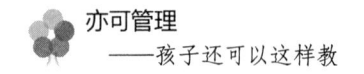

（3）通过比较获得满足。

希望自己比别人强，同样是人之常情，很多人以此来获得满足感和成就感；但是，仅靠外部肯定来获得满足感是低自尊的表现，这会造成自我评价偏低，过于依赖外界对自己的评价，难以成熟客观地面对成败等问题。

（4）"鸡娃"的深层原因是家长自身的焦虑。

前面三条所讲的是，因为符合普通人的认知规律，所以"鸡娃"现象的存在也有其一定的内在合理性。接下来，我们就来谈一谈"鸡娃"背后的深层原因——父母自身的焦虑。家长自己所经历的社会竞争压力巨大，可能自己已经非常努力，却往往得不到所期待的结果。为此，家长必然会认为，孩子将来要想过上幸福的生活，必须要取得更大的成就才行，所以从现在起就要付出更多的努力，否则，"一旦输在了起跑线上，那以后可就完了"。家长就是被这样的焦虑裹挟着，买学区房，竭力使孩子挤进名校，将孩子的课余时间排满课外班，紧盯孩子的每一分，一步一步地走上了"鸡娃"的不归路；而"鸡娃"所需要的经济基础，又倒逼家长每天疲于奔命，努力去挣更多的钱，使他们身心俱疲，压力更大，更焦虑。

正是因为家长自身有难以化解的焦虑，才使得他们即使意识到这样对孩子不好，仍不得不变本加厉地"鸡娃"，因为——没办法。那是不是真的没办法呢？这里先卖个关子，后面我们会仔细说。

（5）家长焦虑的实质是对如何获得幸福的错误认知。

上述焦虑并不是平白无故产生的，究其本质，是因为大部分人错误地理解了幸福的含义。这种错误认知与焦虑之间有着必然的因果关系。那就是，人们错误地认为只有获得足够高的成就才能获得幸福。

在这种错误认知的控制下，人们自然会不计代价地追求成就、金钱、职位、豪宅等；而家长对孩子的期待，也是基于孩子将来要获得足够高的成就的错误认知，否则家长就无法接受。正因如此，家长才会产生无尽的焦虑，进而无奈地选择加入"鸡娃"大军。

正如"情绪管理"一章中所讲的，当前的心理学研究强调的是，幸福感的表征不单单是成就，幸福的核心是良好的情绪体验。具体来说就是，在日常生活中能够体验到更多的积极情绪、较少的负面情绪，当情绪变化趋于稳定，内心更舒适，幸福感就会更强。这并不是让大家都别再追求成就，家长需要转变观念，在追求成就的过程中，别忘了情绪体验的重要性，别忽视了亲密关系这个重要的幸福源泉，别走错了方向，追逐错了目标。一旦有了这个觉醒，那就踏出了走向幸福的第一步，也是关键的一步。

✦ 解决学习难题的核心理念

问题已经分析清楚了，接下来我们就要针对问题，找出切实可行的解决方案。如果只以眼前的成绩为重，不断给孩子加码，容易过早地消耗掉孩子进取的动力，损害孩子的自信心。自信心是一个人对自己能力的信念。有证据表明，儿童对自己的信念会在很大程度上决定他是否愿意尝试新鲜事物或坚持完成困难的任务。自信心较强的孩子，相信能力不是固定不变的，他们可以提升它，他们认为通过努力获得哪怕一个很小的成功时，他们的能力都在提升。相反，自信心不足的孩子，面对困难时更为无助，他们认为个人先天的智力决定了一项任务的成败，而一旦任务失败，他们就会认为是因为自己智力不足造成的，因而不愿再付出更多的努力[1]。

图14-1给出了自信心、自律、成绩三个方面在重要性上的优先级，箭头表示重要性由高到低。从图中可以看到，孩子的自信心和学习兴趣

---

[1] 珍妮丝·英格兰德·卡茨.促进儿童社会性和情绪的发展[M].洪秀敏，译.北京：机械工业出版社，2019.

是最重要的，如图中第一层所示。只有保护好这两个要点，孩子才能对学习知识有更强的动力，更愿意为此付出努力。不管是当前的成绩还是将来的成就，不都是需要努力才能获得的吗？在此基础上，进一步帮助孩子养成良好的学习习惯，提高其自律性，如图中第二层所示。这将为孩子获得成就提供重要的保障，否则即使有学习兴趣但孩子无法管理自己，恐怕也难以获得令人满意的成绩。如果能做到这两点，成绩优异将是水到渠成的结果。假以时日，孩子必然会在人生的道路上取得更大的成就。

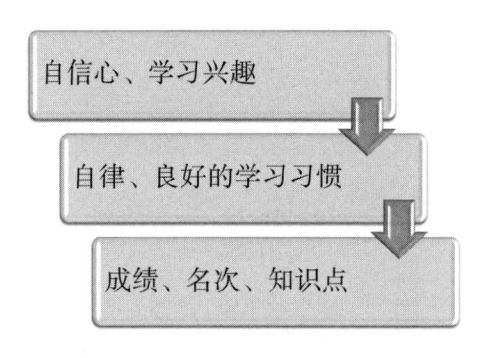

图14-1　自信、自律到成绩的三层结构

所以，家长切不可为了眼前的成绩而打击孩子的自信心；或者为了个别的知识点，消磨了孩子对学习的兴趣。那样就全然本末倒置了，即使逼着孩子一时提高了一点成绩，但长期的后果必然是使孩子失去了付出努力的意愿和动力，最终使孩子在人生的长跑中早早掉队。相信这肯定不是您想看到的结果，务请切记！

对于学习这个复杂的话题，我们要分两章来讲解，自信和自律这两个重点就是本章和下一章的主题。"自信"方法在苹果树理论体系中的位置，如图14-2所示。

保护亲子关系

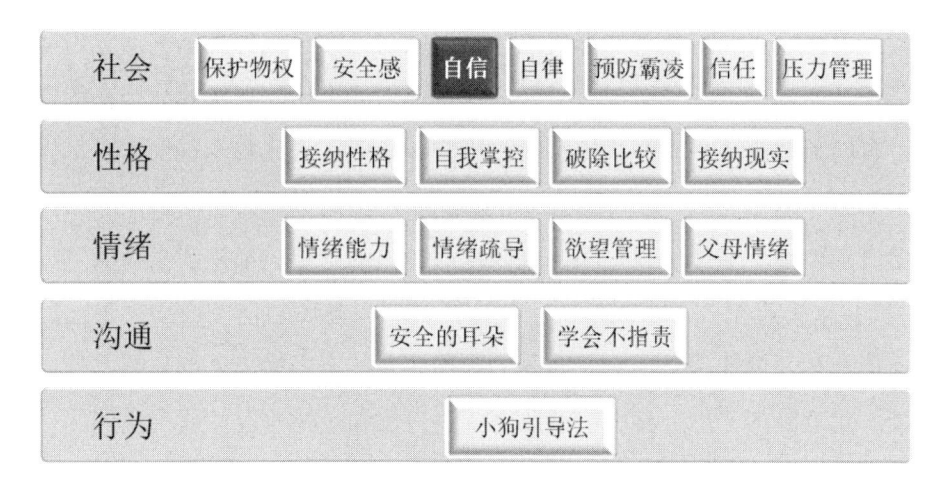

社会	保护物权	安全感	自信	自律	预防霸凌	信任	压力管理
性格	接纳性格	自我掌控	破除比较	接纳现实
情绪	情绪能力	情绪疏导	欲望管理	父母情绪
沟通	安全的耳朵	学会不指责
行为	小狗引导法

图14-2　"自信"方法在苹果树理论体系中的位置

自信心和学习兴趣是排在首位的；其次是自律和良好的学习习惯；而成绩是在前两项目标达成的前提下水到渠成的结果。"水到渠成"体现的是自然而然的规律，也就是说，当我们把前提条件都准备好，随着时间的推移，获得良好的结果自然是可预期的，是毋庸置疑的。这就像农民伯伯种庄稼（家长培养小孩子），播种、浇水、施肥，这些准备工作都做好了（就像培养孩子的自信和自律），之后还有一项重要的事情要做，那就是等待，等着小苗发芽，一天天茁壮成长，最终结出果实（良好的成绩）将是自然而然的事情。

接下来我们用寓言故事来说明这三个层次之间的关系。有学习兴趣就像是我想去看看大山外面的世界，这是我内心动力的源泉（即使不是什么远大的理想，只是想了解新鲜事物，这也是一种动力）；而自信使我相信通过我的不断努力，总有一天我能把门前的大山移走。自信和自律是最重要的，两者缺一不可，一切由此开始，否则所有畅想都是空谈。有了这个前提，于是我开始自觉地努力，每天都铲走一些山石，逐渐形成习惯，不干完这些活我就不去玩。这就是自律，不需要其他人的催促和逼迫，是我自己想要这样去做，良好的学习习惯由此养成。我发现只要我把每天的活干完了，每过一些日子就能挖完一个小山包，总有成果让我很高兴，父母及时的夸奖也让我很欣喜；而且我每天干完活之后还能玩，能休息，心情愉悦。另外，我发现别的小朋友也像我一样在挖着各自门前的山头，有时我比别人挖得快，有时别人比我挖得快，但总体上大家都差不多，一起做伴还挺有意思的。这个过程中的阶段性小成果、父母的鼓励、规律的娱乐和休息以及同龄人的陪伴，都是我尝到的"甜头"，这个过程并不那么苦涩。就这样，在兴趣和自信的驱动之下，加上自律和习惯的保障，随着时间的推移，我的努力换来了越来越好的成绩。儿童版的"愚公移山"就此完成。自信和自律可以使我走向外面那精彩的世界，同样地，在外面的世界里，自信和自律仍是我的两大利器，同样可以帮助我应对各种挑战，达到真正的自我实现。

✦ 消除家长的焦虑心理

理论有了，就该到我们的实践阶段了，要想引导孩子实现自信和自律的目标，首先要帮助家长解决自身的焦虑问题。

焦虑心理怎么消除？如果只是让您"放宽心，一切都会好的"，这个太"鸡汤"了，我们自己都不敢相信。真正的解决办法还是要充实知识，了解现实世界的普遍规律，这才是对抗不必要的焦虑的有力武器。

家长的焦虑心理既来自想要拔得头筹的欲望，更来自害怕落后于人的担忧。有一种常见的说法：别人都努力，你要是稍不努力，就会是最后一名。这话只会让人徒增烦恼，毫无道理可言。如果分数低一点就会变成最后一名，那我们的世界不就成了一条直线了吗？大家都在一个水平线上，稍一放松就会掉队，现实是这样的吗？当然不是，科学早已证明，我们的世界里绝大多数事物都不是均匀排列的，而是呈现正态分布规律,如图14-3所示。

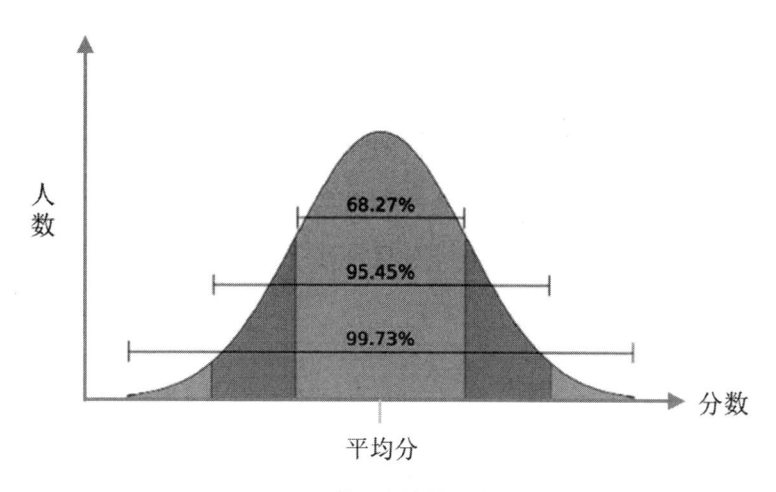

图14-3 学习成绩的正态分布

图14-3表明,大部分学生的成绩都会集中在平均分上下这个中部区间,占比达到近70%,如图14-3中中间区域所示;比平均分稍高的好成绩(是比较好,还不是极高)以及与此对应的较低分数,如图中两个两侧区域(中间区域两侧)所示,需要特别注意的是,这两个区域的人数急剧下降,只占较低的比例,而非常突出的一个数字95.45%,那是两侧区域和中间区域的人数加起来所占的比例,也就是说,绝大多数人都在平均分上下以及略高或略低的分数区域内,这些还都属于正常情况;最后再看那些极端情况,就是成绩极其优异以及分数极低的所谓"垫底分数",它们分布在图中左右两端,我们称为"两端区域",而这两个区域内的人数极少,只占学生总数的5%以下。

不仅学生的分数符合正态分布,全国人的身高、小狗的寿命,甚至几个骰子反复掷出的点数,都符合正态分布,这是自然界普遍存在的规律,我们的世界就是遵循着这样的规律运行的。

您不需要记住"正态分布"这样拗口的名词,而只需要知道这样一个规律:绝大多数人都在中间区域波动,拔尖和垫底的概率都极低。

那种所谓"分数低一点就会变成最后一名"的说法,显然没有科学依据，实际上是由无知引起的不必要的焦虑。所以，用科学的知识和理念武装自己，才是对抗焦虑的有力武器，要记住的不多，这一张图足矣。

作为父母，谁都想看到孩子得第一名，本质上这也没什么错。如果孩子的自信心和自律能力都很强，又天生高智商，成绩出类拔萃，那固然是好事一件；但您也要知道，要想获得这种超过大多数人的成果，那一定是付出了极大代价，用其他重要资源换来的，可能是牺牲了娱乐和休息的时间，也可能是放弃了自己的喜好，甚至是忍受心态的失衡，孩子能取得那样高的成绩是非常不容易的。

如果孩子没有达到超出常人的水平，并不是什么灾难，在中间地带也没有什么不好，现实中大多数人就是在宽广的中间地带上下浮动。这不是不求上进，而是现实中大多数人所处的真实位置。这些认知能帮助我们减少内心的焦虑，从而更好地接纳现实。

✦ 应对"鸡娃"的紧急措施

从这部分开始，我们来详细讲解实践措施。我们把如何激发孩子的学习动力放在最后一部分，在此，先有针对性地为正在受"鸡娃"困扰的家长提出一些改善性的建议，以解燃眉之急。

1. 缓解自身压力

"鸡娃"是由成年人主导的，孩子是被动接受的一方，所以需要做出改变的毫无疑问也应该是家长。根据前面的原因分析我们得知，家长自身的焦虑是主要原因，因此解决措施中首当其冲的就是，有意识地缓解我们自己的压力。

学习一些缓解压力的方法和理念。比如"拥抱变化"一章所讲的ABC法则，把重点放在改善观念B，而不是一味地追求改变事实A，就是一种有效的减压方法。还有一个很好的理念——"活在当下"，这是一种备受正念心理学推崇的减压理念。不要过度地担心未来,而是把精力放在过好当前的每一天,致力于保持良好的心态,那么将来必然不会太差。

有意识地少听、少看社会上特别焦虑的论调。焦虑的感受是会相互影响的,如果某个人焦虑值特别高,张口闭口都是非常悲观的言辞,那就有意识地远离这样的人,不要受他影响。对社会上流行的说法要有自己的判断,流行不代表正确,要保持思维独立。

2. 把钱花在"刀刃"上

"鸡娃"的压力,有很大一部分来源于金钱,这大可不必避而不谈。学区房、高价补习班,每一笔都是不菲的开支,家长的经济压力可想而知。如果您觉得,那就挣更多的钱就好了呀!嗯……这个观点有待商榷。通过前面的讨论我们知道,并不是挣更多的钱就什么问题都解决了。钱固然重要,但它不是获得幸福感的唯一要素,心理学的研究结果显示,其实亲密关系、良好的情绪体验更为重要。所以,我们真正该努力的方向,是重新找回追求成就与良好心态之间的平衡。说得更直接一些,就是减少在学区房、高价辅导班上的花费,而把重点放在使全家人获得良好的情绪体验上。

这绝不是放弃、认输,不是软弱的表现,恰恰相反,这才是勇敢而明智地做出取舍,是人生的大智慧。

这样做非常直接的好处就是,可以极大地缓解家长的经济压力。学区房或是类似形式的房产投资,费用极其高昂,对一个普通家庭来说,负担极大,如果可以将它从肩上卸下来,除了可以缓解经济压力之外,还可以使我们重回舒适的居住环境,一家人的状态也会随之发生根本性的转变。同样地,少报一个辅导班,省下的钱和时间,一家人可以安排一些亲子活动,既开阔了眼界,又可以使家庭关系更亲密,情绪体验提升了,焦虑和压力自然就减少了,何乐而不为呢?

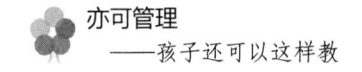

3.帮助孩子恢复活力

如果一时不能做出根本性的改变，那家长也仍可以尝试通过以下方法来缓解当前的冲突。

- 停止对孩子的言语伤害。在学校里，孩子除了应对各门功课，还有各种形式的活动、训练等，回到家里，我们就别再给孩子增加压力了。我们应该成为孩子的"保护者"。
- 帮助孩子重获掌控力。孩子在学校里要遵循规章，掌控力是很弱的，那家长就努力在孩子回家以后还给他一些掌控力，这对孩子恢复活力非常重要。比如：带孩子去附近的公园跑一跑，告诉他可以随便玩，家长在安全的前提下尽量不要去干扰他；可以在做选择时多询问孩子的意愿，让他自己来选择；尤其关于课外班，要先了解孩子真实的想法，尽量满足孩子的期望。如果能在繁重的学习之后，有时间做一点自己真正喜欢的事情，那对孩子来说意义非凡。
- 身体接触有助于缓解压力。尤其是对低年级的孩子，皮肤接触可以很好地缓解孩子的压力。家长平时可以多抱一抱孩子，抚摸孩子的后背，拉一拉孩子的小手，都是很好的帮助孩子缓解压力的方式。
- 睡前故事时间是温馨的亲子时光。别小看睡前时间，在劳累了一天之后，躺在舒适且充满安全感的床上，听着亲爱的爸爸妈妈温柔的声音，渐渐地进入梦乡，对孩子来说有着无限的吸引力。

以上几种方法，可以对孩子有些帮助，但是治标不治本，要想解决根本问题，还是要彻底摒弃"鸡娃"的做法。标本兼治的正确方法详见"培养自信的正确方法"部分的讲解。

4.出现抑郁症状要去正规医院诊治

这是一个有些沉重的话题，但我们必须正视它。从科学的心理规律来讲，"鸡娃"的做法必然会对孩子的身心健康造成一定伤害，落到每一个孩子身上，差别只是伤害大小的问题。那么，家长就有责任提前了解一些儿童心理疾病的常识，当孩子不幸出现这些症状的时候，能意识到孩子有患病的风险，然后立刻带孩子去正规的医院做专业的诊断，而不要抱怨孩子"怎么那么不坚强"，以免对孩子造成更大的伤害。

目前青少年最突出的问题就是抑郁状态，常见症状有以下九种：①感到悲伤；②对任何事都不感兴趣；③体重下降；④有睡眠障碍；⑤心理运动出现问题；⑥疲劳；⑦否定自己；⑧犹豫不决或注意力不集中；⑨产生自杀的念头。如果出现上述症状，尤其是多种症状并存时，家长一定要引起重视，及时就医就是在救孩子啊！

还有一个连带的问题也非常重要，那就是校园霸凌。学校强调成绩无可厚非，但往往容易忽视孩子的心理健康，孩子又长期处于精力透支的状态，心态不佳，于是很可能会引发校园霸凌。家长对此要予以重视，如果孩子有被霸凌的表述，家长一定要意识到这是孩子在向您求救，您可能是孩子最后的"救命稻草"。此时千万不要对孩子说"那只是孩子之间的打打闹闹吧"，或者"你别瞎想了，赶紧去学习吧"类似的话。那样就可能真的把孩子推进了万丈深渊，错过了救助孩子的最后机会。这不是危言耸听，关于霸凌的问题和预防措施，我们将在"避免校园霸凌"一章详细剖析。

✦ 培养自信的正确方法

前面已经探讨过，培养孩子的自信从而保持其学习动力是排在第一位的事情。下面我们就把方法落到实处，讲解如何培养出自信的孩子。

1. 看到努力的成果

前面我们讲过，事情很难完美，而紧盯错误是人的本能。心理学界认为，这是从人类祖先进化传承而来的基因，因为只有善于发现缺陷的人才能更好地活下去。现在，我们不再有人类祖先的生存困境，却依然保留着关注缺陷的本能，结果就是做对的题都被忽视，长时间的努力总是不被看到，造成了打击孩子自信心的不良后果。

要突破这种本能，需要我们有意识地转变思维模式，除了改正错题之外，也一定要看到还做对了那么多题呢。进步有多种形式，不一定立刻体现在分数或名次上。错题比以前少了，或者以前常错的题这次没有再错，或者某个知识点学会了，这些都是进步，都是孩子可贵的努力得来的。家长不仅要善于发现这些进步，还要帮助孩子看到自己努力的成果。这样的过程可以使孩子坚定一个信念：只要我努力了，就会有所收获，收获有不同的形式，我的努力没有白费！于是坚定了他朝着正确的方向走下去的信心，自信心就是在这样一点一滴的努力与成果反馈中积累起来的。

2. 夸努力而不是夸成就

我们从前文的小狗引导法开始就一直在强调建立以正面鼓励为主的家庭教育氛围，这一点对建立自信同样适用。不过，需要特别注意的是您该夸什么。要夸孩子的努力，夸他所用的正确方法，而不能夸最终的成就。这是一个普遍存在的认识误区，家长经常对孩子的某次考试成绩大加赞赏，甚至不惜重金奖励，结果却起了反作用，孩子虽然一时高兴，但往往会因为担心下次难以复制同样的高成就而压力倍增，甚至不愿继续努力，家长的奖励因而适得其反。

心理学研究者做过一项很有说服力的实验，来分析不同的回应对孩子会产生什么样的影响。实验中随机请来一些小朋友，分成三组做数学题，完成之后，三组工作人员分别给出不同的回应。第一组夸奖孩子的智力："做对啦，你可真聪明！"第二组夸奖孩子的成就："全都做对了，真棒！"第三组夸奖孩子的努力："能做对，你一定非常努力吧？"孩子听到夸奖都表现得很高兴，接下来却产生了差别：当工作人员询问孩子是否愿意继续挑战更难的题目时，只有被夸"你真努力"的孩子愿意继续挑战，另外两组被夸赞聪明和成就的孩子却不愿意继续参加挑战[1]。

为什么会有这种差别呢？心理学研究者认为，被夸聪明的孩子得到的理念是：挑战成功与否在于我先天的智力，那么，如果再做题我做错了，就会被认为我不够聪明，我太笨。那孩子当然不愿继续挑战了。被夸成就的孩子情况类似，只有成功了才会被夸奖，可是要次次成功哪有那么容易？我可不想再挑战了。只有被夸努力的孩子从中得到的理念是：不论结果如何，只要我努力了就会得到高度的认可，而这种积极的理念，为孩子带来了源源不断的动力。

夸努力，这种方法非常实用，接下来我们深入探讨一下。努力是成功的基石，任何一项成就都是通过努力才有可能得来的。我们都知道，成功的结果是受很多外界因素影响的，其中很多都不为我们自己所掌控。不论是出于何种原因，如果失败了，难道我所有的努力都白费了吗？我付出的辛劳、汗水，所花费的时间，克服的困难，难道只是因为一次失败就没有任何意义了吗？这太不公平了！有着足够人生阅历的您一定能够明白，我们的收获绝不仅仅是那一座奖杯，任何荣耀都会成为过去。我们真正的收获，是辛勤的努力所带来的自身素质的提高，是相信自己"我能行"的巨大能量，是过程中不断体会到的满足和乐趣。这些是不受外界影响的，是谁也夺不走的，是不会随着时间磨灭的，是不会因为结果好坏而改变的。"我的努力有被看到"，是孩子最想从爸爸妈妈这里得到的实实在在的认可。

---

[1] 珍妮丝·英格兰德·卡茨.促进儿童社会性和情绪的发展[M].洪秀敏，译.北京：机械工业出版社，2019.

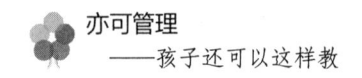

3.做符合年龄的事情

儿童发展心理学有一项基础理论，就是儿童的认知水平遵循随年龄递增的固有规律，正如我们在"保护物权"一章中所讲的那样。在我们成年人看来很简单的事情，如果孩子还没有达到那样的认知水平，那他就怎么也想不明白，这不是因为孩子笨或者不努力，而只是因为他年龄还小。

这也是家长容易出现的问题，要培养孩子的自信，我们就要接纳小孩子能力有限这个客观事实，不去要求他做超出相应年龄能力范围的事情。比如一些我们认为很简单的数学题或者物理现象，还有更大年龄的孩子才适合的玩具，也包括孩子肌肉发育还不完善造成一些动作做不好，都属于这类状况。

我们应该引导孩子做适合自己年龄的事情，使他们在能胜任的任务中慢慢建立起自信。当孩子做不好一些事情的时候，要告诉他："这只是因为你年龄小，能力不足，不是你的错。"帮助他欣然接受失败，避免对孩子的自信心造成不必要的打击。

4.重视优势而不是弥补短板

在"破除比较"一章中我们详细讲过，每个人都有自己的优势和劣势，发挥优势、接纳劣势，更有利于获得成就以及体验真实的幸福[1]。"短板原理"是作用于团队效率，对于个人发展而言，盲目地弥补短板不仅会耗费有限的活力，打击自信心，努力的结果最多就是众人趋同，形成千军万马挤独木桥之势。相反，发挥自己的优势，做自己擅长的事情，就是在建构心理资源，在获得较高成就的同时，还能够体验更多的积极情绪，品味专属于自己的精彩人生。

想来也是，您不会要求一位画家是长跑冠军，也不会非要一位数学家能唱男高音。优势有时是天分决定的，劣势有时也是因为自身的不足，

---

[1] 马丁·塞利格曼.真实的幸福[M].洪兰，译.杭州：浙江教育出版社，2020.

难以改变。在"接纳性格"一章中我们讲过,对于这样的特点,不要生硬地去矫正它,而是要接纳它,这样才不会白白把能量耗费在跟自己较劲的精神内耗上。就自信心而言,弥补短板无疑是在不断损耗自信,而发挥优势时的全神贯注、得心应手,一定会对提高自信大有裨益。

经过以上努力,我们就很好地帮助孩子建立了自信。由此,解决了最重要的学习动力问题。有了这个坚实的基础,也就使孩子做好了为实现下一个提高性的目标而努力的准备——培养自律的学习习惯,这将是下一章的核心内容。

亦可故事

学习风波

今天去接亦可放学,明显感觉到小家伙情绪不高。回到家后,亦可拿出了数学试卷,我才明白他为什么不太对劲——没考好,题目做错了很多。

亦可忐忑地问我们:"爸爸妈妈,你们生气了吧?"

我没有说话,悄悄看了一眼爸爸,因为数学一直是由爸爸负责辅导的,我担心他会生气。

没想到,爸爸凑上前拍了拍亦可,温柔地问他:"你有没有努力呀?"

亦可轻轻地点了点头……

爸爸接着说:"努力了就好,一次考试没考好没有关系的。"

亦可明显松了一口气。

我有些意外又钦佩地看了看爸爸,对亦可说:"爸爸说得对,一次考试没考好确实没有关系,我们把做错的题都弄明白就好了呀!"

亦可笑着点头答应,和爸爸手拉着手回房间学习去了。

我脚步轻松地走向厨房准备晚饭,心里想着:"爸爸可真棒,竟然一

亦可管理
——孩子还可以这样教

点都没有生气,一会儿我可得好好夸夸他!"突然间,亦可的房间里传来爸爸的喊声:"你能不能好好听我讲题啊!"随之而来的就是亦可的哭声,我的心"咯噔"一下——不好,出问题了。

我跑到亦可房间,看到爸爸气哼哼地坐在那里,一脸严肃,亦可在旁边抹着眼泪。我稳了稳心神,对亦可说"你先自己调整一下情绪",然后拉了拉爸爸:"走,你先去休息一会儿。"

等我把爸爸在卧室安顿好,再回到亦可的房间,看到这小家伙还生着气呢,小眉头一皱,小嘴一噘,跟他爸一个样儿。我走近他,坐在了书桌旁……

我问亦可:"宝贝,你怎么了?"

亦可小嘴一瘪,带着哭腔说:"我只考了70多分,做错了那么多题……"

我点了点头:"哦,你是因为错了太多题所以不太开心呀,是在生自己的气吗?"

亦可委屈巴巴地"嗯"了一下。

我明白了,孩子自尊心比较强,对自己有要求,一旦错的题多了,他的情绪就会受到影响,学也学不进去了。我要帮帮他!

我想了想,对他说:"好,那现在我们来做一件事,你来数一数你一共做错了几道题。"

亦可数完了,沮丧地告诉我:"错了8道。"

我平静地"嗯"了一声,接着问他:"那你现在再数一数,一共做对了几道题?"

亦可有些疑惑地看了看我,但还是数了起来:"做对了20道。"

说完,他突然抬起头来看着我:"原来我做对了好多题呢!"

我说:"对啦,你虽然做错了好几道题,但是呢,还是做对的题更多,是不是呀?所以你也没那么差吗!要多看看自己做得好的地方,这么想,是不是心里就舒服一些啦?"

亦可听明白了，如释重负地点了点头。

我看他情绪有所好转，就对他说："亦可，你先自己改改错题，我去看看爸爸。"

出了亦可的房间，我踱着步子朝卧室走去，心里盘算着该怎么安抚那头"大倔驴"。我深吸了一口气，推开了房门，刚要说话，爸爸一手拉住我，他激动地说："我也好想有你这样的妈妈啊！你说得真对，要先看做得好的地方，让他对自己有信心，才会越学越好，我都明白了！"

爸爸调整好情绪，进到亦可房间，两个人心照不宣地抱了抱，开开心心地把错题都改正了，我们家的学习风波也到此结束。

故事解读

本集故事中的场景，相信大部分学龄儿童家庭都会遇到。孩子考试没考好，家长该如何应对？考砸了还得呵护孩子的自信心，说得容易，怎么做？亦可妈妈给我们做了良好的示范。

- 疏导情绪。在"情绪篇"我们讲过，当孩子处于负面情绪顶峰的时候是很难沟通的。果不其然，亦可因为考砸了自信心受到打击，心情极差，和爸爸复盘的时候父子俩发生了冲突，亦可妈妈注意到了亦可的负面情绪，先温柔地共情，给了亦可表达情绪的机会，为后续的沟通做了很好的准备。

- 积极关注。面对孩子的一大堆错题，怎样才能做到呵护孩子的自信心？亦可妈妈找到了很好的解决办法，就是运用我们之前讲过的积极关注，把注意力放到那些做对的题目上，让亦可知道自己其实没有那么差，从而很好地保护了孩子的自信心。

孩子求学的过程很长，会经历大大小小无数次考试，我们都知道不

亦可管理
——孩子还可以这样教

能要求孩子每次考试都名列前茅，那么孩子考砸的时候往往就是考验家长智慧的时刻。孩子没考好，自信心已经受到了打击，如果这个时候再被家长奚落、嘲笑甚至责罚，只会让孩子对自己丧失信心，对后续的学习无异于雪上加霜。如果家长都能像亦可妈妈那样，把孩子的自信心放在第一位，小心呵护，那对孩子来说可真是雪中送炭了。亦可爸爸的那句"我也想要这样的妈妈"，恐怕说出了很多孩子的心声。亲爱的家长朋友，大家一定记住，要和孩子站在一起打败错题，而不是和错题站在一起打败孩子！

第 15 章
培养学习习惯

✦ "佛系"就对吗

上一章我们讲清楚了"鸡娃"的问题,与此相对的另一大潮流就是"佛系"。现在我们知道了"鸡娃"不对,那"佛系"就对吗?这一章我们就来重点讨论"佛系"的问题,进而找出正确的做法,与上一章结合起来,就是全面解决学习难题的整体方案。

所谓"佛系",就是一些家长看到了被"鸡娃"的孩子多么可怜,实在不愿意对自己的孩子那样做,于是就反其道而行之,不追求成绩,放松对孩子的管教,只要孩子开心就好,网络上对此有一个比较形象的说法,就是"佛系"。

既然前一章详细阐述了"鸡娃"的危害,那就全都反着来不就对了吗?其实不是那么简单,我们用方向来做个比喻,比如正确的方向在北方,而"鸡娃"和"佛系"这两个对立的极端,实际上一个在东一个在西,都是错误的方向。

✦ 对孩子好有什么不对

"佛系"的家长对孩子足够宽容,这弥足珍贵,但客观地说,"佛系"也是错误的。"我对孩子好,难道还不对啦?"为了讲清楚"佛系"的问题,我们先来跟家长说几句贴心话。

- 首先要肯定"佛系"的家长是很有勇气的，在社会大环境中，出于对孩子的爱，家长敢于不随波逐流，不在乎别人的眼光，这是非常难能可贵的。
- 深入剖析"佛系"家长内心的想法就可以理解，家长为了不让孩子受苦，压抑自己内心望子成龙的渴望，承受着低成绩的尴尬处境，放弃了对孩子学业的追求，只好在心里想着"将来孩子只要快快乐乐过一生就好，不要求他有什么成就，反正肯定不会饿肚子"。实际上，家长是把孩子身上的重担卸下来扛到了自己肩上，说起来很是让人心疼，却不能说是正确的。
- "佛系"的错误就在于，家长误以为不"鸡娃"孩子就肯定无法获得好成绩，结果过于放纵孩子，忽视了对其学习习惯的培养，影响了孩子自律能力的形成。要知道，自由散漫不等于幸福快乐，经过自己的努力获得适当的成就，非常有助于提高幸福感和生活质量。任何成就都是靠坚持不懈的努力得来的，没有自律就不可能成功。我们在爱护孩子的同时，千万不要抹杀了孩子努力追求成就的可能。

经过上面的分析，核心理念呼之欲出，那就是：在正确方法的引导下，良好的成绩与幸福的童年并不冲突！

✦ 自律的作用是智商的两倍

为什么这么强调自律的作用？因为心理学研究证明，决定成绩好坏的最主要因素不是智商，与高智商相比，自律的学生才会取得更好的成绩。

心理学家从中低年级的孩子中随机找来众多小实验者，这些都是当时成绩名列前茅的孩子，心理学家常年跟踪他们的学业变化情况。经过大量的统计分析发现，在升到高年级之后，孩子的成绩有了明显的变化。那些智商虽高但自律能力不足的孩子成绩明显下滑；而那些智商虽

亦可管理
——孩子还可以这样教

不突出但自律能力较强的孩子成绩依然优异。最终的量化结果表明，对于学业成就，"自律产生的作用大约是智商的两倍"[①]。

在上一章图14-1自信、自律到成绩的三层结构中，表明了在自信和自律两大前提之下，获得好成绩将是水到渠成的事。我们来做个比喻，如果把孩子比作一辆小赛车，要想跑得快，跑得远，那么就要具备两个前提条件：首先是动力要强劲，这是最基本的要素，是一切成就的基础。这就是我们在上一章讲到的学习动力问题，通过培养自信、保持学习兴趣来提高孩子的学习动力，以免孩子出现裹足不前、自暴自弃甚至厌学等问题。有了充足的动力，就像给我们的小赛车装上了强大的发动机；但这还不够，要想成绩优异，还要给轮胎打足气，给油箱加满油，底盘够结实。这些是标准，是规范，也就是我们所说的良好的学习习惯，这是获得好成绩的重要保障。所以，本章我们就重点讲自律的重要性，通过自律养成良好的学习习惯，这才是获得成就的最大保障。"自律"方法在苹果树理论体系中的位置，如图15-1所示。

保护亲子关系

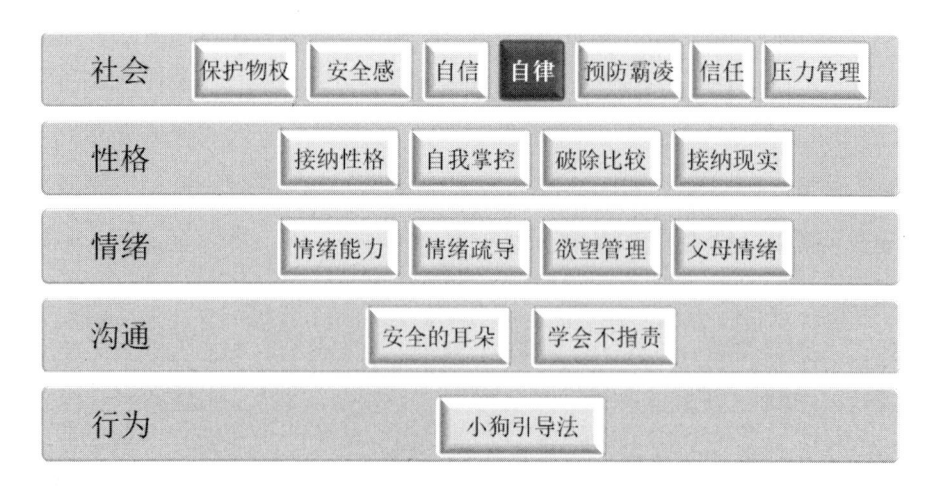

社会	保护物权	安全感	自信	**自律**	预防霸凌	信任	压力管理
性格	接纳性格	自我掌控	破除比较	接纳现实			
情绪	情绪能力	情绪疏导	欲望管理	父母情绪			
沟通	安全的耳朵	学会不指责					
行为	小狗引导法						

图15-1　"自律"方法在苹果树理论体系中的位置

---

① 马丁·塞利格曼.塞利格曼自传[M].庞雁，译.杭州：浙江教育出版社，2020.

我们的苹果树法则始终以"保护亲子关系"为前提，在学习这样的大问题上也不例外。思绪拉回到本书开篇的时候，在前言中我们就讲过良好的亲子关系的作用。您还记得吗？其中有一条就是，亲子关系好的孩子，学业成绩相对较好。这是大量统计的结果，给了我们一个可信又非常美好的结论，可以说给家长吃了一颗"定心丸"。结论有了，还需要具体的方法和实践，这正是本书的价值所在。

接下来就进入我们的强项——实践环节。孩子年龄小，淘气散漫是再正常不过的事了，要想培养孩子自律的能力谈何容易，所以我们就直截了当，先给出培养孩子自律能力的具体方法。有了自信和自律这两个前提，获得好成绩就指日可待了。我们一直强调，家长望子成龙，希望孩子成绩好，这没有错，但是不能用错误的方式。那么，有可以提高孩子成绩的正确方法吗？有，后文中我们会详细介绍，参加过公益课堂的很多家长都认为这些方法非常实用。最后，我们还要把"鸡娃"和"佛系"这两个问题糅到一起，讲解清楚它们之间的共性问题，并进一步阐明正确的教育观。

✦ 培养自律能力的具体方法

前面我们提到，自律对提高成绩的作用大约是智商的两倍，这足以说明自律对获得学业成就的重要性。自律也属于行为方面的课题，只要是行为，基本都可以用小狗引导法，这里也不例外。关于小狗引导法的用法已讲过多次，这里不再赘述，无非是明确要求，发现孩子的进步，及时夸奖，忽视错误，您已经很熟悉了。用好了小狗引导法，看似很难培养的自律能力一样能够逐渐培养起来。下面我们就以很多家庭难以做到的"写完作业之后才能玩"这一要求为例，详细说明培养孩子自律能力的实用方法。

亦可管理
——孩子还可以这样教

1. 温柔地坚持

在小狗引导法中有一个"忽视错误"的环节，这本身就已经很难了，而这种孩子没完成作业就想去玩的问题，由于有交作业的现实压力，家长根本无法做到完全忽视，能怎么办呢？难道再回到严厉批评的老路上去吗？当然不是，这时我们就需要温柔地坚持。也就是说，用平静的语气重申我们的要求："做完作业才可以玩呦！""现在不可以玩呀，要先完成作业啊！"所说的"温柔"不是要求我们惺惺作态，用很做作的表情语气来教育孩子。"温柔地坚持"是一个诗意的说法，重点在于不生气，平和地交流，教给孩子应该怎样做。核心还是在于"坚持"二字，不因为孩子撒娇耍赖就放弃原则，原则就是底线，明确而坚定，不论过程如何曲折，最初提出的和过程中要求的始终保持一致。

如果孩子哭闹怎么办？想想我们前面学过的知识，这属于情绪类问题，那情绪疏导就派上用场了。孩子没玩成，觉得委屈，不高兴就是合理的情绪，那就允许他不高兴一会儿。我们不要生气，而是要帮助他把情绪疏导出来。情绪表达顺畅了，孩子很快就会恢复如常。这就把我们学过的知识灵活运用起来了，既能将所学知识融会贯通，又可以真正地解决实际问题。

当孩子终于按照要求先把作业写完之后，就是我们"不遗余力地夸奖"的时候了。至此，您就完成了小狗引导法的一次循环，只要坚持下去，就一定能够督促孩子养成这个好习惯。

2."引导"是吸引而不是推搡

在孩子养成好习惯之前，家长要引导孩子，所谓"引导"，是我们站在正确的一边吸引孩子，表达的含义是"宝贝儿，来，到爸爸妈妈这边来，这边是对的"；而不是站在错误的一边，一次一次地重复："你怎么又到错误的这边来了？去，不许这样。"孩子总是天然地倾向于靠近父母所关注的，就像小狗总是追着主人跑一样，所以您选择站在哪边呢？图15-2就是一个形象化的示意图。

图15-2　正确引导示意图

那该如何吸引孩子呢？也简单，就是要给他足够的"甜头"。在做作业这件事上，除了我们的夸奖之外，事先承诺的"做完作业可以玩"就必须要无条件兑现。不能贪心，觉得"还有这么多时间呢，让他再学点别的吧"。往大处说，每个人都有休息和娱乐的权利，孩子也不例外；往小处讲，不要觉得玩是浪费时间，孩子通过玩和休息补充了活力，使得明天还可以保持良好的状态，继续努力地学习，这可比让孩子不情愿地多学那点知识要"赚"得多呢。

另外，对于学习完之后要怎么玩，要充分尊重孩子的意愿。比如，孩子想看动画片，那就"看个够"，当然不是无限制地看，事先约定好看多长时间，在不影响孩子视力的前提下，允许孩子充分地满足自己。这可不是"贿赂"孩子，这是孩子通过自律的努力应得的。能够满足自己是人生的一项重要能力。

3.自己感觉好才会坚持

很多人认为自律是一件苦差事，一味地劝着孩子、压着孩子要习惯于受苦。其实，谁愿意一直受煎熬呢？"学海无涯苦作舟"的大道理，或是家长的单方面压制，只会一时奏效，而真正的动力，是帮助孩子体会到自律的好处，只有孩子自己感觉好才会努力坚持下去。

以教育不爱洗澡的孩子为例，尤其是男孩，我们需要引导孩子意识到的是"洗完澡自己身上很舒服"，是为了自己舒服才去洗澡的，而不是受迫于妈妈的严厉要求。

自律有什么好处呢？那就很多了，就拿"先做完作业再去玩"来说，我们可以跟孩子强调："你看，你先把必须要干的事都干完了，在玩的时候就可以放心地玩，不用在心里惦记着还有什么作业没做呢，那样玩也玩不痛快，现在这样踏实地玩自己感觉怎么样？"孩子在我们的引导之下意识到这样做的好处，那我们就要抓紧机会夯实这种良好的感受，这就是对自律能力的很成功的教育。

如果某一次，孩子在学校趁着休息的时间自己主动做了一些作业，回家以后向我们"邀功"，那还等什么？一大波夸奖犹如滔滔江水般汹涌而来，记住一定要跟孩子强调："宝贝儿你太棒了，在学校就做完了一些，回家写作业的时间就减少了，你就可以玩更长时间啦，自己高兴不高兴？"孩子一定会笑得合不拢。

把重点放在让孩子体会到自律的好处，这样他才会越来越自觉地抓紧时间做作业，逐渐养成良好的学习习惯，同时，让孩子受用一生的自律能力也就一点点地培养起来了。

4.循序渐进

自律不是一件容易的事情，我们急不来，要循序渐进地培养。在写作业这件事上，首先是"先写完作业再去玩"，接着可能是孩子愿意在学校完成一些的话会更好。再后来的某一个周末，孩子早上起来闲着没事，等着吃早饭的工夫，干脆自己写了点作业。您别忘了使劲地夸奖孩子，告诉孩子这叫"主动性"，是特别棒的品质。不追求一蹴而就，而是这样一个台阶一个台阶地引导着孩子成长得越来越好。

孩子刚上学的时候，家长免不了需要检查孩子作业写得怎么样。渐渐地，当孩子能越来越顺利地完成作业，也许是第二年，家长就可以有意识地改为抽查方式了。如果孩子适应得很好，到了第三年，家长可以尝试不用再检查，完全交给孩子自己来完成，让他学会对自己的作业负责。就这样，孩子自主完成学习任务，家长只需要在孩子遇到困难的时候给予帮助就可以了。

当孩子取得一些进步，或者某次获得还不错的成绩，我们就使劲强调："你看，都是因为你平时一直努力学习，每天都认真听讲，认真完成作业，不写完作业就不玩，这就是自律！养成了自律的习惯，你的学习成绩越来越好了呢！"由此，我们在孩子心中种下了自律的种子，它一定会伴随着孩子茁壮成长，为孩子取得一生的成就保驾护航。

✦ 提高成绩的正确方法

谁都想要好成绩，但"鸡娃"和"佛系"都是不可取的，要用符合科学规律、适应孩子天性的正确方法。在具备了自信和自律这两个前提条件之后，我们再来一起看一看有助于孩子提高成绩的好方法。

1.平静才能学习

很多家长抱怨，陪孩子写作业简直就是一种折磨。"不写作业母慈子孝，一写作业鸡飞狗跳"就是对比的生动写照。尤其让家长抓狂的是，一旦孩子在一道题上卡住了，马上就变成什么都不会了，连基础的题都会做错，简直是满嘴"胡说八道"，很难让人不生气。有的家长抱怨说："刚才还会做减法呢，现在倒好，售货员阿姨卖苹果，越卖苹果还越多了。我这孩子以后适合做生意，保赚不赔呀！"还有的诉苦说："本来apple念得挺好的，默写只是错了一个字母，接下来可倒好，a、b、c都

亦可管理
——孩子还可以这样教

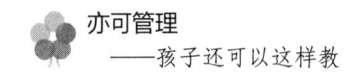

不会了，成汉语拼音了。"

为什么会这样呢？实际上这一切的罪魁祸首是情绪。在"父母情绪调节"一章里我们讲到过，当一个人情绪有较大波动的时候，身体受交感神经的支配，会产生心跳加速、呼吸急促等现象，此时人体处于战斗模式，大脑的逻辑思维能力急剧下降，不能平静地思考。这就很好地解释了上述问题。当孩子有题目做错了，家长指出问题后，孩子情绪不好，失去了平和的心态，身体迅速进入由交感神经支配的战斗状态，失去了正常的逻辑思考能力，大脑像短路了一样，这就导致他连本来会的知识也不会了，连基础的题目也答不对了。此时如果家长继续纠缠，情况只会不断恶化，最后就是大人喊孩子哭，一地鸡毛。

那应该怎么办呢？如果您遇到这种情况，可以尝试用平和的语气跟孩子说："你先自己平静一会儿，我出去等着，等你平静下来了你叫我，咱们再继续学。"然后您可以到别的房间喝杯水休息一会儿，让孩子自己平静一下，即使孩子委屈得一直哭也没关系，就让他哭一会儿，或者让孩子也去喝口水，站起来放松一下身体。前面的知识还记得吧，这是在干什么呢？是的，这是让副交感神经重新接管我们的身体的支配权。过一会儿，等孩子平静了，要么是孩子主动找您，要么是您观察到孩子的情绪恢复正常了，您再回去陪孩子继续学习。此时您会惊奇地发现，刚才孩子一通胡说的题目现在全都做对了。为什么这么神奇？只不过是因为孩子在情绪平复之后，身体恢复了正常状态，逻辑思考能力也随之恢复了，那本来会做的题目自然就能做对了。

家长要有意识地引导孩子保持平静的心态，这样才能高效地学习。当心态不平和的时候，所谓的学习多半是在浪费时间。如果情绪不平静，就让自己先停下来，调整好之后再学习，这才是理智而高效的学习方法。我们平时挂在嘴边的"遇事冷静，脸小三分"不也是相同的道理吗？

您看，仅仅就是这样一个小小的知识点，您甚至不用记住"交感神经"这种专业术语，只要记住"平静才能学习"，令人头疼的辅导孩子作业的问题就这样化于无形了。孩子的学习效率提高了，自然也有助于提高成绩。

2. 让孩子养成检查的好习惯比唠叨"要认真"更有效

小孩子经常马马虎虎的，家长真是无可奈何，只好在考试前一遍又一遍地提醒他："要认真啊，一定要认真啊，千万不要马虎。"孩子答应得好好的，结果呢？该怎么马虎还是怎么马虎；而且这种情况多了之后，还可能使孩子觉得"我可真差劲，老是做不好"，从而打击了孩子的自信心。可见，家长反复地唠叨并没有实际的用处，只是给孩子徒增焦虑罢了。

前面我们讲过，随机误差无法避免，尤其是小孩子，毛毛躁躁是他们这个年龄的天性。如果一味要求他们从主观努力上克服马虎的毛病，实在是有点强人所难。那家长该怎么办呢？

我们可以尝试教给孩子从客观角度改善这个问题的好方法，那就是养成做完题目后认真检查的好习惯。这样既不给孩子增加心理压力，又可以有效地更正一些显而易见的问题，还培养了孩子负责任的正确态度，真可谓一举多得。

培养孩子做完题目后认真检查的好习惯所使用的方法当然还是小狗引导法。我们可以从引导孩子写完作业后自己检查开始，先灌输给孩子这个理念，等到某一次孩子回家后兴奋地说："我今天考试，自己检查出错题了呢！"我们就使劲地夸奖他，从而强化孩子的这个行为。

与此类似的经验还有不少，比如教孩子在做完卷子之后，要检查一下有没有空着没做的题，别笑，小孩子写作业时经常会出现这种令人啼笑皆非的情况；养成仔细审题的好习惯，也是一种可改进的实际操作，比空口说"要认真"更落地。这些好习惯无疑对提高学习成绩有很大的现实意义。

这也给了我们一个重要启示，那就是，在正确的方向上付出足够多

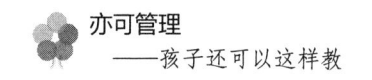

的努力，成绩逐渐提高就是可预见的必然结果。

3.做对的也是机会

我们经常会把孩子做错的题看作是一个个教他知识的机会，但现实的问题就是，一给孩子讲错题，孩子肯定不高兴，多少会带来一些不愉快。这很容易理解，谁也不愿意被别人指出错误。那该怎么办呢？难道就放着这个知识点不管了吗？

我们可以尝试进行逆向思维：错题是机会，实际上，做对的题也是机会。

一方面，您仔细观察孩子的作业或者试卷就会发现，要掌握一个题型往往要经过反复练习，这是这个年龄段孩子的特点。如果一个题目做错了，我们可以从做对的题目里找出类似的题型，通过分析这个题孩子做得有多好，来巩固这个知识点。这同样可以达到教育孩子的目的，还消除了潜在的危机。至于错题您也不必太过担心，孩子一般都会按照老师的要求改正好的。

另一方面，从宏观视角来考虑的话，教育的本质是什么？学习是孩子自己的事情，家长只需要在孩子遇到困难的时候提供必要的帮助即可。帮助孩子保持学习的兴趣，享受学习的过程，这才是教育的目的。这远远超过掌握任何一个具体知识点的意义。孩子做对的题目不仅体现出他具有认真审题的好习惯，或者他使用了简便而巧妙的算法，又或者以前很容易做错的题这次做对了，这些都是教育孩子的好机会。我们就抓住这些机会，夸奖孩子做得好的方面，强化这些闪光点，这远比我们盯着错题要重要得多，同时，这也更有助于孩子建立自信，提高成绩。

✦ 眼光放长远，把选择权交还给孩子

在培养孩子的过程中，建议家长尝试把时间的尺度拉长，将眼光放

长远，不要紧盯着眼前的成绩，而要着眼于培养让孩子终身受益的能力。

一个典型的短视观念就是，"只要上了好大学就大功告成了"。是这样吗？漫漫人生路，大学只是自主人生的开端而已。如果自律能力培养得不好，一旦孩子上了大学，终于没有家长和老师天天盯着了，逃课，熬夜打游戏……孩子又怎么可能成长为有价值的人呢？如果小时候孩子只是迫于家长的要求被动地学习，上大学后很可能缺乏内在学习动力，对前途感到迷茫，不知道自己是为了什么而努力，以至于过早地失去年轻人的活力，即使找了一份常规的工作也不是自己所喜欢的，只是得过且过而已。有一种说法既冷酷又形象，恰是对这种浑浑噩噩的状态的最好的描述，叫作"有的人25岁就死了，只不过75岁才埋葬"。我们想说，现实生活不可谓不艰难，我们唯有不断提高自己的认知水平才能应对。"我们在最坏的时代，我们在最好的时代。"同为家长的我们要想一想，对这个精彩的现实世界保有兴趣，有能力对自己的生活负起责任，这应该才是培养孩子的底线吧。就像我们喜爱的一句台词："欢迎来到现实世界，它很糟糕，但你会爱上它。"[①]

人生的高度取决于其是否有终身学习的能力，更在于其是否有能力保持健康积极的心态。上大学不是终点，同理，上一个好中学，或者出国、结婚、进入大公司，都不是终点，都不足以保证人生就此获得幸福。我们应该把眼光放长远，教给孩子获取任何成就都必不可少的好方法，帮助孩子保持良好的状态，而不是只看孩子一时的成绩。就像我们想要孩子有一个好体格，就应该教给他保持健康体魄的好方法、好习惯，而不是只盯着"你的肱二头肌少了3毫米"，或者"你的脂肪比邻居家的孩子多了××克"。

孩子的人生是谁的？我们作为家长，确实为孩子的现在和将来操碎了心，但要知道"父母之爱子，则为之计深远"。孩子的人生，归根结

[①] 出自经典美剧《老友记》第一集，当朋友鼓励女主剪掉父亲给她的信用卡，靠自己打工自立时所说的精典台词。

底是他自己的，我们应该懂得把选择权交还给他们。现在我们回过头来看"鸡娃"和"佛系"这两种教育模式，它们都有一个共同的问题，那就是家长代替孩子做了重大选择。"鸡娃"的家长替孩子选择了青少年时期多吃苦"啃书本"，期待孩子将来的人生能过得轻松些，走一条"平坦"的道路，却剥夺了孩子当前的快乐和活力，破坏了亲子关系，往往还伴随着压抑孩子的天分或爱好，剥夺了孩子多方面发展的机会，最终使孩子丧失了前进的动力。"佛系"的家长其实也是代替孩子做了决定，替孩子选择了当下的轻松，而把将来孩子可能达到的高度化为平庸。如果我们能把眼光放长远，赋予孩子自信与自律这两大无敌"装备"，把选择权还给孩子，那么不论孩子选择什么样的道路，他都有足够的能力把路走通。高山景行，要么是宽阔平坦的景观大道，要么是雅致精巧的通幽曲径，殊途同归，此亦可彼亦可！唯有如此，才是使孩子真正地不枉此生。

亦可故事

一个都不能少

步入了小学阶段的亦可，仍然不断有新状况发生。刚刚平稳度过了新入学最忙乱的时期，这不，最近又添了新毛病——总是丢文具。每天亦可回到家，我都得打开铅笔盒看看东西是否齐全，但大多时候都会少点什么，不是丢了橡皮就是少了尺子。唉，真是烦死了！

这天，刚买了几天的铅笔又不见了。我劈头盖脸地把亦可数落了一番，毫无意外地换来亦可大哭一场。我知道自己此时根本控制不了情绪，干脆直接冲进了书房搬救兵。

"别敲电脑了，你快去看看吧，这臭小子又把铅笔给弄丢了，说了多少次了都不管用，你说该怎么办吧。我是没办法了，都交给你了！"我冲着爸爸一通抱怨。

爸爸认真工作的时候什么也打扰不了他，直到我冲进了书房，他才注意到亦可的哭声，看我一副气冲冲的样子，就知道我们肯定又发生冲突了，于是赶忙安抚我说："好，好，我去处理。你先在这里歇一会儿。"

我在书房里生闷气，随着表针不停地转动，我的情绪也逐渐平复下来。听听外边的动静，亦可好像不哭了，看来爸爸还真有一套。

过了一会儿，爸爸推门进来，冲着我比了个剪刀手："耶，爸爸出马，万事大吉。都搞定啦！"

我将信将疑地看着他："真的吗？不会再丢东西了？"

"不会啦，都说好了！"

第二天，三角板又丢了……

"我说你是怎么跟孩子说的呀？根本不管用啊。"

爸爸挠挠头："嘿，奇怪了，昨天说得好好的呀。我跟他说，这些都是花钱买的呀，你弄丢了，钱就白花了，还得重新花一份钱，多浪费呀。还有，作为一个学生就应该把文具保管好，这是最起码的要求，必须得做到呀。我好言好语地跟他说，他都听了，还说不会再丢了。这怎么又……"

"你这么说都没用！"我一声大喝打断了他，"这些都是咱们大人的要求，不是亦可自己想要做到的。他嘴上是答应了，但是根本就没有放在心上，原来什么样还是什么样，根本没用。你没看过《阿凡提的故事》吗？"

"啊，什么《阿凡提的故事》？"爸爸听后一头雾水。

"哎，咱们小时候看的动画片啊。"我只好耐着性子给他讲："阿凡提有一头小毛驴，从后面推它，用鞭子抽它，它也不会往前走，于是阿凡提就在小毛驴前面吊了一根胡萝卜来吸引它，小毛驴就跟着胡萝卜往前走啦。你这也太不懂育儿了。"

"行行行，我不懂。那你倒是想个法子跟孩子说呀。"

亦可管理
——孩子还可以这样教

……………

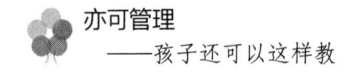

亦可的问题还没解决呢,我和爸爸先争吵了起来,两个人气呼呼地各自坐在沙发的两边,谁也不理谁。

过了一会儿,爸爸坐过来,轻声说:"哎,你还别说,刚才你说的对付小毛驴的那个办法对我还真有启发。"

我知道我们大智若愚的爸爸又有新点子了:"嗯,你说说看。"

"你看哈,小毛驴被吸引,那是因为他喜欢胡萝卜,所以说,要想吸引小孩子,得用他喜欢的方式。"

我眨眨眼睛:"这,听起来像是一句废话呀。"

爸爸笑了笑:"不是,我没说清楚。我是想说,你得用小孩子的语言、小孩子的思维,甚至是专属于咱们亦可的方式,才能真正吸引他自己主动去做。"

这下我听明白了,我们一番头脑风暴,商量出一个新的计划……

我来到亦可的房间,坐在他旁边,打开铅笔盒,和颜悦色地说:"宝贝儿,你看,你的这些文具都是你的小伙伴,你不是很喜欢踢足球吗?它们就是你的队员,你每天带着它们去学校就像是去参加比赛,然后你还得把它们都带回家来呀,这样它们才能好好睡觉,好好休息,再继续比赛,是不是?"

亦可一下子来了精神:"对呀,妈妈,那我给他们都起个名字吧。"

"哗"地一下,亦可把所有文具都倒在桌子上,兴奋地起开名字:这根笔叫梅西,那根笔叫C罗,橡皮叫内马尔,尺子叫姆巴佩。不对不对,尺子个儿高,他是守门员小舒梅切尔……

我微笑地看着亦可,孩子的世界真是别有一番情趣。

第二天,亦可一放学就一边跑向我一边大喊:"妈妈,我把梅西、C罗、内马尔、小舒梅切尔、罗本、贝尔、肯特、迪马利亚全都带回来啦,一个都不少!"

故事解读

　　自律，自己管理自己，是能够让孩子受用一生的能力。丢文具，也算不上什么大事，刚上学的小朋友天天丢三落四是再正常不过的事了，每个家庭都会遇到。最简单的办法就是丢了就买新的，一支铅笔、一块橡皮也没多少钱，但是这么做实际上是纵容了孩子对保管文具的不负责任的态度。亦可的爸爸妈妈就抓住了这个绝好的机会，开始了培养亦可自律能力的"大反攻"。

　　过程当然是坎坷的。亦可爸爸讲道理的方法显然是没用的，那些道理对孩子来说不过是大人的说教，他们根本不会放在心上。自律的前提是，孩子需要知道这是他自己的事情，不能依赖别人。接下来要注意的就是，用吸引而不是推搡，找出让孩子愿意主动去做的办法。聪明的亦可爸妈就想到了亦可热爱足球的特点，引导他把这些尺子、铅笔、橡皮想象成自己的足球队员，必须一个不少地带回来。果然，亦可真的做到了！这并不是因为他突然有了保管文具的能力，而是亦可爸妈的办法使他开始愿意认真地保管文具，因为在他心里，保护好这些"足球队员"是他这个"足球队长"的责任。

　　方法虽然是共通的，但是每个孩子都是独特的，作为家长，我们要用自己的智慧去找到适合孩子的方法。孩子的每一次成长都是家长的智慧结晶。

第 16 章
预防校园霸凌

亦可管理
——孩子还可以这样教

✦ 丑恶的校园霸凌现象

当孩子长大后离开父母去上学，家长免不了有各种担心，其中最担心的应该就是怕孩子在外面受欺负。随着社会文明程度的不断提高，现在的人们已经逐渐认识到，这并不是一个简单的孩子之间追跑打闹的小问题，而是一种令人深恶痛绝的丑恶现象——校园霸凌。

对于校园霸凌，家长往往会感到很无力，因为孩子不在眼前，家长不可能做到时刻保护孩子。一旦校园霸凌发生在孩子身上，必定会给孩子带来身心上的伤害，而这种可能性像一只无形的大手，威胁着孩子的同时，也给家长带来了无尽的焦虑。

校园霸凌离我们并不遥远，随着学业压力的增加，本该在校园中活力四射的孩子变得压抑且易怒，有的孩子欺负别人以发泄自己的情绪。我们身边的校园霸凌事件似乎比以前多了很多。道听途说不足为据，这里给出一项权威数据作为参考。根据最高人民检察院的统计报告，从2018年至2019年5月，"共批准逮捕校园欺凌犯罪案件3407人，起诉5750人"[1]。这是在这一年多时间里严重到需要逮捕或起诉的情况，数字如此惊人，整体状况可见一斑。

正因如此，作为孩子的爸爸妈妈，我们才更避无可避，反而要迎难而上，从科学心理学的角度探索出预防校园霸凌的有效措施。

---

[1] 引自2019年5月27日《北京晚报》官方账号"北晚在线"发布的报道，题目是《最高检通报：2018年以来，起诉校园欺凌犯罪5750人》。

✦ 深入分析校园霸凌的特点

校园霸凌是一个颇为复杂的问题，要想有效预防校园霸凌，必须全面了解什么是校园霸凌，掌握其特点，消除认识误区。只有这样，我们才能厘清应该怎样预防和应对校园霸凌。另外，为了便于理解，我们会用具体事例加以说明。

1.校园霸凌与打闹在性质上完全不同

有研究表明，校园霸凌往往是从孩子之间普通的玩闹开始的，这也给我们识别校园霸凌带来了不小的困难。孩子之间的打打闹闹是很常见的，校园霸凌与正常的打闹确实有一些看似相近的特点，而这也成为一些老师和学校推脱、掩盖校园霸凌事实的说辞。

日本有一部法医题材的电视剧《非自然死亡》，其中一集就专门探讨了校园霸凌问题。剧中的受害学生长期遭受校园霸凌，向老师反映，结果被认为那只是学生之间的普通打闹，说是"男生之间就是这样打着玩的呀"。实际上，受害学生经常被几个同学拳打脚踢，身上有多处淤青，旧伤上面不断添加新伤，再加上言语的侮辱以及哄抢财物，这早已超出了学生之间正常打闹的范畴。

事实上不必借助于影视，我们身边就有这样的真实的例子。一位朋友的孩子刚上小学二年级，他就长期被班里几个同学组成的"小团伙"欺负。孩子回家后向家长哭诉，家长气坏了，找到学校，结果班主任老师和校方居然轻描淡写地说："这只是同学之间的追逐打闹罢了。"是这样吗？那几个学生一下课就追着欺负这个孩子，这种情况已经持续了至少一个学期，这个可怜的孩子被吓得一下课就躲到课桌底下不敢出来。这怎么可能还是小孩子之间的追逐打闹呢？

必须明确的是，校园霸凌绝不是普通的追逐打闹！第一，校园霸凌对儿童身心的伤害要远远超过普通打闹。第二，校园霸凌具有长期性，往往是持续施暴且"永无宁日"。第三，一般会有固定的霸凌对象，如专门欺负某一个或某几个孩子。第四，经常是团伙形式的施暴，甚至于团伙内部会形成角色或分工。第五，不仅有身体攻击，往往还伴随着言语伤害、人格侮辱、排挤疏远等形式。第六，给被霸凌者带来极大的困扰与身心伤害，可能导致厌学、孤独、低自尊甚至抑郁等问题[①]。

2.在成年人面前具有隐蔽性

校园霸凌发生在孩子之间，老师和家长不太容易发现。霸凌者会有意识地在大人面前假装没事，甚至会伪装成听话的好孩子；而被霸凌者也不一定愿意向大人求助，其原因相当复杂，有可能是霸凌者威胁他不许告诉大人，有可能是孩子对大人缺乏信任，也有可能是他尝试过求助但收效甚微所以作罢。

有一部很好的电影《奇迹男孩》，讲的是一个面部有先天缺陷的男孩奥吉，在家人的鼓励和支持下，勇敢地走出家门去学校上学。学校的孩子都觉得他很奇怪，不敢靠近，这都还属于正常反应。有善良的孩子愿意跟他做朋友，但也有坏孩子总是暗地里欺负他。这个坏孩子在大人面前装得特别乖巧，老师还以为他是学生的典范。可是，当没有大人在场的时候，坏孩子就不断地欺负奥吉，极尽侮辱之能事，甚至纠集了几个伙伴，一起欺负他。直到有一次，坏孩子在班集合照里把奥吉抹掉，并在照片背后写上恶毒的话语，才被老师发现。老师进一步调查才得知，坏孩子经常把纸条偷偷塞进奥吉的课桌、储物柜或书包里，上面写满了讽刺挖苦的文字以及侮辱人的涂鸦。

校园霸凌的这种在成年人面前具有隐蔽性的特点，给我们及早发现问题带来了困难，但这也给我们提出了警示——我们不能以"不易发现"

---

① 丹尼斯·博伊德，海伦·比.儿童发展心理学[M].夏卫萍，译.北京：电子工业出版社，2016.

为由听之任之，而应该在充分了解这种隐蔽性特点的基础之上，细心观察、科学引导、改善沟通，争取尽早发现并掐灭校园霸凌的苗头。

3.霸凌形式有男女差异

校园霸凌不只是在男生之间存在，女生之间也一样存在，但是男女生在霸凌形式上会有所不同。男生的霸凌形式以身体伤害为主，而女生的霸凌形式是以言语伤害为主。相对来说，女生之间的霸凌更不易发现，因为没有外显伤痕，一个个乖乖女的形象也很难让人把她们跟"恶霸"二字联系起来；但是心理学研究认为，女生之间的语言霸凌实际上比男生之间的身体伤害更可怕，因为言语霸凌造成的伤害更深，更持久，更具侮辱性。

不要以为女生的霸凌者很少见，我们就遇到过这样的案例。一个初中的女生，纠集另外两个女生一起欺负同班同学。就像其他霸凌"团伙"一样，她们也是有角色分工的。为首的女生在幕后出主意，她一声令下说要欺负什么人，另外两个女生就冲在前面。一次，她们盯上了班里的一个女孩子，对其恶语相加，伴随身体攻击。我们不太清楚她们具体说了什么，但最后的结果是那个被欺负的女孩子冲到了窗边，打开窗户就要往楼下跳，幸亏被其他同学拦下，才没有酿成惨剧。当然，我们不能绝对地说这个孩子的过激行为全都是因为被霸凌，但校园霸凌的伤害之大令人骇然。遗憾的是，对于此次严重的校园霸凌事件，学校只是作为学生间的打闹来处理，批评了冲在前面的两个女生，始作俑者却没有受到任何处分。

女生的霸凌只会指向女生吗？不尽然，男生也会成为受害者。还是上面提到的这个女生霸凌团伙，她们对同班的一个男生进行谩骂侮辱，那个男生不堪忍受，趴在课桌上痛哭起来，他就这样一直哭，一直哭，在全班同学面前哭了整整一个下午！不论您是否遭受过校园霸凌，作为一个正常人，我们都能体会到这个可怜的孩子的内心有多么痛苦，以至于情绪崩溃到如此地步，已经完全无法自持，必是痛到极点才会如此。

可是，此次事件又是如何处理的呢？"青春期的男孩子不会处理与女同学的关系。"这就是成年人给出的结论。

当孩子正在经历影响其一生的巨大痛苦时，我们这些成年人都在干些什么？醒醒吧，这是校园霸凌！霸凌者的家长必须警醒，如果不及早纠正孩子的错误行为，不排除孩子将来有犯罪的可能，恐将铸成大错。被霸凌者的家长更要警惕，在全班同学面前哭了一下午，有过激行为，这都表明孩子可能已经存在一定的心理问题，具体程度还需要请专业人士进行诊断，如不及时干预有可能使情况恶化。老师及学校负责人更是难辞其咎，无视校园霸凌问题的存在，只是一味地掩盖事实并淡化事件的影响，完全是在助长校园霸凌行为！其结果必然是使问题愈加严重，让更多的孩子深受其害。

4."恶霸"并不是差生专属

人们多半会认为霸凌者都是学习成绩差又不遵守纪律的"坏学生"，但现实可不一定是这样。您可能会有一个疑问，真的要用"恶霸"这样严重的词语来形容霸凌者吗？毕竟他们只是个孩子。其实，这并不是我们的"发明"，《儿童发展心理学》一书对此有详细的阐述[1]，为了凸显校园霸凌的伤害程度之切，再结合上面所举的各种例子，尤其是对于弱势的被霸凌者来说，使用"恶霸"一词恐怕真的并不为过。需要特别指出的是，正是因为一些霸凌者是所谓的"好学生"，所以对鉴定是否为校园霸凌产生了更多的阻碍。

还记得我们刚刚提到的那个一下课就躲到课桌下面的孩子吗？霸凌者就是班里的尖子生，集各种荣誉于一身，小小年纪就是少先队大队委员会委员，可是就是这样的"好学生"，纠集其他几名同学成立了所谓的"正义队"，认定被霸凌的孩子是"敌人"，几人长期追打他，造成那

---

[1] 丹尼斯·博伊德，海伦·比.儿童发展心理学[M].夏卫萍,译.北京:电子工业出版社，2016.

个孩子产生厌学情绪，不敢去上学。即便以普通人的眼光从生活常识的角度分析一下也会觉得奇怪：这么多人结伙欺负一个孩子，一下课就追打他，持续了至少一个学期，以至于这个孩子只能躲到课桌底下，老师居然毫无察觉，是失职还是袒护包庇"好学生"？这无法不让人产生疑问，实在是令人费解。

电影《奇迹男孩》里面的霸凌者也是老师眼中的乖孩子、优等生，这使得他最初对奥吉的语带揶揄没有引起老师足够的重视，才使得问题一发不可收拾；而那个带着其他同学把一个男同学欺负得哭了一个下午的女生，是班里的所谓数学天才……可见，家长也好，老师也罢，可不要只盯着学生的成绩。我们是不是该反思，我们的学校教育在霸凌问题上是否重视不够？评价好学生的标准是否有失偏颇？

当然，如何去评判什么样的学生才是"好学生"不是我们家长所能控制的，我们能做的就是尽可能地保护自己的孩子不受霸凌。与其事后弥补，不如防患于未然，那么，该如何预防校园霸凌呢？

✦ 鼓励孩子表达意愿以预防校园霸凌

心理学界有过研究——什么样的孩子容易成为被霸凌的对象呢？不是学习不好的孩子，不是个子矮的孩子，也不是家境贫穷的孩子，而是不善于表达自己意愿的孩子。为什么会这样呢？心理学者认为，霸凌是一个复杂的问题，不是突然发生的，而是在孩子玩耍的过程中逐渐形成的。不善于表达自己意愿的孩子在玩耍时很少参与意见，别人说怎么玩就跟着一起玩，从来不会表达自己希望怎样。其他小伙伴让他扮演反面角色，也不会拒绝，而别人还以为他愿意这样呢。时间长了，逐渐就形成了固定的角色划分，或者被众人排挤到对立面，进而成为被霸凌的对象。

那么，霸凌者又具有哪些特点呢？研究表明，校园霸凌的实施者往往缺乏同理心，对他人的痛苦无法共情。正常情况下，同理心是人类的共有特质，它源自人类祖先在恶劣的生存环境中进化出的本能，以帮助人类这个在力量、利齿、视力、嗅觉等各个方面都不占优势的物种，通过彼此扶持互助得以存活至今；而霸凌者缺乏同理心，当被霸凌的对象表现出痛苦时，他们不但无动于衷，还会继续施加伤害，逐渐形成严重的校园霸凌[1]。

有了理论依据，我们就可以找到有效的解决措施了，那就是"表达意愿，预防霸凌"。这是指平时要多鼓励孩子表达自己的意愿，比如"我想要……""我不喜欢……"帮助孩子习惯于顺畅地表达出自己的好恶。您可能会问，这能有用？预防霸凌难道不应该是"锻炼肌肉，防止挨揍"吗？这似乎与校园霸凌毫无关联，实际上它却是有科学依据的，在孩子的互动中，表达意愿可以避免出现被霸凌的可能，有助于预防校园霸凌。这个方法在苹果树理论体系中的位置，如图16-1所示。

保 护 亲 子 关 系

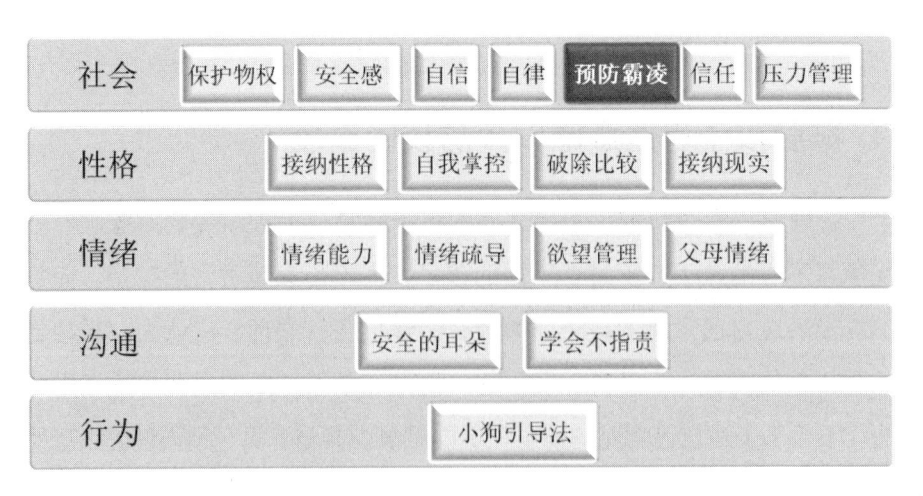

社会	保护物权	安全感	自信	自律	预防霸凌	信任	压力管理
性格	接纳性格	自我掌控	破除比较	接纳现实
情绪	情绪能力	情绪疏导	欲望管理	父母情绪
沟通	安全的耳朵	学会不指责
行为	小狗引导法

图16-1 "预防霸凌"方法在苹果树理论体系中的位置

严重的校园霸凌会对孩子的身心健康造成极大的伤害，可能很久都无

---

[1] 丹尼斯·博伊德，海伦·比.儿童发展心理学[M].夏卫萍，译.北京：电子工业出版社，2016.

法治愈，甚至影响孩子的一生。作为家长，我们当然要竭尽全力保护孩子，使他们远离校园霸凌。接下来就请随我们一起，在了解校园霸凌的基础上来探讨该如何预防校园霸凌，以及不幸遭遇校园霸凌时该如何应对。

✦ 预防校园霸凌的具体实践

应该说，没有一种绝对有效的方法可以保证我们的孩子不被霸凌，但是这不能成为借口，反而提醒了我们需要采取多种方式给予孩子全方位的保护。

1.鼓励孩子表达意愿

在理论部分我们讲到，不会表达意愿的孩子更容易成为被霸凌的对象。如果家长平时就经常忽视孩子的意愿，总是把自己的意愿强加给孩子，不管他愿意与否都只能照做，那么孩子很可能会逐渐形成被动的姿态，以为"世界就是这样的，没人在乎我的感受，我只能照别人的命令去做"。可想而知，孩子在跟其他同龄人的互动中也容易变得很被动，不论别人提出的游戏玩法自己是否愿意，都只能照做。开始时是游戏，之后就逐渐成为被欺负的对象，再发展下去，是否会遭遇校园霸凌只取决于周围是否存在缺乏同理心的"恶霸"，那岂不是把命运都交到别人的手里了吗？

不论什么问题，都是在早期时好解决，一旦发展到"冰冻三尺"之后问题就很难根除了。我们不能把孩子的安全寄托在周围没有"恶霸"的所谓运气上，更不能等到问题出现了再去费力解决。防患于未然，我们应该争取杜绝问题出现的可能性。怎么杜绝？那就是从小教会孩子勇敢地表达"我不愿意"，争取从根源上避免成为校园霸凌的对象。

（1）多询问孩子的意见。

在日常生活中，凡是跟孩子有关的事情，都要首先问一问他自己的想法，鼓励他表达出内心的真实意愿。他喜欢这个还是那个？他希望做什么，不希望做什么？把"我应该怎样"的被动思维方式变成"我想要怎样"的主动表达。

在买玩具的时候，先问一问孩子最喜欢哪个。点外卖的时候，问问孩子："你想吃鱼香肉丝还是水煮肉片？"睡前故事只能由家长决定讲什么吗？我们可以尝试给孩子两三个选项，让他自己做出选择。

别小看这些生活中的小事，在这些小事中，能够一点一滴地培养出孩子勇于表达自己的想法、好恶、意见的优秀品质。这样做不仅有利于预防校园霸凌，而且对培养孩子有主见、不盲从有着很好的教育意义。

询问孩子的意见也要结合我们在沟通层面讲过的"安全的耳朵"——要想鼓励孩子表达出自己的想法，务必要做到使表达是安全的，不会被指责、被嘲笑、被奚落，否则只会适得其反，使孩子失去表达的勇气。只有当孩子体会到表达出来是舒适的，才能够慢慢建立起"我可以顺畅表达自己"的思维模式。

（2）即使家长不同意也可以先夸奖表达本身。

家长有时候不愿意问孩子的意见，可能有一部分原因是担心否决其意见时还要多费口舌。实际上，不可能孩子说要怎样我们就全部满足，即使是反对孩子的意见，我们也可以首先夸奖他"你能说出自己的想法这非常棒"，至于具体怎么决定，可以接下来再商量，争取找到每个人都可接受的方案。

比如，家长最头疼的就是孩子进了玩具店总是迈不动步，这也想要那也想要，我能问他想要哪个？大概都想要吧。好吧，就当是为了以后不被霸凌，问了他的想法，结果他说要再买一个遥控汽车，怎么办？"宝贝儿，你能说出自己的想法，这很好。我想跟你商量一下，前几天你刚买了一辆遥控汽车，跟这辆很像，你要不要考虑买个别的呢？比如托马斯小火车你还没玩过呢，想不想要？"孩子想了想说："可是，我家里那辆遥控汽车是红色的，这辆是绿色的，在草地上开多好看呀。"那您就继续夸奖："噢，原来你是因为这个喜欢它呀，幸亏你说出来，我就能明白你的想法了。你看，这辆车的轮胎很低，是在平地上开的，估计不太能在草地上开，你还想要这个吗？"孩子看了看，笑着说："噢，真的，我都没注意，那我不要这个了。不过我也不想买托马斯小火车，我喜欢超级飞侠乐迪。"您就马上伸出大拇指夸奖道："哇，宝贝儿能商量着买东西，这太棒了！"

您看，鼓励孩子表达意愿的同时，也表明了这样做有重要的作用，可以"让我明白你的想法"，并且强化了孩子可以商量着办的好习惯，一举多得。当然，用的都是您非常熟悉的小狗引导法。

在与孩子的沟通中，我们不必把他当成不懂事的小不点，其实完全可以明确地教给孩子："你表达出了自己的意见，虽然我不能保证一定能满足你，有的时候可以，有的时候不行；但是呢，如果你不说出来，那就肯定什么也得不到了，所以只有说出来才有可能得到，是不是？"孩子是能够理解的，这可以帮助他自己意识到直接表达的好处，更有助于将孩子的偶发行为逐渐强化为习惯，使孩子即使不在父母身边也能顺畅地表达自己的意愿。

（3）我们自己是否善于表达意愿？

如果您从没想过询问孩子的意见，或者在这方面感觉力不从心，那么您有没有考虑过，这可能恰恰是因为我们自己就不善于表达意愿。

我们小时候很可能是不被允许表达意愿的，传统教育观念深刻地影响了我们的父母，甚至是我们这一代中的很多人，孩子往往被看作是父母的附属品，没有独立人格，父母一味强调"听话的孩子才是好孩子"。小的时候父母不允许我们表达意愿，我们长大后走上社会又怎么样呢？有多少人能在工作单位顺畅地向领导表达自己的意愿？恐怕数量是极少的吧，大部分人为了升职加薪或者保住工作，压抑了自己的意愿。

在一次同学聚会上，发生了这样一件事。一位同学喝得有点多了开始闹酒，不仅自己一直干杯，还硬要给别人添酒。我想，都是老同学又不是职场应酬,何必呢?于是劝了一句:"你先问问他自己的意愿嘛,看看人家还想不想喝。"话音刚落,就被怼了回来:"'意愿'?你喝多了吧?说胡话哪,这年头谁管你什么意愿!'医院'还差不多,我都快进医院了,哈哈哈……"我没有回话,但也笑不出来。不尊重他人的意愿,其根本原因是没有人尊重过自己的意愿,久而久之,也选择了忽视自己的意愿,甚至觉得这很正常,"夏虫不可以语冰",这才是真正可悲的。

读到这里您也许已经有所领悟:在养育孩子的过程中,那些让我们觉得格外困难的,往往正是我们自身需要成长的不足之处。要把孩子培养好,实际上也是一个自我疗愈、自我成长的过程。其实这哪里是在教育孩子,根本就是我们自己的再次成长。

多年的惯性可能使我们早已不善于表达自己的意愿了,不怕,没关系的,能够觉察就成功了一半。内心强烈的成长欲望会帮助我们努力突破自我,尝试着去表达真实的感受。一开始可能并不自然,但当我们真正表达出长时间压抑的感受时,那种豁然开朗的痛快感是无可替代的。父母是孩子最好的老师,我们的身体力行也必然有助于孩子学着我们的样子进行自我表达,由此为他们的人生打开一扇重要的大门。这,就是最好的教育。

2.加强亲子沟通,及时发现校园霸凌的苗头

前面说过要预防霸凌不可能只通过单一的方法来实现,除了教给孩子勇于表达,我们还要在平时的沟通中争取尽早发现问题。讲解沟通层面的问题时,我们重点阐述了家长要做"安全的耳朵",鼓励孩子充分地表达自己的意愿,这对于预防霸凌格外重要。平时多鼓励孩子讲讲学校里发生的事情,告诉孩子:"不论是好事还是坏事,爸爸妈妈都很愿意听。"这非常有助于尽早发现问题,把校园霸凌消除在萌芽阶段。

有一点需要注意,不能只在孩子说开心的事时才表现出高兴,那样会强化孩子报喜不报忧的行为。当孩子说"坏事"的时候家长也要表现

出足够的关注，并要给予孩子温暖和关爱，让孩子体会到舒适的感觉，这样他才会更愿意把烦恼说给家长听；尤其是当孩子说到有同学欺负自己时，先别着急发作，用平静的语气多询问细节。针对上面我们讲到的校园霸凌的特点，有的放矢地了解清楚情况，可以帮助我们判断事情的性质，是属于孩子之间的正常打闹或是常见的小冲突，还是属于校园霸凌的范畴。

比如，孩子跟您说："李小明今天又踢我了。"那么我们就可以先关爱孩子："噢，你很生气吧？他这样可真不好。你还疼吗？"孩子说："早就不疼了，是体育课玩的时候踢到的。"看来伤害性不大，那我们就有针对性地问一问："他是总踢你一个人吗？"孩子说："不是，他可讨厌了，对班上很多同学他都故意去招人家。"我们可以进一步询问："他是一个人这样还是带着几个同学一起欺负别人呢？"孩子回答："是他一个人，没有人跟他一起。"好了，这样我们就了解到暂时还不具备有固定目标及小团伙等校园霸凌常见的特点，大体可以判断出还不属于校园霸凌问题，而是这个孩子本身的攻击性比较强。这时我们只要提醒孩子远离这样的学生，保护好自己，进而继续关注事态发展就可以了。

如果正好相反，孩子委屈地说，是这个同学带着几个人总是欺负他，那问题的性质就严重了，至少是有形成校园霸凌的苗头，我们就要进入战斗状态，制定解决方案保护我们的孩子。您看，亲子沟通做得好，一旦发现问题，化身超人父母的我们就能够立即采取措施，避免事态恶化。

3.他会找亲子关系好的孩子

校园霸凌无疑是可怕的，但家长也无须过度焦虑。根据心理学研究，拥有良好依恋关系的孩子（生活中所说的亲子关系较好的孩子）会更倾向于找同样是良好依恋关系的孩子交往[1]。这就减少了孩子跟"恶霸"接近的概率，有助于避免孩子在跟依恋关系较差、攻击性强或缺乏同理心的孩子玩耍的过程中逐渐演化成被霸凌对象的可能性。

您看，这就是科学心理学的力量，它起到的是直击要害、釜底抽薪的实质性作用。看似孩子不在身边超出了家长的保护范围，但实际上我们对他从小的关爱，无疑是抵挡外界侵害的无敌战甲，不论孩子身在何处，实际上都有我们的保护在身边，那就是我们日复一日、不遗余力地培养良好亲子关系所起到的巨大作用。

此外，"到了青少年期，早期形成安全依恋关系的个体，社交技巧上更成熟，拥有更多亲密的同伴关系；而不安全依恋关系的个体，在青少年期则积极的和支持性的友谊较少"[2]。这也是我们的正确教养方式送给孩子的珍贵礼物，有助于孩子找到"盟友"，因而不会被孤立，更减少了成为被霸凌对象的可能。

我们亲自保护孩子只能起到一时的作用；而"锻炼肌肉，防止挨揍"也只是"表面文章"，防不住言语攻击和疏远孤立等霸凌手段，严重的冲突还可能会使问题升级。这些都不能真正解决实质问题，也不可能消除家长自身的焦虑。只有遵从科学的规律，才是真正有效又可行的好方法。

4.还手对等原则

科学的预防霸凌的方法我们讲完了，但目前的心理学并不完善，有待进一步研究发展，当面对复杂的现实问题时，我们不得不增加一些实践经验。虽然这些经验尚未被科学证明，但实测有效，而且不违背已知的科学规律和道德规范。那么对于校园霸凌，我们给孩子的建议是，决

---

[1] 丹尼斯·博伊德，海伦·比.儿童发展心理学[M].夏卫萍，译.北京:电子工业出版社，2016.

[2] 同上。

不退缩，巧妙还击。

这里有一个例子可以参照。曾经有一群计算机专家，为测试机器的计算能力，他们编写了程序模拟物种生存策略。他们建立了多种策略模型，有的暴力，一味地攻击所有遇到的种族；有的崇尚文明，绝不动用武力，"以德服人"；有的则有着复杂的逻辑，当第一种情况出现时该如何处理，当第二种、第三种情况等出现时该如何处理，就这样他们编制了众多的物种模型，然后开始执行程序，模拟时间流逝。各个物种按照既定的策略不断互动，逐渐有物种在竞争中被淘汰。最后，不论是暴力的还是文明的物种都在激烈的生存竞争中逐渐消亡，而存活下来的只有一个物种。科学家惊讶地发现，这个最成功的物种并没有什么高明的策略，只有最简单的两条。

（1）初次遇到另一个物种的时候，尝试与其握手合作。

（2）如果对方不愿合作，对我方展开攻击，则以牙还牙，以眼还眼，直到对方同意握手言和为止。

这虽不是严谨的科学实验，却能给我们以启发：任何人都要有能力保护自己。我们是文明人，这没错，文明体现在我们不主动欺负别人；但是，如果有人胆敢欺负我们，难道我们还忍气吞声令其更加嚣张吗？必须告诉孩子："一味忍让换不来自由和安全，必须予以还击。"当然，这里的"还击"不是以牙还牙，以手还手，要借助家长、学校，甚至是法律。

✦ 当校园霸凌发生时该如何应对

如果事情总是按照我们的设想发展那当然很好，但是现实世界中，没有什么事情是能百分之百预定好的。预防措施做得再好，也只能是降低校园霸凌发生的概率，并不能完全杜绝校园霸凌。要彻底消除对校园

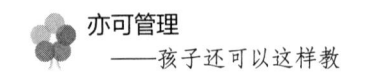

霸凌的恐惧，我们不仅要学会预防，还要掌握积极的应对措施，这对我们家长来说就是"有事不怕事"。

1.当发现校园霸凌的苗头时一定要引起重视

一旦孩子遇到校园霸凌问题，向家长"报警"时，家长一定要引起重视，那是孩子在向我们求救。这是重要的"分水岭"，孩子是得到及时的救助，脱离校园霸凌的魔爪；还是不再信任父母，长期忍受欺凌，其实就在我们的一念之间。

此时家长切不可以任何理由忽视孩子的求救，说一些敷衍了事的话，诸如"你要安心学习呀，别再想那些无关紧要的事情""同学之间要搞好关系，别把人家想得那么坏""我现在忙着呢，没时间管你"，等等。现在什么事情都不如孩子重要，孩子的健康、安全甚至生命，绝对是此时此刻我们应放在首位的事情。

需要注意的是，出于表达能力有限，或者害怕家长听了以后生气，抑或是霸凌者威胁孩子不许告诉家长等各种原因，孩子不是一下子就能把事情说清楚的，有可能只是试探性地透露出一点信息。这就需要家长有足够的觉察与敏锐度，心里绷着"预防霸凌"这根弦，能够及时意识到孩子其实是在向我们求助，进而逐步地引导孩子把问题说出来，把情况了解清楚。

2.重点在于要求学校引起重视，而不是一味地惩罚霸凌者

孩子被霸凌，家长一定是很生气的，但是不能因为愤怒搞错了打击目标。当校园霸凌发生时，您可能更多是对霸凌者感到气愤不已，但此时需要注意，不要为了发泄情绪而把关注点只放在惩罚霸凌者上面，重点还是要让学校承认这是校园霸凌事件，必须引起高度重视，杜绝以后再出现类似情况。

说回前面提到的那个一下课就怕到躲在课桌底下的孩子，这个孩子

的妈妈知道以后，简直要气炸了，于是她强烈要求学校必须严厉惩罚霸凌者。对于她的情绪，作为家长我们感同身受，可是客观地说，霸凌者也只是个孩子，还不至于到十恶不赦的地步，适当惩戒令其认识到错误的严重性是有必要的，但不应过度惩罚，还是要以教育引导为主；从保护自己孩子的角度考虑也是一样，严厉惩罚对方确实能在短时间内起到震慑的作用，但从长期来看，恐怕反而会让霸凌者滋生报复心理，那样的话，自己的孩子只会更遭殃。学校对这件事情的处理是谨慎的。

后来，这位家长及时调整了心态，改变了策略，以要求学校提高对校园霸凌的重视程度为主要目标。这位妈妈带孩子去专门的心理健康医院做了专业诊断，不仅对孩子的心理健康有好处，也有利于保留证据。然后，再与学校及相关部门商议，经过多方努力，学校对霸凌者给予适当的惩戒，并要求其公开道歉；另外，学校将加强反霸凌教育，防止类似事件再次发生。由此，此次事件终于得到了圆满解决。

3.父母不必过于自责

需要特别提醒的是，很多父母得知自己的孩子受到校园霸凌时难免会产生自责心理，埋怨自己为什么没有更早地发现，或者认为如果当初让孩子上了别的学校就不会发生这样的事，等等。这是人之常情，可能每个人具体自责的点不一样，但家长自责的心情是一样的。

自责是非常折磨人的。它会严重地影响我们的心理状态，令我们无暇自顾，又怎么还有足够的能量来处理这么复杂的事情呢？所以，我们需要及时调整自己的状态，将自责、愤怒等负面情绪控制在一个合理范围内。如果不调整好心态，我们是没办法正常思考的，也就很难把事情处理妥当，自然也就难以真正保护好我们的孩子。

其实家长也是霸凌事件的受害者。虽然被欺负的是孩子，但我们的身心状态也会受到严重伤害。正常的生活秩序被打乱，我们不得不面对如此艰巨的任务，在保护好孩子的同时还要应对各方面复杂的关系，而这一切都是由外部事件强加给我们的。为此，我们出现自责等负面情绪是很正常的。面对艰难的现实，就需要用到前面讲过的"接纳情绪"方法，允许自己难受，接纳自己有这样的情绪。就像我们教给孩子的，把自己的真实情绪明确地表达出来。可以向关系亲密的家人倾诉，如果我们身边有从事心理工作的朋友则更好，找到"安全的耳朵"，把心里话都说出来。以那个躲在课桌底下的孩子的家长为例，心理咨询师就给予了她很大的帮助，使得这位家长感受到了强大的支持力量，"别人都不理解我，跟你说出来我的心里就舒服了"。当这位家长调整好自己的状态后，事情才得以妥善地解决。

只有当我们自己强大起来，才能更好地保护孩子；而强大，绝不是嘴上坚持"我要坚强，一定要挺住"。真正的强大，来自承认自己会软弱。每个人都会有软弱的时候，面对软弱的、不完美的自己，要承认他，接纳他，欣赏他。我们可以软弱，但在软弱之后，我们要重新积聚力量，勇敢地站起来，那时我们将比任何时候都强大！

4.学校应加强反霸凌教育

如果您是教育工作者，请允许我们再啰唆几句。"反对霸凌"必须是学校的一项基本原则，是立校之本。

像前面提到的日本电视剧《非自然死亡》，就是一个极端的例子。之所以一个法医题材的电视剧会涉及校园霸凌问题，就是因为学校不够重视。那么我们呢？我们可以做什么？我们该做的是要引以为鉴。在这部电视剧中，学校对校园霸凌问题的忽视与掩盖，以及其他同学的漠视，使得被霸凌的学生求助无门，感到校园生活暗无天日。剧集的最后，善良的女法医喊出："这不是自杀，是霸凌者、学校和所有冷漠的人共同杀死了这个可怜的孩子！"这时学校才不得不承认校内长期存在校园霸凌问题。最终，在所有人的努力之下救下了另一位被霸凌的学生，没有酿成更多惨剧。

令人钦佩的是《奇迹男孩》中的校长，他对校园霸凌行为毫不姑息。剧中霸凌者的家长是一对有钱的父母，他们居然威胁要把校长赶走，并大言不惭地说："我们给学校捐了很多钱呢，我们在学校董事会有朋友。"面对这样的恶势力，校长斩钉截铁地回答："我相信我有更多的朋友，我们学校绝不允许存在霸凌行为！"

令人欣慰的是，我们国家越来越重视校园霸凌事件。有的学校积极采取措施，教师在日常教学中就很重视对孩子加强反对校园霸凌的教育，包括教给孩子当遇到霸凌时该怎样做，当自己的同学、朋友遇到霸凌时该怎样做，等等。不仅如此，学校还专门设立了"反霸凌日"，每逢这一天，全校师生都会穿戴粉色衣物，不论是一件粉色Ｔ恤还是一个粉色的书包挂件，以此来表明所有人都反对校园霸凌，为此我们会做出实际行动！

让我们期待这一抹粉色在校园中传播开来，祝愿所有孩子都能远离校园霸凌，健康、安全地成长！

亦可故事

最好的礼物

今天我的心情特别好，去学校接了亦可回到家后，赶紧给爸爸打了一个电话，让他早点回来，还暗示他说："哎呀，今天晚上我不想做饭了……"

亦可去做作业了，我无所事事又有些期待地等着爸爸回家，等了好长时间，等得我都着急了，终于听到了开门的声音——爸爸回来了。我满面笑容地迎向他，看着他从背后拎出一袋东西，心里可高兴了。这家伙还真的准备了惊喜呀，瞒得可真严实！

可是当我接过袋子，发现里面是爸爸打包的饭菜，我的心情一下子

亦可管理
—— 孩子还可以这样教

降到了冰点，笑容也僵在了嘴角，我没好气地说："你这么晚回来只是买了这个呀！"

爸爸一听也生气了："我回来得晚不是因为加班吗？你给我打电话说不想做饭了，我已经够累的了还跑去买晚饭打包回来，我整天工作那么辛苦，一回到家还得看你的脸色！"

我听了爸爸的话，觉得更委屈了，可是我不想再和他争论什么，难受得一个人回到卧室里生闷气。

过了一会儿，我听到推门声，以为是爸爸进来了，于是故意没有回头，等着他过来哄我，这时，一只小手轻轻地放在了我的手上。原来，是亦可，我以为他是饿了，刚想让他先去吃饭，亦可开口了："妈妈，你是不是不高兴呀？你把你的想法说出来。"我一下子愣住了，这不是我们经常跟他说的话吗？

大概一年多前，我听了一堂亲子课，讲的是在学校被霸凌的孩子大多不善于表达自己的意愿。当时我就被触动了，从那以后，我和爸爸就经常鼓励亦可说出自己的想法。去玩具店买玩具时，我们会问他："你喜欢哪个？"周末休息的时候，我们会问他："你想去公园玩还是想去院子里找小朋友玩？"他不高兴的时候，我们会跟他说："把你的真实想法说出来，不论是什么，爸爸妈妈都不会怪你的。"如果他说了，我们还会夸奖他。

没想到，亦可现在已经完全学会了，居然还反过来教育我了，我心底涌上一丝欣慰；但是孩子的话，我不知该如何回答，我突然意识到：原来，是我自己不擅于表达。

亦可歪着头，大大的眼睛看着我，期待着我的回答，我受到了鼓舞，开始尝试着表达自己："我……我不想吃外卖，我……"

"原来你不是因为我回家晚生气呀……"爸爸的声音突然响起，吓了我一跳，我一直沉浸在自己的情绪里，都没有留意到他是什么时候进来的。爸爸明显是听到了我刚才说的话，我看着他，摇了摇头说："不是，不是因为这个……"爸爸一下子高兴起来："不是因为这个就好，我刚才一下子气昏了头，错怪你了……"

我抬起头，张了张嘴，又习惯性地低下了头，这时，亦可说话了："妈妈说得很好呀，那妈妈想要什么呢？"我感叹，以前那个不敢表达自己意愿的孩子已经这么棒了。我抬起头笃定地说："我生气不是因为你回来得晚，我知道你在外面工作很辛苦，我体谅你，也心疼你，我并不是不想做饭，我只是想要庆祝我们的结婚纪念日！"

爸爸先是瞪大了眼睛愣愣地看着我，紧接着重重地拍了一下自己的脑袋，跑出了卧室，我和亦可面面相觑，不明所以，爸爸又"蹬蹬蹬"地跑了进来，手里还拿着两张音乐会的门票："哎呀，我记错日子啦，原来是今天呀，你看看我这脑子，我还以为是明天呢，正琢磨着怎么给你惊喜呢，都怪我……"

爸爸懊恼的样子又可爱又让人感动，我激动地说："我还以为你忘了呢，我又不敢说，怕你没时间又有压力……"爸爸紧紧地抱着我，温柔地说："要说要说，你要告诉我，就算是我真的忘了，你也要告诉我，我不会生气的……"

这时亦可在旁边高兴地直拍手："太好了，太好了！"他一边说着，一边使劲地钻到我们中间来。

哈！这已经是最好的庆祝方式了，不是吗？

故事解读

乌鸦有反哺之义，羊羔有跪乳之恩。小小年纪的亦可已经可以把从爸爸妈妈那里学到的知识灵活运用起来，帮助他们化解因误会而产生的"情感危机"了！

本集故事里，亦可妈妈以为亦可爸爸忘记了他们的结婚纪念日，一个人生着闷气。这时候，亦可俨然成了一位小老师，告诉妈妈："你可

亦可管理
——孩子还可以这样教

以把你的想法说出来！"在亦可的鼓励下，亦可妈妈意识到原来是自己一直不善于表达。于是，她鼓足勇气，表达出自己的真实感受和想法，才发现一切都是误会。在这个尝试表达自己意愿的过程里，亦可妈妈的内心感到非常舒适，而这样舒适的感受更会激励她，在将来的人生里也能顺畅地表达自己的意愿。

小亦可的表现可真是让人对其刮目相看！这也给了我们坚持科学育儿的力量：那些教给孩子的理念、方法、经验，他都一点一滴地记在心里，有一天，你会突然发现，那些都已变成他保护自己的"铠甲"，助他在将来的人生里勇往无前。

第 17 章
当孩子犯错时

亦可管理
——孩子还可以这样教

✦ 被告状令家长难堪

您是不是也有这种感受,只要老师一来电话,整个人立马就不好了,提心吊胆地不知道孩子又在学校犯了什么错。对家长来说,这是一个很现实的困扰。孩子被老师批评,家长难免火大,不仅自己面子上不好看,接下来该怎么教育孩子也很让人头疼。

尤其是被当众告状,那就更尴尬了。想想放学的时候,校门口聚集着很多家长、学生和老师,这时候您被班主任叫住说几句话。要是表扬孩子的呢,那就皆大欢喜,您脸上有光,孩子也高兴。可如果是批评孩子的,那就有点难办了。周围那么多人,老师跟您告状孩子又在学校里闯祸了,您会怎么处理?骂孩子一顿,打孩子一顿,还是开个玩笑敷衍一下?从心理学的角度来说,这件事非同小可,如果处理得不好,很可能会给孩子造成长时间无法弥补的伤痛。孩子被当众告状,家长继续责罚,这无异于是一种羞辱,令人遗憾的是,无论是现实还是影视作品中,这种情况都并不少见。懂得何时应该和孩子站在一起,在他需要的时候化身为孩子的无敌铠甲,这样的家长凤毛麟角。

即使家长可以做到不当众教训孩子,后续该如何处理也很让人头疼。老师反映的情况是否该核实?孩子说是被冤枉了,是否该选择相信孩子?这是一系列连带的问题。孩子在外面犯了错,小小年纪又说不清事情原委,而家长不在孩子身边,没有见证真实经过,如何才能了解清楚事实真相呢?这都是必须要解决的问题。

本章我们要探讨的主题，就是孩子犯错时，当下家长该如何应对，以及后续该如何处理。

✦ 高自尊与低自尊的人生差别

大家熟知的一些负面情绪包括悲伤、愤怒、恐惧等，但很多人可能不知道，羞愧也是其中的一种。心理学家指出，过多的羞愧感会造成内心对自我的贬低，这种贬低是内化的，也就是习惯性的，会使个人的情绪、需求、欲望都受到贬低和压抑。"羞愧感使孩子扭曲了意志的力量，把操纵环境的能力转而用来对抗自己"[1]。

不当众羞辱孩子，其出发点是保护孩子的自尊心。自尊对一个人的成长极为重要。高自尊的人自我评价较高，对自己的能力有客观的认识，不依赖于外界对自己的评价，可以更好地面对事情的一切结果；低自尊的人则反之，低自尊的人过于追求外界的肯定和成绩，一旦有批评的声音就可能认为自己一无是处。有研究指出，父母的支持对于儿童建立自尊有重要的影响，否则即使成绩斐然，孩子仍然不能建立起较高的自尊。更有研究表明，低自尊的孩子在儿童中期和青少年时期更可能产生抑郁。虽然目前的研究并不能证明低自尊就是导致抑郁的根本原因，但统计数据说明了这两种现象经常一起出现[2]。

不要小看一次挨批评，这背后其实还涉及了亲子之间的信任问题。成年人都懂得，立足于世，要以诚信为本；但这样的大道理恐怕很难给孩子讲明白，一次重大事件就可能成为一个"分水岭"，影响孩子的未来走向：或者感受到了父母的信任，从此珍惜自己，愿意做一个

---

[1] 约翰·布雷萧.家庭会伤人：自我重生的新契机[M].郑玉英，赵家玉，译.成都：四川大学出版社，2007.

[2] 丹尼斯·博伊德，海伦·比.儿童发展心理学[M].夏卫萍，译.北京：电子工业出版社，2016.

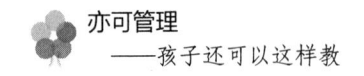

值得信赖的人，这正是高自尊的表现；或者恰好相反，连爸爸妈妈都不相信我，还有什么值得留恋的，从此破罐子破摔，向着低自尊一去不返。通过前面的分析我们知道，高自尊和低自尊之间可是有着天壤之别！

✦ 绝不当众羞辱孩子

想想我们小时候，最痛苦的回忆往往都是被当众"羞辱"的情境。想必大多数人对此都心有戚戚，打开记忆的闸门，几乎人人都有过类似的经历。

老师当着全班同学的面没收我的班干部职权。
我妈开完家长会当着好多人一个劲儿地说我。
聚会的时候亲戚一起笑话我长得丑。
…………

一个人的时候即使遭遇再不堪，都比较好消解，甚至可能会觉得很滑稽，从而一笑置之。可是"当众"，把所有的尴尬和羞耻都放大了，成为孩子一生挥之不去的"童年阴影"。

在传统观念中有一种说法是"人前教子"。中国传统文化是我们的根基，要继承和发扬，但是我们要懂得取其精华、去其糟粕。"人前教子"的目的是向众人表明，家长教育孩子是很严厉的，实质上顾全的是家长的面子，而完全没有考虑到孩子的感受。这样的当众羞辱，留给孩子的只有伤痛，也无法达到教育的目的。这与我们强调的要保护孩子的自尊心完全是背道而驰的。

当然，孩子要走向社会，我们无法一直无微不至地保护他们，但是至少我们可以不去做那个当众羞辱他的罪魁祸首。人生不可能一帆风顺，这对谁都是一样的。作为父母，我们能做的只有教会孩子合理地调整情绪，这样当遇到挫折时才不至于对他产生太大的伤害。另外一点也极为重要，那就是在孩子回家后给他足够的关爱，帮他化解心中的负面情绪，而不是更进一步地羞辱他。

在人前我忍了，那回家之后是不是就可以肆无忌惮地发火了？当众羞辱孩子当然不对，关起门来羞辱也不对！我们建议您不要急于惩戒孩子，而是要先了解清楚事实真相。大家都知道培养孩子对家长的信任感的重要性，那么此时就是教育的绝好时机。要始终铭记，我们的目的是教育孩子，帮助孩子成长，而不是发泄自己内心的情绪。

从不当众羞辱孩子，到了解事实真相，再到信任孩子，这是一系列的相互关联的问题，其核心是"信任"。"信任"方法在苹果树理论体系中的位置，如图17-1所示。

保护亲子关系

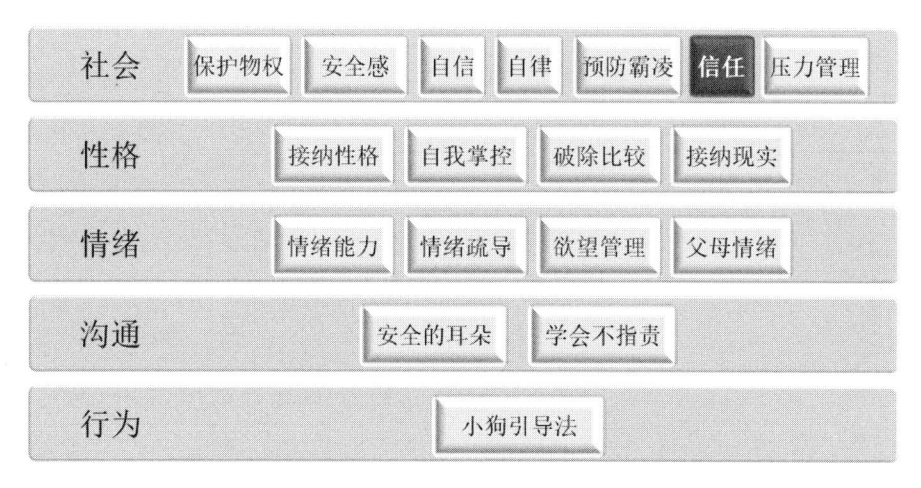

社会	保护物权	安全感	自信	自律	预防霸凌	**信任**	压力管理
性格	接纳性格	自我掌控	破除比较	接纳现实			
情绪	情绪能力	情绪疏导	欲望管理	父母情绪			
沟通	安全的耳朵	学会不指责					
行为	小狗引导法						

图17-1　"信任"方法在苹果树理论体系中的位置

亦可管理
——孩子还可以这样教

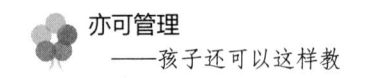

✦ 避免二次伤害

当孩子犯错被批评时，来自老师、同学、同学的家长等外界的伤害是对孩子的第一次伤害；而孩子回到父母面前，如果再次被指责、羞辱、惩罚，是对孩子的二次伤害。究竟是来自老师或同学的直接伤害大，还是来自父母的二次伤害更为致命？

看过一篇令人痛心的报道：一个孩子在学校犯错误被老师批评了，放学后孩子在操场踢了会儿球，然后就回家了。他的父母都在外地打工，听说孩子犯错误了，先后给家里打电话批评孩子，一个比一个说得严厉。结果，孩子实在受不了了，当即就做出了不理智的举动。

事已至此，我们实在不愿再指责这对可怜的父母，只是想提醒各位读者——最亲近的人所造成的二次伤害往往比直接起因对孩子的伤害更大。想想看，在第一次伤害之后，原本那个孩子还有心情踢球啊！

可悲的是，这样极端的例子绝不止此一件。

输了棋还被母亲指责的棋手。
被冤枉偷了同学的笔，本想回家诉苦却被家长怀疑的孩子。
已经有抑郁症状，还被家长骂"你怎么那么不坚强"的高中生。
…………

现实生活中，大多数二次伤害即使不至于严重到伤致性命，但二次伤害沉重打击孩子的事情比比皆是。本已在外面受到伤害的孩子，回家后却成了他噩梦的开始。也许多年以后，关于事情起因孩子已经记不清楚了，但是那种痛彻心扉的感觉仍记忆犹新，而最深的伤害往往来自父母。

"良言一句三冬暖，恶语伤人六月寒"。语言是一种很有破坏力的工具，它会伤人至体无完肤，而且伤害会更持久，伤口更难愈合。希望爸爸妈妈能够从此对语言暴力的"威力"引起重视。

想想我们小时候，如果您也有过被当众羞辱或二次伤害的经历，应该能够懂得那种感觉有多么痛苦。这些回忆绝不轻松，但它会转变成我们力量的源泉，使我们自己变身成保护孩子的"钢铁侠"，从而在呵护孩子的同时，治愈我们自己。

我们儿时很弱小，但现在很强大。您玩过"超级马里奥"游戏吧？游戏中的马里奥吃了红色蘑菇会长大，吃了绿色蘑菇就会得到无敌护甲，现在的您，无疑就是孩子的无敌护甲。这很难，需要很大的勇气，儿时的伤害深入骨髓，可能我们还没有足够的力量去抵抗它。可是您要知道，您不再是一个弱小的孩子，不需要再逆来顺受，您现在可是吃了红蘑菇的"巨型马里奥"啦！

当外界伤害来临的时候，为了自己的宝贝，我们必须鼓起勇气，挺直身体，替他挡去"刀光剑影"。然后再勇敢地蹲下身来，告诉孩子："觉得委屈就哭出来吧，到我怀里来，不用怕。"让童年因为社会认知水平不足造成的痛苦，终结在我们这一代！孩子哭过后绽放的笑容会让您意识到，原来自己已经如此强大。此时您会突然发现：原来您付出努力的这一切，不止拯救了孩子，也拯救了自己！

看着孩子的笑脸，像不像看着儿时的自己？这个自己已不再伤心哭泣，那开怀自信的笑容，多美！

✦ 保护孩子的信任感

能做到不当众羞辱和二次伤害孩子，已经是很棒的家长了；但接下来我们还是要面对具体问题，那就是该如何处理当前事件，尤其是该不该信任孩子。

要把孩子培养成诚实守信的人，可不是一蹴而就的事情，需要家长长期的教育和引导。孩子被别人告状的时候，家长先别急着下结论，更不要马上就对孩子实施惩罚，以免冤枉了孩子。被冤枉是一件非常痛苦的事情，创伤往往会久久不愈，严重了甚至会影响孩子的自我认知，如果孩子因此把自己看作是坏孩子，自暴自弃，家长必会追悔莫及。

即使没到被告状那么严重，在平时也需要注意，面对孩子的小谎话，不一定要全部揭穿。一定不要和孩子形成警察抓小偷的关系，不说别的，只说最后效果——一次又一次练习如何不被揭穿，只不过提高了孩子撒谎的技巧。不仅经验如此，从道理上来说，"关注什么就是在强化什么"，总强调孩子撒谎这件事也不符合行为引导理论。

不过，我们也并不是要求您对孩子所说的一切都要无条件地相信，而不去分辨真假。如果真是比较严重的事情，当然也不能置之不理，放任不管，那也并不是我们的初衷。那么，什么时候需要"破案"，什么时候又不必较真呢？根据我们实际生活中的经验总结，要两害相权取其轻。

"两害"，指的是不查明真相所造成的影响，与揭穿谎言对孩子的心理伤害。在日常生活中，如果事情不是很大，又没有影响到他人，其实可以考虑忽视此事，不去揭穿，避免打击孩子被信任的感觉，用减少关注来起到弱化撒谎行为的目的。不过需要注意的是，最好不要让孩子从说谎当中得到好处，那样会强化他想要说谎的欲望。可以考虑找个机会跟孩子讲清楚："爸爸妈妈为了爱护你，有时即使知道你说的是谎言也不想每次都揭穿。我们希望你自己要珍惜这种被信任的感觉，这比说谎得到一点好吃的或者别的什么好处，要重要得多。"与此对应的是，当孩子说了实话的时候，我们就要给予他高度的认可，使劲夸奖他拥有诚实的品质，"做错事是不对的，但能说实话是非常值得表扬的"。在这样的引导之下，孩子会逐渐明白被信任的重要性，进而会自觉地想要做一个有诚信的人。

相反，如果事情比较大，或者对他人有影响，家长就需要引起重视，多花些心思分辨真伪。如果结果证明确实是孩子说谎或做错了事，那也要直面问题，把教育做到位。需要特别注意的是，我们的目的是帮助孩子认识到错误，而不是惩罚甚至羞辱孩子。当孩子接受教训之后，别忘了告诉他："你能认识到错误这非常棒，改正了错误就仍然是个好孩子，爸爸妈妈永远爱你！"

✦ 了解真相的巧妙方法

上面说到在必要的时候家长要努力分辨真伪，这里就介绍一个我们在生活实践中发现的小诀窍，以便帮助您明察秋毫。

孩子年龄小，语言能力有限，经常表达不清楚。这很正常，没必要对孩子生气。可是，孩子说不清楚，我们就无法了解事实真相，难以判断事件的性质，该怎么办？角色扮演是个好方法！

这不是什么心理学研究结论，只是我们自己在生活中摸索出来的小经验，实测有效，以供您参考。角色扮演的好处是，消除了孩子说不清事情经过的弊端，可以相对完整地还原真实情况；而且孩子因为犯了错，心里紧张，不止说不清，还很容易恼羞成怒，最后什么都不愿意说了，直接给您来一句"全都是我的错！"角色扮演的好处是可以缓和气氛，放松心情，在表演的过程中还原事实真相，消除沟通的障碍，避免家庭关系受到影响。

需要注意的是，家长不要过早下结论，对别人说的和孩子说的都不可偏听偏信，一切待了解清楚事实之后再判断对错。既要避免孩子被冤枉，也要保持公允的心态，将还原真相放在首位。

角色扮演还有一个好处，就是有助于家长判断真伪，要么揭穿了孩子的小谎言，要么可以有依据地认定孩子说的是实话。首先需要说明的是，出于保护自己的目的而说谎，是人之常情，对小孩子更是如此，这不是什么十恶不赦的大罪。孩子在学校已经被批评过一次了，回到家面对父母的询问，编一些谎话，或者隐藏一些事实，再或者避重就轻，都属于正常行为。家长需要理解孩子的心情，合理地引导孩子说出事实真相。

那么，如何判断真假呢？这里我们建议您使用"具体化"方法。说一句谎话是容易的，短时间内连续编造谎言还能自圆其说那就很难了。当您无法判断孩子的话的真假时，不如让孩子描述一下具体的过程，如果前后矛盾，驴唇不对马嘴，或是孩子根本编不下去了，谎言就会不攻自破。当然，揭穿谎言不应是唯一目的，实际上，现实生活中发生更多的情况是，孩子说的是实话，家长却很难确信，这时候"具体化"就大有作为了。如果孩子能基本描述出整个过程和一些具体的细节，那么孩子的话的可信度就会大大提高，您就可以理直气壮地相信孩子。可见，角色扮演是一个有助于具体化过程以及细节呈现的好方法。

✦ 加强孩子同理心的培养

我们当然不希望孩子在外面受人欺负，成为被霸凌的对象，这在"预防校园霸凌"一章里已经讲清楚了。同样地，我们也不希望孩子成为霸凌者，或者将来真的严重伤害到别人，铸成大错。这不能只靠一句"不要欺负别人"来实现，还是需要用科学的方法去引导。心理学研究发现，霸凌者有什么特点呢？这些孩子在年龄、性别、学习成绩等方面都没有统一标志，而在一个方面却出奇地一致：他们都缺乏同理心，对别人的痛苦没有感觉。所谓"同理心"，就是感同身受，看到别人痛苦就好像自己也在承受痛苦一样。这是人类共同拥有的一种本能，是帮助原始人类走过艰难进化路程的重要特性；而当一些孩子缺乏同理心的培养，就可能在看到别人疼痛或者伤心时毫无感觉，反而会继续其伤害行为，或者多次施加伤害行为。开始可能只是孩子之间的玩闹，后来目标逐渐固定，演化成校园霸凌，甚至在成年之后出现更严重的问题。有一些心理学研究就是通过增强霸凌者的同理心来减少其霸凌行为，以及将来可能出现的反社会行为[①]。

如果孩子在打闹过程中，看到对方小朋友被打疼了，于是就停了下来，没有继续打闹，那么这一点就是非常值得鼓励的。家长夸奖孩子的这个行为，就是在强化孩子的同理心，这才是避免孩子犯大错的正确方法。

同样地，还要教给孩子不要做危险动作，大家轮流当反派角色，等等，也都是出于上述考虑。孩子之间打打闹闹是正常的，但用危险动作伤害人就是另一回事了；而轮流当反派角色，也是为了避免在游戏中形成固定角色，一些孩子总是被动地充当反面角色，其他孩子以所谓"正义"的名义欺负一个孩子，久而久之就可能出现校园霸凌的苗头。校园霸凌是一个复杂的问题，要想应对得当，还是要用科学的方法，既要治标更要治本，而起到根本性作用的有效措施，就是心理学中给出的——培养孩子的同理心。

同理心还可以帮助人们更好地理解他人的情感，从而有助于获得高质量的亲密关系，将来更有能力营造美好的家庭。毫不夸张地说，这是上天对人类美好的馈赠。

亦可故事

三个"戏精"

过分活泼的小亦可，才消停了两天，学校老师的告状电话又打来了，

---

① 丹尼斯·博伊德，海伦·比.儿童发展心理学[M].夏卫萍，译.北京:电子工业出版社，2016.

亦可管理
——孩子还可以这样教

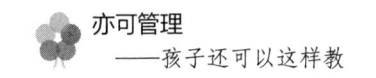

但这次可不一样,亦可在学校里打人了。

老师告诉我,今天课间的时候,亦可和他们班另一个男生一起打了隔壁班的一个男同学,人家班主任来告状了,老师一问,居然是亦可先喊了一句"狠踢",然后两人就上脚踢了人家,把老师气坏了。我听了也气得差点晕倒,这臭小子还想惹出多大事来?

挂了电话,我马上联系爸爸,把他叫回来商量对策。我真是气坏了,脑子里一片混乱,只想把亦可揪回来臭骂一顿。爸爸倒是比我冷静得多,他让我别着急,还是先跟孩子问清楚再教育他也不迟。我一听更是气不打一处来:"他踢人家孩子是板上钉钉的事儿,这还有什么可问的?要问你问吧,我没这个心情……"

我们正说着,闯了祸的亦可回来了,一进门就耷拉着脑袋,爸爸叫着我和亦可一起到书房,我们的家庭会议开始了。

爸爸问亦可今天是怎么回事,亦可小声说:"我在学校打人了。"

爸爸尽量保持平静的语气接着问:"哦,怎么打的呀?"

"用脚踢的。"

"几个人呀?"

"两个,打了一个。"

得,跟老师说得一模一样。爸爸偷瞄了我一眼,我心里有点莫名的得意:"听见了吧,看你还有什么可问的……"

爸爸还没有放弃,继续问亦可:"为什么打人?具体是怎么一个过程?"

亦可抬起头说:"我是捷德呀,他是艾克斯,他是贝利亚。"

我翻了个白眼儿,没听懂,这都什么跟什么呀?孩子小,怎么也说不清楚,我快没耐心了,爸爸感觉到了我的怒气,握了握我的手,示意我再等一下。他闭眼想了一会儿,猛地一睁眼说:"哎!咱们来角色扮演吧。"

我这还一头雾水呢,爸爸已经开始安排上了:"来,亦可,你就演你自己，妈妈演你们班的同学，我呢，演隔壁班那个挨打的同学，你来演示一下，你和妈妈是怎么打我的？"

我才明白过来，亦可不是说不明白么，爸爸这是要通过角色扮演，帮助孩子还原当时的情境，我想了想，这倒也是个办法。亦可毕竟是小孩子，玩心重，一下子来了劲儿，兴奋地开始表演起来。

"爸爸，你从这边过来，说'我来进攻你们的基地'。妈妈，你在这边防守。"爸爸很投入地照做起来，我还没动呢，只见亦可抬起小手，搭成一个十字形，冲着爸爸喊道："奥特曼光线，哔哔哔哔哔……"

爸爸停住了，"噢，原来你是奥特曼呀。"

"对呀，我是捷德·奥特曼，妈妈是艾克斯·奥特曼。"

爸爸问道："那我呢？"

"你是贝利亚怪兽呀。"

爸爸恍然大悟："噢，你们是在玩奥特曼打小怪兽呀。"亦可点了点头。

我打断了他们，说道："玩？怎么是玩呢？你们这是在欺负同学！"

亦可皱着眉，不解地说："不是呀，我知道不能欺负人，我们是好朋友呢。"

"好朋友？他又不是你们班的，你认识他吗？"

"认识呀，我们三个都是足球兴趣班的，经常一块玩呀。"

我愣住了，爸爸转头看向我，我们都意识到，事情似乎不像我们想象得那样简单。

那你为什么要喊"狠踢"呢？我接着追问一直困扰着我的关键问题。

"狠踢？什么'狠踢'呀？"亦可疑惑地看着我。

爸爸一看又说不清楚了，于是说道："咱们还是接着演吧，然后怎么着了？"

亦可对爸爸说："然后你就过来踢我，我就喊：'合体！'然后我和妈妈就一起踢你。"

亦可管理
——孩子还可以这样教

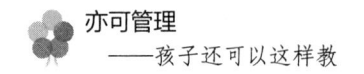

"等会儿，你喊的是什么？"

"'合体'呀，捷德·奥特曼和艾克斯·奥特曼可以合体，那样就更厉害了呀。"

原来，不是"狠踢"……我一时竟说不出话来。

"接着怎么样了呢？"爸爸继续问。

亦可说："我俩踢隔壁班的同学，见他'哎哟哎哟'地叫，我就停住了，说'你都疼了，咱们别玩了'，然后他就回教室了。"

随着角色扮演的结束，我们也终于搞清楚了事情的来龙去脉。我和爸爸没有批评孩子，而是教给他如何和小朋友互动，男孩子之间喜欢打打闹闹，这很正常，但是一定要注意安全，不要做危险动作，尤其是不能弄伤小朋友，还有，要和小朋友轮流当小怪兽，这样更公平。亦可都一一答应了。

最后，我还表扬了亦可，发现小朋友被打疼了就立刻停止了打闹，没有造成更严重的后果。亦可听到我表扬他，又开心了起来，我捧起他的脸，温柔地看着他说："宝贝儿，你一直都是好孩子，今天学到的这些经验会让你变得更棒的。"亦可使劲地点头，紧紧地和我拥抱在了一起。

故事解读

我们过分活泼的小主人公亦可又惹祸了，而且这次惹的祸还有点大——居然在学校里打人了。这不是校园霸凌吗？亦可妈妈气急了，好在爸爸这个时候还比较冷静，让亦可妈妈别急着批评亦可，还是先问清楚到底发生了什么。

和亦可一起还原事实真相的过程也是一波三折，小家伙描述不清楚，听起来和老师说的并无出入。这时"鬼点子"最多的爸爸又放"大招儿"了——角色扮演。一家三口开始了角色扮演，全情投入，才算搞清楚了事实真相。原来，亦可是跟熟识的小朋友一起玩，确实踢到了对方，但是也及时停止了打闹,并不存在校园霸凌的问题,亦可妈妈的心也终于放了下来。

　　本集故事几乎涵盖了我们本章介绍的所有理念和方法,而结果您也看到了,一家人平和地解决了这个"大事件",而且整个过程非常有趣。这得益于爸爸的冷静(避免二次伤害)和"大招儿"(通过角色扮演帮助了解真相),也得益于亦可父母对孩子的信任(保护孩子的信任感);同时,亦可妈妈抓住机会表扬亦可有同理心(加强对孩子同理心的培养),并肯定地告诉他:"你一直都是好孩子。"这对孩子而言,是世界上最动听的话语。

第18章
压力管理

✦ 压力的危害

随着孩子年龄的增长，压力也会逐渐增加，就像一部经典电影的主题曲所唱的那样。

小小少年，很少烦恼，眼望四周阳光照……
一年一年时间飞跑，小小少年转眼高。
随着年岁由小变大，他的烦恼增加了。

话说回来，现实生活中有谁不是"压力山大"呢？家长同样深受压力过大的困扰。随着媒体不断地宣传报道，人们逐渐了解到压力过大对身心健康的巨大危害。压力过大，除了会造成焦虑症、抑郁症、睡眠和人际关系障碍等心理疾病以外，对身体健康的损害也不容小觑，严重时甚至会威胁人的生命安全。

既然压力问题这么不容忽视，这一章我们就详细谈谈该如何科学地缓解压力，既可以帮助孩子减压，对家长自身也大有裨益。因为压力过大问题太普遍了，每个人都需要进行压力管理。

✦ 减压方法分析

压力，是心理学中一个很重要的研究方向，经过长时间的积累，已经探索出不少值得学习的减压方法。比如，能够即时缓解身体反应的腹式呼吸，还有帮助改变关注模式的正念减压，等等。在众多减压方法中，有一个起到核心作用的治本方法，能够最大限度地减少压力事件对人的影响，这就是著名的ABC法则。

提到ABC法则，您一定不会陌生。在"拥抱变化"一章里我们重点讲解的就是ABC法则，其主要含义是，并不是外部事件A直接造成了情绪结果C，而是我们自己的观念B对事件A的加工、解释导致了情绪结果C。这就告诉我们，不要一味地尝试改变事件A，而是应该提高我们的认知水平，改变观念B，就可以得到完全不同的情绪结果C。该方法使得我们可以更好地接纳不尽如人意的现实，大大改善我们内心的情绪感受。

正是这样的特点，使得ABC法则成为一种非常好的减压方法。所谓压力，往往来自外部的压力事件，这不就是作为起因的事件A吗？如果我们的观念B不够合理，很容易产生痛苦的内心感受，这就是那个不好的情绪结果C。按照惯性思维，人们往往会想要努力改变事件A，以使自己更好受一些。现实中事件A往往是难以改变的，更多是既成事实，根本无法改变。难道我们因此就"彻底完了"吗？只能埋怨自己"怎么这么没用"吗？身心俱疲地抱怨"怎么让我碰上这样的倒霉事"吗？不是的！ABC法则告诉我们，这恰恰是因为我们努力错了方向，实际上不必去跟现实对抗，真正的罪魁祸首是我们自己心中的不合理信念。只要去改善我们头脑中固有的想法和视角，就可以得到完全不同的结果，从而大大减少压力事件对我们的影响，这就从根本上起到了缓解压力的实质性作用。

对于孩子来说，这种方法同样非常有效。在《教出乐观的孩子》一书中，心理学家还把这种方法扩展成了ABCDE法则，其中"D"指的是在头脑中主动对不合理信念进行反驳，"E"是指反驳后得到的新的情绪结果[1]。

为什么要"反驳"不合理信念呢？因为心理学家研究发现，不合理信念往往具有以下三个特点：当一件不好的事情发生时，如果觉得"这是因为我自己不够好"，就是"内归因"的特点；如果进一步泛化地认为"所有事都不够好"，就是"普遍化"的看法；如果痛苦地感到"事情永远也不会好转"，就是"永久化"的问题。当一个事件发生时，如果一个人对事件的看法总是充斥着上述的内归因、普遍化、持久化三个特点，就是悲观的解释风格。我们的压力并不是直接来自事件本身，悲观的解释风格会大大地提高事件对我们的影响，使我们感受到远远超出实际水平的巨大压力。

心理学研究认为，孩子在日常的观察与模仿中，会习得家长的解释风格。这似乎使家长的身上又多了一个沉重的负担，也使得我们学习合理观念更具有紧迫性。好消息是，研究同样发现，解释风格是可以通过练习来彻底修正的，方法就是上述ABCDE法则，其中的核心环节就是"反驳"。

我们在生活中就要有意识地多去觉察，如若发现了具备上述三个特点的错误观念，就要及时对其进行修正。比如，当我们觉得"这个事没做成是因为我自己能力太差"，那就要勇敢地去驳斥这种想法："不是的，我已经足够努力了，是外界条件不允许才使得事情最终失败的，不能全部怪罪到自己头上。""虽然这件事情不尽如人意，但是其他事情又是不一样的情况，总是有好有坏的，这很正常。""现在坏事情发生了，但是不会永远这样。"通过这样的反驳过程，我们就可以真切地修正头脑中的不合理信念，从而获得更好的内心感受。心理学家建议，在孩子青春期之前就应该教会他ABCDE法则，这是很有道理的。

---

[1] 马丁·塞利格曼，卡伦·莱维奇，莉萨·杰科克斯，等.教出乐观的孩子[M].洪莉，译.北京：北京联合出版公司，2017.

第五篇　社会篇

✦ **做好孩子的压力管理**

首先需要明确一点，压力管理的方向并不是简单地走两个极端。既不是放任不管，任凭压力不断增加；也不是追求零压力，谈其色变。实际上，应该是让压力保持在一个适当的水平，这才是正确的压力管理。为什么这么说呢？因为研究表明，压力与效率是一个"倒U型曲线"，也就是说，在压力适中时我们的效率最高，而压力过低或者过高都会使效率急剧下降。

成年人的工作压力如此，孩子的学习压力也是这样。压力过低时，孩子缺乏动力，努力得不够，学习效果自然不会好；而压力过高的时候，孩子活力不足，有限的精力承受不了过重的学业负担，学习效率一样会非常低，白白花费大量时间却无法获得好的效果。这就提示我们，日常生活中要留意孩子的状态，求学过程无疑是非常艰辛的，我们要理解孩子的努力付出，当他出现压力过大的迹象时，就要有意识地帮助孩子缓解压力。"压力管理"方法在苹果树理论体系中的位置，如图18-1所示。

保 护 亲 子 关 系

社会	保护物权	安全感	自信	自律	预防霸凌	信任	压力管理
性格	接纳性格	自我掌控	破除比较	接纳现实			
情绪	情绪能力	情绪疏导	欲望管理	父母情绪			
沟通	安全的耳朵	学会不指责					
行为	小狗引导法						

图18-1　"压力管理"方法在苹果树理论体系中的位置

亦可管理
——孩子还可以这样教

需要特别注意的是，不必追求毫无压力，这一点也是有现实意义的。在我们与家长的交流中，也会遇到孩子压力程度还算正常，但家长已经过于担忧的情况。可能是由于家长自身的压力过大，孩子刚一表达出自己有压力，家长已经慌了手脚。本书介绍的这套方法适合3~10岁的孩子，10岁的孩子就已经上小学四五年级了，客观来说确实已经开始感受到一些压力了，不再是更小年龄时候的毫无压力的状态。对此，家长首先需要了解前面提到的倒U型曲线的原理，不必谈压力色变，普通的压力水平非但没有坏处，反而是效率最高的状态。

当然，生活中更多的还是压力过大的情况，这也是本章讲述的重点，下面我们就分享一些有效的减压方法。这些方法不仅适用于孩子，您自己也可以使用。压力过大是当前普遍存在的社会问题，了解一些减压方法是很有必要的，这有助于改善我们的内在情绪体验。别忘了前面所讲的ABCDE法则本身就是一种非常重要的减压方法，尤其是对于孩子来说，要教会他反驳自己的错误观念。

还是举一个我家的例子吧。有一天孩子从学校回来，情绪不太对劲。我们关心地询问他怎么了，孩子回答说篮球比赛输了，他非常难受。我们继续探讨，发现孩子是因为觉得自己球打得不好而难受："我们12∶25输的，太惨了，我打得太差了！"这不就是前面所说的内归因的解释风格吗？随后我们又了解到，其实他已经很努力了，这12分全是他一个人得的，于是我们就引导他："对方有几个人得分呢？"他说："他们有好几个人都能得分，每人得一些，就比我们多了。"我们接着再问："那你们班呢？"孩子说："我们班就我一个人会打，其他队员一传球就丢。"这样答案就很清楚了："噢，所以你看，不是你自己的问题，而是客观条件不够好。你已经很棒了，问题出在你们班缺少能跟你打配合的小队员，是不是？"孩子的眼睛一下子就亮了，兴奋地说："对呀，根本不是我自己不好！我们班要是能多几个会打球的就好了。我明天就多约上几个同学，下学期也要报篮球班，明年的比赛我们一定要赢回来！"

经过沟通，孩子摒弃了内归因的解释，重燃斗志，重拾了打篮球的乐趣。

ABCDE法则是一种彻底转变观念从而治本的减压方法。结合下文介绍的腹式呼吸等方法，可以达到既治标又治本的效果。可见，多种减压方法综合使用，是非常有效的实践方案。

✦ 减压方法的生活实践

心理学绝不是仅为咨询室里已经痛苦非常的来访者提供服务，它有更大的价值。面对压力这个课题，趁问题变得严重前，掌握一些减压方法会对人们很有帮助。一位心理学大师做过一个很风趣的比喻：如果有一个悬崖，应该尽早在悬崖前立一块牌子提醒人们注意，而不是只在悬崖下面放一辆救护车，等到有人掉下来才去抢救。

1.腹式呼吸

腹式呼吸是一种既简便易行又非常有效的减压方法。我们日常的呼吸多是比较浅层的呼吸，特点是只有胸部扩张，而且越是紧张的时候呼吸越是快而短促。腹式呼吸是一种深度呼吸方式，可以帮助我们的身体放松下来。人的身体和情绪是一体的，身体放松下来情绪就会自然而然地慢慢平复，由此达到缓解压力的效果。

顾名思义，腹式呼吸的特点是呼吸的时候腹部起伏，同时明显放慢呼吸速度。您可以找一个舒适放松的姿势，缓慢地吸气，使气体充满体内，一直吸到不能再吸了为止；稍事停顿，再缓慢地呼气，把所有气体都呼出去；然后稍事停顿，再进行下一次吸气和呼气，如此往复。呼吸速度要放到多慢呢？人们平时的呼吸速度大约是每分钟十几次，而深度的腹式呼吸可以达到每分钟只有两次到三次。这听起来有些不可思议，但实际上稍加练习每个人都可以做到，并不是什么难事。

同样重要的是，当身体通过腹式呼吸得到放松的时候，我们的大脑该想些什么。建议大家什么都不要想，给大脑一个放空的时间。如果我们在头脑中继续忧虑那些压力事件，恐怕会不由自主地加快呼吸速度，就会破坏腹式呼吸的练习效果，也就达不到减压的目的。可是要一直保持什么都不想，其实也是很难做到的，可能过不了多久我们的思绪就飘远了。一种比较好的做法是，把注意力集中于腹部缓慢的起伏，或是鼻尖进出的细微气流。这样可以帮助我们从内心到身体达到一致的放松，有助于缓解压力。

这种方法是我们在学习心理学的时候老师教给我们的，他每天都会坚持练习，果然精神矍铄，声如洪钟。说实话，我们自己很难坚持，但是在明显感觉到压力的时候，会有意识地做一做腹式呼吸，确实感觉很有效果。

这种方法是有科学依据的。在"保护安全感"一章中，当讲解应对恐惧的心理学实验时我们就说过，深度放松是与恐惧、紧张等相反的身体行为。腹式呼吸就是通过放慢呼吸频率，来倒逼身体进入放松的状态。这是从以科学实验为依据的认知行为学派中发展出来的一种有效的减压方法。

2.减少思虑

面对压力事件时，人们肯定会思考很多，有的人迫于外界事件不得不思索复杂的解决方案，也有的人自己主动想要再考虑得周到一些；但是思虑太多我们的身体是吃不消的，这在心理学上叫作"思虑过度"。别小看这个"思虑太多"，人们一般会觉得只是想想能对身体有什么影响呢？其实影响很大，正常的思考没有问题，但是太多的甚至不停地思考，尤其是反复思考重大事件，对身体就有巨大的消耗了。不经意间就会出现血压一直较高，心脏保持重负荷，大脑长时间疲劳等问题。这就使思想上的压力转变成了对身体实实在在的重压。

那么，我们就要有意识地减少思虑，觉察到思考好半天了，或者想的事情让自己太紧张了，就要主动停下来。如上面所说的做一做腹式呼吸，或者想一些别的事情，最好是想想日常琐事，或者让自己开心的事情，都是很好的调节方法。这并不是说我们应该想得少一些，对事情不负责任，而是在明白了科学道理的基础上真正明智的做法。

尤其是在睡觉的时候，就更要有意识地不去想复杂的重大事件，否则很可能会造成入睡困难等问题。睡眠质量在很大程度上决定了一个人的身心健康程度，而且失眠也容易引发其他的健康问题。尤其是在经历压力事件的时候，良好的睡眠变得格外重要。所以，缓解压力，要从减少思虑开始。

3.听身体的话

说起这个话题，就需要先明确一个概念：大脑是主动的，是发号施令的"指挥部"，而身体是被动的，被迫执行大脑的指令。在经历压力事件的时候，大脑经常会忽略身体发出的信号，总觉得有更重要的外部事件要做，从而压抑了身体的需求，甚至是一些基本需求，使得身体只能被动地忍受。一次两次还可以，但是长时间积累就会损害身体，大大降低生活体验，自然也就降低了我们应对压力的能力。一旦影响了身体健康，就会加剧本来已经十分复杂的困境。

我们在学习心理学知识的时候，对老师讲的一句话感触颇深，那就是：要听身体的话，而不要只听大脑的话！身体渴了就要给它补充水分，身体累了就不能再硬撑着。

人们都习惯于优先做所谓重要的事情，自己的那点"小事儿"可以忍，必须得表现出我很积极的态度。想想看，这是哪一方的意愿呢？显然是大脑的意愿，觉得"我应该"这样做，而不是身体表达的"我想要"那样做。我们当然不能随心所欲地满足身体的各种需求，但是一些基本需求我们必须关注。这种例子有很多，从吃饭、喝水到休息、睡觉，还有一个最基本的也是最容易被忽视的需求——排泄。

说起来是小事，但这是很现实的问题，我们对此感触颇深。想想生

亦可管理
——孩子还可以这样教

活中的场景,家长也经常没当回事。比如,抱怨孩子"着急要出门了你非得去厕所,有那么重要的事等着呢!""怎么就你这么多事,懒驴上磨屎尿多!"这就在不经意间给孩子灌输了"我自己身体的需求不重要,得忍着"的错误理念,给孩子徒增了不必要的负罪感,甚至降低了孩子对自我的评价。告诉孩子:放心去上厕所,这是最基本的身体需求,爸爸妈妈会耐心地等着你。事情虽小,但是也体现出了对每个人足够的尊重。

违背身体意愿的例子比比皆是。大人已经很困倦了还要熬夜加班,孩子已经很累了还得继续学习,没时间吃早饭只能忍着,为了表现好想上厕所也只能憋着,为了拿到合同这杯酒无论如何也得喝下去……这些都是大脑想要达到某个目的,强行给身体下的死命令。身体不会提反对意见,它只会在实在负担不了的时候彻底崩溃。这往往是长期承受压力,违背身体意愿的结果。

相比之下,听身体的话而不要完全听大脑的话,就是更明智、更高级的理念。它让我们保持长期高效运作,而不是短时间超负荷运转;它教我们尊重自身意愿,告诉自己:我值得被好好对待。想要自己得到,就要先对别人做到,家人之间提倡尊重彼此身体的基本需求,是营造和谐家庭氛围的必要条件。通过言传身教去教给孩子,他自然也会受益良多。

4.表达情绪

压力的危害很大程度上来自对情绪的压抑。有时,我们为了符合某种规范,或者迎合什么,而压抑自己的情绪。情绪如洪水猛兽,它可以暂时被压制,但不会消失,只是在积蓄更大的能量,直到某一时刻我们再也压制不住,我们的情绪就会彻底爆发。这种爆发是极具破坏性的,情绪爆发时的能量有多强,就说明我们平时压抑情绪所用的力量有多大。这股能量是不会消失的,没有爆发之前它去哪了呢?它在攻击我们的身体。很多疾病的发生或加剧，背后都有情绪所致的巨大危害。

情绪犹如洪水，既然压制不住，那我们能拿这情绪的洪水怎么办呢？我们可以借鉴大禹治水的方法——宜疏不宜堵。对待情绪不能压抑，而要疏导。需要注意的是，这里所说的疏导不是发泄，发泄只会伤害别人或者伤害自己，甚至会让事情变得更糟。正确的疏导是以合理的方式表达自己真实的情绪感受。

我们在"情绪篇"所讲的情绪疏导等方法，本身就是非常好的减压方法。比如"把情绪和事件分开"这个理念就格外重要：理由可能不合理，情绪却是真实存在的。其规律就是：倾诉情绪的人因为自己特定的理由产生了当前的情绪，不论其理由是否合理，情绪都是真实存在的。作为家长，我们不需要认同他的理由，只需要接纳孩子此时此刻真实的情绪，允许他充分地表达，帮他把情绪疏导出来，待他的情绪平复之后，再讨论事件也不迟。

现实生活中想要"表达真实的情绪"，就需要有一双"安全的耳朵"。记得吗？这是我们在沟通层面所讲的重点。意思是说，你需要这样一位倾听者——你确切地知道，不论你表达什么情绪，他都不会指责你，你是安全的，你发自内心的任何真实情绪都会被他接纳，并可以得到他的理解。父母应该努力做孩子"安全的耳朵"，家人之间更需要互为"安全的耳朵"。如果能跟最爱的人随时倾诉，那是何等的幸福！

外界的压力总会不断地袭来，家长有工作、生活等方面的压力，孩子也会有学业、青春期等带来的困扰；但是有压力也不用怕，酣畅淋漓地倾诉就可以疏导情绪，帮助释放压力，以使压力不至于像洪水一样不断积累，最终冲毁堤坝；而是让它像涓涓细流一样，随来随走，顺畅地流淌。这样的能力越早教会孩子越好，这对我们家长来说同样重要。

5.活在当下

所谓"活在当下"，意思是说，把着眼点关注在此时此刻，既不去烦恼虚无缥缈的未来，也不为过去的困苦与不公自怨自艾，而要专心去感受身边的美好。这可以使我们摆脱很多不必要的烦恼，大大减少压力事件对我们的影响。

心理学有一个重要的分支，叫"正念心理学"，活在当下就是其核心理念。这个理念对于消除常见的焦虑和抑郁两大问题都有显著益处。简单来说，焦虑感多有对未来可能出现的问题过于担忧的成分，而抑郁中往往有对过去痛苦经历的不能释怀。它们都放大了负面事件对内心的影响，而真实的生活只发生在当下。

现实大多时候都没有想象中那样可怕。在"拥抱变化"一章中所讲的"接纳现实"理念就很有助于我们活在当下，甚至欣赏现实的不完美。我们无须去与既成事实对抗，而是应该努力提高自己的认知观念，提升自己的精神层次，这样就可以得到完全不同的感受。对于那个"糟糕"的现实或"不堪"的自己——承认他，接纳他，欣赏他。

还记得"看不见的大猩猩"实验吗？我们的大脑是很容易被引导的，我们关注什么就会放大什么，而没有关注的部分，即使就在眼前也会被忽略。坏事纵然糟糕，但是总还有一些美好的事物仍在生活中，而且就在我们身边。如果把关注点都放在坏事情上面，就会感觉生活黯淡无光，似乎再也不会有美好的事物了；但这不是事实，美好永远存在，没有这样也仍有其他的美好，只是需要我们去用心寻找。

当我们感觉到自己已经非常担忧或是痛苦的时候，就要有意识地把思绪拉回到眼前，拉回到此时此刻的现实世界。多去关注一束阳光的温暖，一口水的甘甜，一次呼吸的起伏，感受身边人手掌的温度，品味家常饭食的可口。这样做并不是把所有问题都解决了，而是缩小了问题带来的伤害，放大了身边的美好。有一句禅语能帮助我们减压："活在当下，此时花开。"

亦可故事

谁都会紧张啊

上了四年级的亦可,俨然已经是一个大孩子了。值得欣慰的是,他各方面都成长得很好:学习成绩名列前茅,当上了班干部,运动场上叱咤风云,是班里的足球队长。

孩子长大了,不再需要我寸步不离地保护他,我也终于有了更多的属于自己的时间,但是想要回归以前的工作是不可能了,曾经的职场精英,如今只是"亦可妈妈"。在迷惘了很久之后,我决定重新定位自己的梦想。如果没有生活的压力(有老公挣钱糊口),我最想做什么,或者是说,我想怎样度过自己的后半生。在养育亦可的过程中,我对心理学越来越感兴趣,虽然自己看了很多相关的书籍,但缺少一个系统学习的过程。于是,我决定利用这段难得的时间提高自己,报名了权威机构的心理学课程,由此开启了完全不同的人生。

知识的海洋浩瀚无边,渺小的我乐在其中。在学习的过程中,我还把和亦可之间发生的各种趣事写成了故事集,这些都是我对心理学理念的最佳实践。令人意想不到的是,我遇到了一位贵人——一名出版社的资深编辑,她愿意帮我将故事结集成册出版发行。我既兴奋又紧张。兴奋的是,我的"故事集"可以正式出版;紧张的是,不知道读者是否认可。

这时,亦可走了过来:"妈妈,我好紧张呀!"

我好奇地问他怎么了,原来他明天要参加足球比赛,作为队长和主力前锋,他觉得压力很大。

"妈妈,我知道不能太紧张,那样会发挥不好的。我一直跟自己说别紧张,别紧张,可是不管用呀,我还是很紧张,怎么办呀?"

亦可管理
——孩子还可以这样教

哈！这我在行啊！我迅速地在头脑中搜索相关知识，大概是因为急于展示自己的学习成果，结果越想越着急，反而什么也想不起来了。在意识到自己的情绪起伏后，我有意识地缓缓地深吸了一口气，用腹式呼吸让自己平静了下来。果然，思路一下子就清晰了——倒U型压力曲线嘛，压力太小或太大都会降低效率呀！于是我爽快地告诉儿子："那你就紧张呗！"

"啊？"儿子愣住了。我给他解释说："宝贝儿，你不需要要求自己一点都不紧张。实际上，适当的紧张会让你发挥得更好。要踢重要的比赛了，你又是队长又是主力，有一些紧张情绪是很正常的，只是不需要过于紧张，一般的紧张就可以啦。"

"噢，这样啊，那我就放心了。我只是有一点紧张，不是特别紧张。"

第二天，我在场边给儿子加油助威。恰巧旁边也有一对母子，那孩子是亦可队里的守门员。小守门员对妈妈说了同样的话："妈妈，我好紧张呀。"

他妈妈严肃地回应他："你可不能紧张啊，一紧张该发挥不好了。一定要告诉自己：'我不紧张，我不紧张。'记住了没？"

这位妈妈还是不放心，继续叮嘱道："你看着我，我一做用手捂嘴的动作，就是在提醒你不要紧张。知道了吗？你一定要守好门啊！"

我看着他俩，默默地摇了摇头。正想着该怎么帮助他们，球赛已经要开始了。

开场后，亦可果然不负众望进了一个球，不过对方也是强队，1∶0的微弱优势一直艰难地维持着。直到临近终场的时候，对方才获得了一次点球的机会。

对方队员还在商量由谁来主罚点球，我们的小守门员已经站在球门前做好扑球的准备了。只见他两腿微曲，弯着腰，两手微伸，随时准备飞身侧扑。他一直保持着这个僵硬的姿势，两眼不时地看向场边的妈妈。他妈妈不停地在做着用手使劲捂嘴的动作，我知道这个姿势的含义，可是场上的小守门员明显更紧张了。等到对方队员准备罚点球时，我们的小守门员已经紧张得浑身颤抖了。

对方可不管那么多，几步助跑，踢出了一脚势大力沉的射门。只见我们的小守门员紧张得僵在原地一动不动……

我心想："完了！"

就在这一瞬间，球直直地打在纹丝未动的守门员身上，弹了出去。

亦可他们全都冲过来抱着小守门员欢呼雀跃，我们紧张过度的小守门员却愣在原地，没有做出任何反应。

我也长舒了一口气，心里觉得好笑：这算不算压力理论的一个特例呢？

正在这时，出版社的编辑打来了电话："我们的书切入点很好……"

我开心地说："我想再补充一些内容，再加个小故事……"

故事解读

随着孩子逐渐长大，压力也会慢慢增加，如果家长能够提前掌握一些减压方法，不仅可以教给孩子，还可以帮助自己缓解压力。

亦可妈妈因为要出版的书不知道读者是否认可而紧张，她自己就使用了腹式呼吸、减少思虑以及活在当下这三种方法；而当小亦可因为第二天的足球比赛感到紧张时，妈妈却告诉他"那就紧张吧"，这背后应用的是倒U型压力曲线的原理，压力太小或太大都会降低效率，适当的压力反而会提高效率。

反观球场上的另一位妈妈，不断地告诉孩子一定不要紧张，还设计了动作代替语言来鼓励孩子。她的本意虽然是好的，但是很显然，她并不懂得如何缓解压力，结果孩子越来越紧张，连动都不会动了。虽然最后那一球打在了孩子身上没有进，但是这种小概率事件可不是每次都会发生的哟！

亦可管理
——孩子还可以这样教

  同时，我们也看到了，在育儿的过程中，亦可妈妈也成长了，她变得更睿智，更从容，更有的放矢，这里面有心理学的功劳，更多的在于她自己的努力。亦可妈妈不仅把亦可教育得很好，自己也收获了更广阔的天地。

  每一次面对教育孩子的困境时，都是家长自我成长的一个契机。孩子像苹果树一样茁壮地成长，每颗果实的背后都是孩子和我们共同的成长。

后 记

2012年12月，我和先生做了一个大胆的决定：几乎花光了手中所有的积蓄，买了一家不起眼的心理咨询初创公司区区5%的股权，换来的是我们夫妻二人共同进入公司管理团队，丈夫是公司的COO（首席运营官），我则成为核心产品的内容总监。由此，我们完成了"华丽转身"，离开高薪职位，正式踏足心理健康行业。我们认为，这是花大价钱给自己买了一条路，一个希望。

这并不是我俩一时的心血来潮，而是历经多年我们对理想生活模式的共同设计。时间退回到我们新婚不久，那时我们和周围人一样。二人都是职场"白领"，有着高薪职位，整日忙得不可开交。丈夫是IT（信息技术）企业资深项目主管，经常熬夜、出差，无瑕顾家，我则在留学日本、美国之后，成为顶级外企叱咤风云的"白骨精"（白领骨干精英）。然而，在光鲜的外表之下，我们的内心并没有感受到真正的幸福。如鱼饮水，冷暖自知，在巨大的压力之下内心充满了各种焦虑和不安，生活没有惬意与自在可言，幸福似乎遥不可及，更看不到希望在哪里。

一次，利用难得的假期，我们自驾到周边的小城市度假。说是度假，先生依然有忙不完的工作：电话不断，会议不停。我在一旁无奈地等待着，等待他放下电话，几乎忍耐到了极限。傍晚，先生的工作都处理完了，两个人终于有了时间，手拉着手在小城的河边散步，默默无言。我们两个人的心中有一个共同的声音：不能再这样下去，要换个活法！还是先生先开了口："小辉，如果可以抛开各种现实的束缚，你最想过什么样的生活呢？"我一边思考一边回答："嗯，首先我不想总是加班、出差，要有闲暇时间留给生活。不要整天为客户合同或部门业绩烦心，也不要为行业变化或经济大环境发愁，担心自己跟不上职场的步伐，要把命运掌握在自己手里。钱不用太多，够生活就行。嗯，要是能够再做些有意义的事情就更好了……"先生的激情一下子就被点燃了："哎呀，我和你的想法一样！你知道我从2008年就开始学习心理学了，以后要是做这个职业，你的所有想法都能实现啊！咱们哪怕只是开一个小咨询室，时间都是自己的，管他什么经济大环境啊，压力、束缚又奈我何！"我一听也来了精神："这个好啊，我本来就一直对心理学感兴趣，做自己喜欢的事，又可以帮助别人，这多有意义呀！"就这样，你一言我一语，我们兴奋地畅想着美好的未来。先生有着长远的眼光，我则具有超强的行动力，在这次谈话后不久，我就报名参加了中国科学院心理研究所的心理学课程的学习，并由此爱上了这个领域。我们两个人一边工作一边学习，一步一步艰难而笃定地向着梦想的生活靠近。

憧憬是美好的，生活的压力却是现实的，几年的时间里我们都不得不继续各自的工作，真正使我们下定决心做出改变的，是那个新生命的降临。2012年，我惊喜地发现自己怀了小宝宝。还记得第一次在B超里看到小家伙的样子，他舒舒服服地躺在妈妈的肚子里。我眼含热泪，和先生相视而笑，就在此刻心里做了决定：不再计较每月少挣多少钱，要把更多的时间、精力花在陪伴和养育孩子上，一切以他为先。于是，我们辞职、改行，就有了本文开头购买股权的操作，两个对心理学应用毫无经验却充满热情的人，从此入了门，走上了心理健康的职业道路。我们清楚地知道，这是我们事业上重大的转折点，但我们当时并不知道，这只是第一次转变。

终于做上了自己真正喜欢的工作，我们两个人都非常努力。两年多的时间，我便成为资深心理咨询师，咨询收入达到每小时数百元，而去企业讲课更是一次就能获得数千元的收入。先生的经营管理也做得风生水起，凭着多年在大公司积累的丰富的管理经验，与朋友合作创业，成功拿到了两轮投资。

后 记

　　虽然事业做得很成功，但有一个问题一直深深地困扰着我们——走进咨询室的来访者都太痛苦了，而不低的咨询费用让太多需要帮助的人望而却步。这不是心理咨询师的错，付出劳动必然要获得相应的报酬，我们也确实帮助了很多人；但是现实的矛盾是，只有心理受到严重困扰且有足够财力的人才会走进心理咨询室。直到现在我仍然记得一位妈妈，她给孩子报了各种补习班，几乎没留一点儿休息时间。重压之下，孩子开始厌学，出现了非常严重的心理问题，亟须救助。我们建议她一定要给孩子做一个长程的咨询，并尽力降低她的咨询费用；可是她的家境并不宽裕，更想把有限的钱花在"有直接效果"的地方。她没有意识到问题的严重性，用仅有的一万元钱，给孩子又报了一个外教英语班。

　　为什么非要等到问题严重、令人痛苦不堪的时候，才不得不花更多的钱、付出更大的代价去解决呢？为什么不早一点做出改善，避免让问题变得更严重呢？心理学对人的帮助，不应该局限于咨询室里，更应该让它服务于全社会的人。不仅是让人不生病，更要让人活得幸福，那才是心理学更大的价值所在啊！我们所热爱的心理学，不只是治病的专业技术，而是推动人类文明进步的工具或是力量！

　　我最喜欢扁鹊的故事。扁鹊兄弟三人中，人们熟知的是扁鹊。有人夸扁鹊医术高超，能让人起死回生，是最好的医生。扁鹊摇头说："我只能等人病入膏肓才开始救治，那是雕虫小技。我二哥的医术比我要高得多，他在人家病还不重的时候就把病治好了，可以让人少受痛苦；而医术最高的是我大哥，他在人还没生病的时候就能发现征兆，及时给予帮助，让人根本不生病，那才是最高的境界啊！"

　　治未病，这是我们梦想成真进入心理健康行业后又萌发的新的梦想。既然已经挣脱了原有职业的束缚，抛却了在乎别人眼光的烦扰，那何不"聊发少年狂"，继续追逐新的梦想呢？于是，我们又经历了一次转变——离开创业公司，离开相对成熟的心理咨询领域，开始探索没人走过的道路。

新的探索激发了巨大的学习热情，我们不断补充新知识，学习新技能，做出各种尝试。先生凭着IT经验，学习自己制作网站，我则聚集了多位优秀的心理咨询师，和先生一起创建网络咨询平台，帮助有需要的人能够更方便地与咨询师联系。先生学习开发手机软件，我则学习各种减压方法，两人又一起制作了助人减压的手机App。我们还一起学习剧本写作，把好的心理学理念编成故事传播出去。在这个阶段，我们进行了多种尝试，希望能帮助更多的人。

要蹚出一条新路何其艰难，这个阶段是我们最困难的一个时期。巨大的工作压力压得我们喘不过气来，又出现了无暇顾及家庭、照顾孩子的情况，我们自己也出现了心态失衡，状态极差。

关键时刻，还是心理学帮助了我们。我们想起在中国科学院心理研究所学习的时候老师讲过的一个故事（我和先生先后在中国科学院心理研究所学习心理学，是同一个老师）。老师曾经在2008年汶川大地震的时候去支援前线。当地有一位学校辅导员，她从地震发生的时刻起就拼命地救助学生，几天几夜不曾合眼，几乎没时间吃饭、喝水，可是还是有太多的事情做不过来，有太多的孩子等待救助。这天，她身心俱疲地找到心理研究所的一位专家，悲伤地说："我太累了，可是还是有那么多需要帮助的孩子啊，我已经一点力气都没有了，我该怎么办？"说到伤心处，这位善良的辅导员瘫软在地上痛哭不已。这时，专家做了一个惊人的举动，他一把把辅导员从地上拽起来，大声地冲她喊道："我问你，你是圣人吗？'圣者度人，强者自度'。你想救别人，可是你看看自己的样子，先救救你自己吧！"

正是特殊时刻的特殊举动，加上这位专家深刻的话语，点醒了这位了不起的辅导员。在她的情绪平复之后，这位专家又耐心地对她进行心理辅导，帮助她意识到要先照顾好自己，在调整好自己的状态之后才能做更多有意义的事。

"圣者度人，强者自度。"这句话对我们同样有效！我们不能只想着

后 记

帮助别人，反而忽视了照顾自己和家人。于是，我们再一次进行转变，开始向内看，将关注点放在家庭内部，有意识地调整自己，关爱家人，着力把心理学的好方法、好理念用在自己的日常生活中。这个时候我们才发现，原来我们的身边一直住着一位"小天使"。

生活像一本令人回味无穷的好书，值得我们细细地品味和研究，而孩子就是我们最好的老师。他像教科书一样，将心理学研究的一些规律展现得淋漓尽致。当我们用对了方法，他立竿见影的变化总是带给我们巨大的信心，让我们更加坚定地把科学的心理学方法在生活中加以实践。"小狗引导法""接纳情绪"等常用方法，都是我们在这个阶段摸索出来的。"安全的耳朵""接纳现实"等更是我们经常挂在嘴边的话，而给了我们最大帮助的，就是我们的宝贝儿子。我们真心地感谢他！在这里，我们想跟长大后的儿子单独说几句话："宝贝儿，等你长大之后，如果读到了这本书，你可能并不认同我们的观点，或者随着科学的发展，我们曾经珍视的理念可能会被修正甚至推翻，那都没有关系，你可以有自己独立的思考和观点，我们会为你骄傲。同样地，你也不必为了证明我们育儿的成功而努力去做一个所谓'听话的好孩子'，谁都有犯错的权利。我们相信自己的方法是科学有效的，不需要你去背负不必要的压力。你只管快快乐乐地成长，将来按照自己的意愿设计你精彩的人生，我们会一直以欣赏的眼光期待你不断成长，为你的快乐而自豪。爸爸妈妈永远爱你！"

在我们专注于过好自己的生活之后，两人的心态都有了极大的改善，夫妻关系和睦，爱意更浓，家庭氛围更温馨了。在努力奋斗多年之后，我们终于真切地体验到实实在在的幸福。这幸福发自内心，无须证明给别人看，却让我们无比满足。我们夫妻二人开玩笑地说，曾经信誓旦旦要以心理学知识改变他人的"黑白双侠"，现在只不过是一对成功的"奶爸奶妈"。这段时间我们没有任何成果输出，内心却有了根本性的转变：以前总感觉心理学博大精深，我们只学了皮毛，远不是什么专家；但现

亦可管理
——孩子还可以这样教

在我们清楚地认识到，我们确实不是治病救人的专家，但我们是把心理学应用于生活的"专家"，是用科学心理学育儿的"专家"，是能够把自己的生活真正过幸福的"专家"。这段时间，我们相当于是把"拳头"收回来，积累知识，凝聚力量，厚积而薄发将是水到渠成的事情，我们只是在等待一个契机，等待能够帮助我们实现愿望的人出现。

第一位是儿童绘本馆的馆长左岩老师。她在工作中阅孩子无数，对孩子的不同状态很有发言权。她是看着我们的孩子长大的，对我们的教育理念极为肯定。左岩老师是第一个认识到我们的育儿理念所具有的价值的人，也是她最早鼓励我们开办家长课堂，更是她第一个建议我们将这些理念方法记录下来，以便日后能集结成册正式出版。她慷慨地把自己的绘本馆免费借给我们使用，还主动帮我们招募家长。我们的公益课堂就此起步于绘本馆，成功打响了第一炮。

刚开始讲课的时候，我们并没有很强的信心。没学过心理学的家长能听懂吗？他们能像我们这样全身心地共同养育孩子吗？他们能将这些方法真的用到实际生活中去吗？这么多的问号，我们只能在实践中寻找答案。现在我们还记得，最忐忑的是第二堂课前的等待时间。虽然第一堂课上家长反响不错，但当第二堂课我们早早地到场做课前准备时，发现一个家长都没到。难道他们觉得我们的方法不管用，第二堂课都不愿意再来了吗？就在我们惴惴不安的时候，家长陆陆续续都到了。有的说，上次回去之后就用了新方法，真的很管用；有的说，听了一次课就感觉自己不那么焦虑了；还有一位妈妈，坚定地对我们说："你们的课真好，只要你们讲，我一定坚持每次都来听。"当时我们目光相对，感受到一股无比强大的力量，我们也信心满满地说："这件事我们也一定会坚持做下去！"

家长的支持和认可给了我们巨大的力量，我们也潜心改进，以不断精进的课程内容回报这些可敬的家长。我们重新对方法的组织结构进行调整，还根据家长普遍遇到的问题补充了更多主题，这才形成了现在的

后 记

一整套苹果树理论体系。随着课程的不断推进，成长的是家长，真正获益的是可爱的孩子们。家长纷纷反馈，孩子的状态有了明显的改善，家庭氛围也更加温馨。我们突然意识到：这不就是我们一直梦想的"治未病"吗？

在孩子的问题还不那么严重的时候，避免家长沿着破坏亲子关系的错误方向走下去，引导家长做一个180度的大转弯，帮助他们在保护亲子关系的前提下解决各种实际困扰，让孩子的童年被暖暖的爱包围，消除家长不必要的担忧，让家庭回归爱与和睦。成功的动力让我们全身心地投入到这项意义非凡的公益事业中。往小处说，终于实现了我们"治未病"的梦想；往大处说，它对社会也会有积极的价值，它能让孩子阳光、健康地成长，让家庭更幸福，这是何等伟大的事业，值得我们毕生去追求！

这已经不再是小小的梦想，而是真正的理想。理想不能脱离现实，关注公益虽好，生活来源又在哪里？双方的父母给予我们莫大的支持，他们不仅在精神上鼓励我们、支持我们，更是在经济上做了我们坚强的后盾。他们是我们的家人，也是我们的贵人。自从走上以心理学知识帮助他人的道路，我们与父母之间的关系越来越融洽，让我们体会到家庭浓浓的爱意。老人的晚年生活更是惬意，成了周围朋友羡慕的对象；孩子在温暖的氛围中健康成长，长成大家喜欢、他自己喜欢的样子。感谢心理学，我们全家都因此获益良多；感谢父母，竭尽心力养育我们，即使到了晚年仍然给予我们巨大的帮助，你们的恩情我们永记心间！

我们的公益课堂越做越好，来听课的家长也越来越多，其中一家长期合作的连锁幼儿园，每次的听课名额家长都要拼手速去抢。即便是这样，我们能帮助到的家庭仍是很小的一部分。我们想要帮助更多的人，就有了出版著作的想法。可是对于我们这种籍籍无名的普通人，谁会愿意帮助我们出书呢？有一句话说得很好：当你真的诚心想做一件事的时候，连上天都会帮助你！这时，我们遇到了人生中另一位重要的人——

亦可管理
——孩子还可以这样教

企业管理出版社的编辑周灵均老师。她有着高尚的情怀，对我们的公益事业非常关心，欣然同意阅读我们拙劣的初稿，并愿意给我们以指导。一次周末的会面，我们从上午10点一直聊到下午3点，相谈甚欢。与周灵均老师的倾心畅谈，如饮甘泉，使我们的内心无比平和。她的专业、敬业，令我们钦佩。在她的悉心指导下，我们被激发出创作的潜能，书稿水平有了很大的进步，可以说是酣畅淋漓地把我们的所思所想倾囊而出，整个过程是一次幸福的体验。我们对周灵均老师万分感激，没有她就不会有本书的出版。

听过我们公益课堂的家长，反馈说是我们给他们带来了希望，让他们相信自己一定能把孩子养育得更好；而我们又何尝不是从家长的身上看到了更多的希望呢？在这个过程里，我们成就了彼此，可以说，是我们并肩披荆斩棘，走通了一条路。

在我国台湾的一座名山上，每隔一段距离就竖立一个路牌，路牌上写有一句发人深省的警语。在距离山顶还有一段路程的位置，立着最后一块路牌，上面却只有最简单的四个字：向前有路。

我们，也必将沿着这一条给人以希望的路继续探索下去，创造更多的希望！

未来可期！

郝颖辉

2024年1月于北京